KB180417

한국어 형태론의 이해

저자 **최규수**

부산대학교 교수

저서

『한국어 형태론 연구』(역락, 2016)
『한국어 통사론 입문』(박이정, 2009)
『주시경 문법론과 그 뒤의 연구들』(박이정, 2005)
『한국어 주제어와 임자말 연구』(부산대 출판부, 1999)

역서

『정보에 기반한 통사론과 의미론』(역락, 2013, 서민정과 공역)
『자율어휘통사론(새독)』(한국문화사, 2009, 권연진·서민정과 공역)

한국어 형태론의 이해

초판 1쇄 발행 2017년 7월 28일
초판 2쇄 발행 2019년 1월 4일

저 자 최규수
펴낸이 이대현
편 집 권분옥
디자인 최기윤

펴낸곳 도서출판 역락
주소 서울시 서초구 동광로 46길 6-6 문창빌딩 2층
전화 02-3409-2058, 2060
팩스 02-3409-2059
등록 1999년 4월 19일 제303-2002-000014호
이메일 youkrack@hanmail.net
역락블로그 http://blog.naver.com/youkrack3888

ISBN 979-11-5686-929-0 93710

* 책값은 표지에 있습니다.
* 파본은 구입처에서 교환해 드립니다.

이 도서의 국립중앙도서관 출판예정도서목록(CIP)은 서지정보유통지원시스템 홈페이지(http://seoji.nl.go.kr)와 국가자료공동목록시스템(http://www.nl.go.kr/kolisnet)에서 이용하실 수 있습니다.(CIP제어번호: CIP2017017688)

한국어 형태론의 이해

최 규 수

역락

이 책은 한국어 형태론에 관한 여러 문제들을 필자 나름의 시각으로 정리한 것이다. 이 책에서는 특정한 이론에 기초한 상세한 설명을 의도적으로 배제하고, 한국어 형태론에서 논의된 주요한 주제들의 논점을 간략하게 정리하고자 하였다.

한국어 연구사의 시각에서 보면, 한국어 형태론은 단어의 정의 등 기본적인 체계에서부터 차이가 나는 다양한 학설들이 공존한다. 한국어 형태론에서 이렇게 다양한 학설이 존재하게 된 까닭의 하나는 서양의 언어학을 한국어에 적용하는 과정에서 비롯된 것이다. 서양의 언어학은 유럽의 굴절어를 연구 대상으로 하여 수립된 것이다. 그러한 서양의 언어학을 유럽의 언어들과는 꽤 다른 특징을 가진 첨가어인 한국어에 그대로 적용하기는 어려웠다. 그래서 서양의 언어학을 한국어의 특징에 맞게 변용하여 수용하게 되는데, 그 과정에서 다른 학설들이 생기게 된 것이다. 단어관의 차이에서 비롯된 분석적 체계와 종합적 체계, 절충적 체계도 그러한 과정에서 생겨난 대표적인 학설들이다. 이러한 현상은 전통 문법에서 구조 문법, 변형 문법을 비롯한 여러 문법 이론들에 이르기까지 되풀이되어 나타났다. 그 학설들은 형태론의 연구 대상과 단어의 정의, 기본 용어의 개념과 용법 등에서부터 차이가 난다. 출발점부터 다른 것이다. 이런 까닭으로 한국어 형태론을 이해하는 것은 쉬운 일이 아니다.

한국어 연구사를 공부하는 필자에게도 한국어 형태론의 다양한 주장들을 일관된 시각으로 이해한다는 것이 어려운 일이었다. 필자는 그 주장들을 이끌어가는 논리의 근거를 파악하고, 핵심 내용들을 종합적으로 이해하기 위해 애썼다. 그 결과 그 주장들의 모습을 어느 정도 이해하게 되었고, 그러한 지식을 바탕으로 이 책을 쓰게 되었다.

이 책에는 필자가 한국어 형태론을 공부하면서 경험한 어려움의 흔적들이 녹아 있다. 필자는 이런 경험을 상기하면서, 독자들에게 부탁하고 싶은 것이 있다. 이 책을 읽으면서, 한국어 형태론에는 어떤 문제들이 있고, 그 문제들이 어떤 방식으로 다루어질 수 있다는 것을 이해할 수 있기 바란다. 혹시 이 책에 이런 저런 잘못된 내용이 발견된다 하더라도 그러한 잘못이 어디서 비롯되었고 어떻게 잘못되었는지를 생각하면서, 그러한 잘못을 바로잡는 힘을 키우기 바란다.

이 책의 내용에서 어떤 특징을 들어 보라고 한다면, 다음과 같은 것들을 들 수 있겠다. 첫째, 형태론의 연구 대상을 어절로 보고, 굴절법과 조어법의 어기를 (어절의) 어간으로 보았다. 둘째, 전통 문법과 구조 문법, 변형 문법을 비롯한 여러 문법들의 품사 분류나 어절의 구조 등에 대한 다른 견해들을 비교하여 정리했다. 셋째, 접어화와 융합을 어절의 성분 구조 분석에 적극적으로 반영했다. 넷째, 어절의 성분 구조와 통사적 구성의 성분 구조의 관계에 대한 다른 견해들을 제시했다. 다섯째, 용언형의 구조를 형판을 기초로 하여 기술하되, 맺음토들의 분포적 차이를 반영하고자 했다. 여섯째, 보조토의 논의에서 진리조건 의미론의 기본적 생각을 원용하여 보조토들의 의미 관계를 명확히 하고자 했다.

이 책은 다음과 같이 구성되어 있다. 각 장의 앞머리에, 그 장에서 논의될 내용들과 관련하여 독자들이 생각해야 할 문제들을 정리해 두었다. 본문은 대체로 한국어 형태론의 기초적인 내용들을 정리하는 데 치중했다. 그리고 본문을 보충하는 내용 및 본문의 내용에서 주로 논쟁점이 될 수 있는 문제들을 「보충」으로 따로 분리했다. 독자에 따라서는 무시하고 넘어가도 괜찮겠지만, 뒤에 나오는 내용의 요지를 미리 제시한 것도 있으니, 한 번 읽어 두고 나아가는 것도 좋을 것이다. 각 장의 마지막에는 그 장의 내용을 정리할 수 있는 「연습 문제」를 붙였고, 독자들이 스스로 생각해 볼 기회를 제공하는 「더 생각할 문제」를 붙였다.

이 책을 쓰면서, 많은 이들에게 도움을 받았다. 이 책의 바탕이 된 논문들을 심사해 준 심사위원들은 많은 문제점들을 지적하고, 대안들을 제안해 주었다. 그 모든 것을 이 책에 일일이 반영하지는 못했지만, 그들의 조언들 덕분에 이 책의 내용을 좀 더 알차게 정리할 수 있었다. 부산대학교 인문학연구소의 서민정 HK연구교수, 한국국제교류재단(벨기에 겐트 대학 언어문화학부) 정진영 객원교수, 부산대학교 대학원 박사과정 김정혜와 임진아, 이민희와 정대식은 이 책을 처음부터 끝까지 꼼꼼히 읽고 잘못되거나 모자란 부분을 고치고 기워 주었다. 필자의 강의에서 많은 질문들을 쏟아내어 준 부산대학교 국어국문학과 학생들에게도 고맙다는 말을 전하고 싶다. 필자는 학생들의 질문들에 대한 대답을 생각하면서, 이 책의 내용들을 학생들이 좀 더 이해하기 쉬운 방식으로 다듬을 수 있었다.

마지막으로 여러 가지로 부족한 원고를 반듯하게 책으로 출판해 주신 역락 출판사 이대현 사장님과 박태훈 이사님, 까다로운 요구도 모두 반영해 주신 편집진에게 이 자리를 빌려 감사의 인사를 전하고 싶다.

2017년 7월
부산대학교 미리내 계곡 옆 연구실에서
최규수 씀.

차례

어절과 형태소

한글의 표기법에 대하여, 『한글맞춤법』(문교부 고시 제88-1호(1988. 1. 19.))의 「총칙」은 다음과 같이 규정되어 있다.

> 제1항 한글 맞춤법은 표준어를 소리대로 적되, 어법에 맞도록 함을 원칙으로 한다.
> 제2항 문장의 각 단어는 띄어 씀을 원칙으로 한다.

1. 제1항에 따르면, '[사느로], [자브니]' 등을 각각 '산으로, 잡으니' 등으로 적는다. 여기서 그렇게 적는 기준이 되는 **단위**는 무엇인가?

2. 제2항의 기준에도 불구하고, 명사와 조사는 붙여 써야 한다. 예컨대 '한글 의'가 아니라 '한글의'로 써야 한다. 여기서 '한글의'이라는 **단위**는 무엇인가?

> 이 장에서는 형태론의 대상에 대하여 어절과 형태소를 중심으로 살피되, 어절과 단어, 그리고 어절과 어휘소의 관계를 살핀다.

1.1. 어절

■언어 형식

언어 형식(linguistic form)은 사람의 말소리와 뜻으로 구성되어 있다(블룸필드 1933 : 158).

우리는 말소리의 차이로 뜻의 차이를 표현한다. 곧 다른 언어 형식들로 다른 생각들을 표현한다는 것이다. 예컨대, (1)에서 ㄱ과 ㄴ의 차이는 '영이가'와 '철수가'의 차이이고, (2)에서 ㄱ과 ㄴ의 차이는 '간다'와 '온다'의 차이이다.

> (1) ㄱ. <u>영이가</u> 간다.
> ㄴ. <u>철수가</u> 간다.

> (2) ㄱ. 영이가 <u>간다</u>.
> ㄴ. 영이가 <u>온다</u>.

따라서 (1)과 (2)에서 '영이가, 철수가, 간다, 온다'는 언어 형식이다. 또 동일한 방식에 따라, (3)과 (4)의 '학교에 간다, 영어를 공부한다, 영이가 간다, 철수가 공부한다'도 언어 형식이다.

> (3) ㄱ. 영이가 <u>학교에 간다</u>.
> ㄴ. 영이가 <u>영어를 공부한다</u>.

> (4) ㄱ. <u>영이가 간다</u>.
> ㄴ. <u>철수가 공부한다</u>.

물론 (5)에서 '가겠다'와 '갔다'도 언어 형식이다. 그런데 '가겠다'와 '갔다'는 말소리와 뜻으로 보아 부분적으로는 공통적이며, 부분적으로는 차이가 있다. 곧 '가-다'가 공통이며, '-겠-'과 '-았-'의 차이로 다른 언어 형식이 되었기 때문에, '-겠-'과 '-았-'도 언어 형식이다. (6)에서 '갔다'와 '갔느냐'를 대비하면, '-다'와 '-느냐'도 언어 형식임을 쉽게 확인할 수 있다. 마찬가지로, (7)의 '-에'와 '-을'도 언어 형식이다.

    (5) ㄱ. 영이가 <u>가겠다</u>.
       ㄴ. 영이가 <u>갔다</u>.

    (6) ㄱ. 영이가 <u>갔다</u>.
       ㄴ. 영이가 <u>갔느냐</u>?

    (7) ㄱ. 산<u>에</u>
       ㄴ. 산<u>을</u>

■자립 형식과 의존 형식

이러한 언어 형식은 **자립 형식**(free form)과 **의존 형식**(bound form)으로 나누어진다. 자립 형식이란 홀로 말해질 수 있는 언어 형식을 가리키고, 의존 형식은 그렇지 않은 언어 형식을 가리킨다.[1] 예컨대 '학교에, 갔다, 학교에 갔다, 영이가 학교에 갔다'는 자립 형식이고, '-에, -을, 가-, -겠-, -았-, -다, -느냐'는 의존 형식이다.

---

1) Bloomfield(1933 : 160) : "A linguistic form which is never spoken alone is a bound form; all others (as, for instance, *John ran* or *John* or *run* or *running*) are free forms."

보충 '잠재적 자립'과 '실제적 자립'

잠재적으로 자립적인 것과 실제적으로 자립적인 것을 구별해야 한다. 예컨대 '사람'
은, '이 사람'과 같은 실제의 발화에서는 실제적으로 자립적이지만, '사람답다'와 같은
말에서는 잠재적으로 자립적이다. 자립 형태소를 의존 형태소와 구별함으로써 나타내
고자 하는 것은 형식들의 잠재적 자립을 말하는 것이지, 실제적 자립을 가리키는 것은
아니다. (니다 1978 : 81)

■ 어절(=최소 자립 형식)

자립 형식들 가운데, 더 작은 자립 형식들로 구성되지 않은 것을 **최소
자립 형식**(minimum free form)이라 한다.[2] 예컨대, '학교, 학교에, 갔다' 등은
최소 자립 형식들이다.

이 글에서는, 학교문법의 용어에 따라, 최소 자립 형식이라는 용어 대
신에 **어절**(말마디)이라는 용어를 사용하기로 한다.

1.2. 형태적 구성과 통사적 구성

■ 형태적 구성과 통사적 구성

어절은 보통 하나 이상의 자립 형식이나 의존 형식들을 포함하는데, 이
러한 어절의 구성을 **형태적 구성**이라 한다. 이에 대하여 둘 이상의 어절
이 결합한 언어 형식의 구성을 **통사적 구성**이라 한다. 통사적 구성의 단
위는 보통 구(*phrase*)라고 한다. 예컨대, '정직한 사람, 매우 빠르다, 학교에

---

2) Bloomfield(1933 : 178) : "A word, then, is a free form which does not consist entirely of (two
or more) lesser free forms; in brief, a word is a minimum free form."

간다, 영이가 간다, 영이가 학교에 간다' 등이 구이다(블룸필드 1933 : 178).

여기서 형태적 구성을 연구하는 분야를 **형태론**(morphology)이라 하고, 통사적 구성을 연구하는 분야를 **통사론**(syntax)이라 한다(블룸필드 1933 : 184, 207).

보충 통사적 구성을 어절로 분석하기

(1) 어떻게 살아가는지가 중요하다.

(1)의 문장을 자립 형식과 최소 자립 형식(어절)로 분석해 보자. 자립성을 기준으로 하면, (1)은 '어떻게 살아가는지가'와 '중요하다'로 나누고, '어떻게 살아가는지가'는 '어떻게'와 '살아가는지가'로 나누어진다. 그러면 (1)은 세 개의 어절로 분석된다.

그런데 통사적 기능을 기준으로 보면, '어떻게 살아가는지가'가 주어이기 때문에, '어떻게 살아가는지가'는 '어떻게 살아가는지'와 '-가'로 분석될 수 있다. 만일 이렇게 분석한다면, 어절의 정의에 따라, '어떻게 살아가는지가'가 한 어절이 된다. 그러나 어절을 그렇게 분석하는 것을 문제가 있다. 어절은 어떤 언어 형식을 어떤 언어 형식의 자립성을 기준으로 분석한 것이지, 그것의 통사적 기능을 기준으로 분석한 것은 아니기 때문이다.

어절은 통사론과 형태론의 경계가 되는 단위임에는 틀림없다. 그러나 '통사적 구성을 정의하는 문제'와 '통사적 구성을 어떻게 분석하는가 하는 문제'는 전혀 다른 문제이다.

■ **통사적 구성과 통사적 합성어**

형태적 구성과 통사적 구성을 위와 같이 정의할 때, 다음과 같은 **통사적 합성어**가 문제가 될 수 있다.

(8) 봄비, 돼지꿈; 눈엣가시, 잡아가다

이것들의 성분인 '봄, 비, 돼지, 꿈, 눈에(ㅅ), 가시, 잡아, 가다'가 모두 자립 형식이기 때문이다. 이것들은 위의 정의를 엄격히 따르면, 어절이 아니라 구가 되어야 할 것이다. 그러나 이것들은 통사적 구성에서 '봄비, 돼지꿈, 눈엣가시, 잡아가다'가 하나의 단위로 기능하기 때문에, 한 어절로 보는 것이 바람직하다.

1.3. 형태론의 연구 대상

■형태론의 연구 대상

형태론의 연구 대상은 어절의 내부 구조, 곧 형태적 구성이다. 어절은 형태소들로 분석되므로, 형태론의 최대 단위는 어절이고, 최소 단위는 형태소가 된다. 형태론에서는 먼저, 형태소의 종류와 기능(뜻, 역할)을 확인한다. 곧, 분석된 형태소들을 일정한 기준에 따라 몇 개의 부류로 나누고, 각 부류의 그리고 각각의 형태소들의 기능이나 의미를 밝힌다. 그런 다음, 그러한 형태소들이 결합하여 어절을 형성하는 과정을 다룬다.

■형태소

언어 형식은 **복합 형식**(complex form)과 **단순 형식**(simple form)으로 나눌 수 있다. 복합 형식은 다른 언어 형식과 부분적인 공통점을 가지고 있는 언어 형식이며, 단순 형식은 그렇지 않은 언어 형식이다. 예컨대, '잡았다'와 '보았다'는 '-았다'라는 부분적인 공통점을 가지고 있으므로, 둘 다 복합 형식이다. '산을, 산에; 영이에게, 철수에게'도 복합 형식이다. 그런데 '잡-, 보-, -았-, -다; 산, 영이, -을, -에, -에게' 등은 그런 공통점을 가진 다른 언어 형식이 없기 때문에 단순 형식이다. 단순 형식은 보통 **형태소**(morpheme)라 한다(허웅 2000 : 148). 복합 형식은 일정한 의미를 유지하면서 더 작은 언어 형식으로 나누어질 수 있는 언어 형식임에 비하여, 단순 형식 곧 형태소는 더 이상 나누면 의미를 잃어버리거나 본래의 의미를 유지하지 못한다. 따라서 형태소는 **최소의 언어 형식**이라 정의할 수 있다.

■자립 형태소와 의존 형태소

형태소는 자립 형식인 것도 있고, 의존 형식인 것도 있다. **자립 형태소**는 그 자체로 한 어절을 이루거나, 의존 형태소와 결합하여 한 어절을 이룬다. **의존 형태소**는 그 앞이나 뒤에 오는 자립 형태소나 의존 형태소와 결합하여 한 어절을 이룬다.

의존 형태소는 형태소의 앞이나 뒤에 '-'을 사용하여 나타내는데, 앞이나 뒤는 그 형태소와 결합하여 어절을 형성할 수 다른 형태소의 자리를 가리킨다. 따라서 자립 형태소는 '-' 없이 그냥 '오빠'와 같이 표시하고, 의존 형태소들은 '-는, -의, -를, 보-, -았-, -다'와 같이 표시한다.

> **보충** ▎형태소의 종류
>
> 형태소는 기능에 따라 **어근**(root)과 **접사**(affix)로 나누어지고, 접사는 **굴절**(inflectional) **접사**와 **파생**(derivational) **접사**로 나누어진다. 또 접사를 통사적 기능에 따라 **통사적 접사와 어휘적 접사**로 나누기도 한다. 이에 대해서는 4장에서 다시 논의된다.

1.4. 단어와 어절, 어휘소

■단어와 어절

보통은 형태론을 다음과 같이 정의한다.

(9) 형태론은 단어(words)의 구조에 관한 연구이다.

영어와 같은 굴절어의 연구에서는 형태론의 대상을 단어로 규정해도 아무런 문제가 없다. 단어를 어절로 정의하기 때문이다.

그런데 형태론의 대상을 단어로 규정할 때, 한국어 형태론은 출발점에서부터 어려움에 부딪친다. 그러한 어려움은 한국어 문법 연구에서 무엇을 단어로 보는가 하는 것이 확립되어 있지 않고, 문법 이론에 따라 단어의 정의가 조금씩 다르다는 현실에서 비롯된다.

한국어에서는 영어와 같이 '단어 = 어절'이 전통적으로 확립되어 있지 않다. 만일 한국어에서도 영어의 경우처럼 단어를 어절로 정의한다면, "나는 그 소녀의 오빠를 보았다."는 5개의 단어로 되어 있다고 할 수 있다. 물론 그렇게 분석할 수도 있다. 한국어 문법의 역사에서, 종합적 체계가 그러하다(정렬모 1946, 이숭녕 1957).

(10) 나는, 그, 소녀의, 오빠를, 보았다

그러나 어절을 어간과 토(=굴절 접사)로 된 부분으로 나누고, 그것들 각각을 하나의 단어로 본 분석적 체계도 있다(주시경 1914, 김두봉 1916, 김윤경 1948). 또, 체언의 경우에는 어간 부분과 토로 된 부분을 각각 하나의 단어로 보고, 용언의 경우에는 그 두 부분을 합쳐서 하나의 단어로 보는 절충적 체계도 있다(최현배 1937).

(11) 나, 그, 소녀, 오빠, 보-; -는, -의, -를, -았다

(12) 나, -는, 그, 소녀, -의, 오빠, -를, 보았다.

이렇게 한국어 문법 연구의 역사에서 보면, 문법 이론에 따라 단어의 정의가 달라진다. 따라서 단어를 형태론의 대상으로 삼기 어렵다. 이러한 어려움은 형태론의 연구 대상에서 단어를 어절로 대치하면 해결되는데, 다음과 같이 표현할 수 있다.

(13) 형태론은 어절의 구조를 연구하는 부문이다.

■ 단어와 어휘소

이제 **어휘소**의 개념을 살펴보기로 한다. (14)의 영어 단어들은 *angel*을 공통으로 가졌고, (15)의 단어들은 *see*를 공통으로 가졌다.[3] 그리고 이러한 공통적인 부분은 실질적인 뜻을 나타내는 데 비하여, 차이가 나는 부분들은 수, 시제, 상 따위의 문법적인 뜻을 나타낸다.

(14) angel, angels, angel's

(15) see, sees, saw, seeing, seen

그런데 (14)와 (15)의 단어들은 각각 다른 단어들인가? 사실 그렇다. (14)은 3개의 다른 단어들이고, (15)는 5개의 다른 단어들이다. 그러나 다른 한편, (14)의 각 단어들은 보통 *angel*이라는 한 단어에서 굴절된 다른 단어들로 보는 경우도 있는데, 이 경우에 굴절한 다른 단어들을 한 단어의 **단**

---

3) 사실 (15)에서 saw는 see를 공통으로 가진 것이 아니다. 그러나 여기서는 일단 그렇게 처리해 두기로 하자.

어형(들)(word forms)이라고도 한다.

또 다르게는 굴절되지 않은 추상적인 단어의 모습을 가리키는 데 **어휘소**(lexeme)라는 용어를 사용하기도 한다. (14)에서 어휘소는 *angel*이고, (15)에서 어휘소는 *see*이다. 이런 의미에서, 어휘소는 보통 단어의 기본 형식과 거의 일치하는 것이다.

이상과 같은 어휘소의 개념을 한국어에 적용하면, 종합적 체계의 관점에서는 영어와 동일하게 설명할 수 있다.

(16) 사람이, 사람을, 사람과, 사람에게, 사람으로, …

(17) 간다, 가신다, 갔다, 가겠다, 가더라, … ; 가느냐, 갈까, … ; 가라, 가십시오, … ; 가자, 가십시다, …

어간과 굴절 접사를 묶은 단위, 곧 어절을 한 단어로 보는 종합적 체계로 보면, 단어와 어휘소에 관한 이상의 논의가 그대로 유지된다. (16)과 (17)의 어휘소는 각각 '사람'과 '가(다)'이다.

■ 단어와 어절, 어휘소의 관계

단어는 항상 어절의 모습으로 문장 속에서 쓰인다. 그러나 어휘소는 문장 속에서 쓰이는 것이 아니라, 추상적으로 존재할 뿐이다. 영어에서 보면, (14)와 (15)의 *angel*과 *see*는 물론 문장 속에서 쓰이지만, 어휘소로서의 그것과 단어로서의 그것은 구별해야 한다. 한국어에서 아래의 '서다'와 '학교'도 어휘소가 아니라 단어로 쓰인 것이다.

(18) ㄱ. 박찬호, 메이저 리그에 우뚝 [서다].
ㄴ. [학교] 가라.

학습
문제

1. 형태론과 통사론을 정의하시오.
2. 형태론의 연구 대상을 서술하시오.
3. 단어와 어절, 어휘소의 관계를 설명하시오.

|더 생각할 문제|

1. '가고 싶다, 가게 하다, 볼 것이다; 가야겠다, 간단다' 등의 언어 형식의 구조를 어떻게 분석해야 할지 생각해 보시오.

2. 형태소의 정의와 분석 기준에 대하여 생각해 보시오.

복잡한 문제를 대할 때,
우리는 패턴을 찾는다.

—마크 뷰캐넌

형태소의 확인

1. 아래의 문장을 형태소로 분석해 보자.

   (1) 오늘은 학교에 일찍 왔다.

2. 아래의 문장에서 밑줄 친 언어 형식들은 뜻이 같은가, 다른가? 같다면 어떤 점에서 같고, 다르다면 어떤 점에서 다른가?

   (2) ㄱ. 배가 아프다.
       ㄴ. 아이를 배다.

🔺 이 장에서는 어떤 언어 형식이 형태소인지를 살핀다.

■형태소 확인과 관련된 문제들

형태소는 최소의 언어 형식이다. 이러한 형태소를 확인하는 과정과 관련된 문제는 다음과 같이 정리할 수 있다.

> (0) 형태소의 확인과 관련된 문제들
> ㄱ. 어떤 언어 형식이 최소의 언어 형식임을 어떻게 확인할 수 있는가?
> ㄴ. 그것들의 공통점과 차이점은 어떻게 확인할 수 있는가? 곧, 음성 형식과 의미에서 같거나 비슷하거나 다른 최소의 언어 형식들이 있을 때, 어떻게 그것들을 하나의 형태소로 묶거나 다른 형태소로 구분할 수 있는가?

이 장에서는 이런 문제들에 유의하면서, 어떤 언어 형식이 형태소인지를 확인하는 방법에 대하여 살피기로 한다.[1]

2.1. 환경과 분포

형태소는 기본적으로는 복합 형식들의 대조에 의하여 확인할 수 있다. 그런데 이러한 대조의 작업은, 언어 형식의 분포를 살핌으로써, 좀 더 명확하게 진행된다. 따라서 형태소를 확인하는 원리를 다루기 전에, 먼저 분포의 개념을 정리해 두기로 한다.

---

[1] 형태소의 확인 방법에 대한 내용은 대체로 니다(1978=1949)의 논의를 간추리면서, 한국어에 맞게 조금씩 바꾼 것이다.

■ 분포와 환경

분포(distribution)는 어떤 언어 형식들이 나타나는 환경들의 총체를 말한다. 미국의 구조주의는 어떤 언어 형식들을 분포를 기준으로 분류하고, 분류된 언어 형식들의 관계들을 파악하여 언어 구조의 전체적인 체계를 세운다.

환경(environment)이란 어떤 언어 형식의 결합체가 있을 때, 특정한 언어 형식의, 다른 언어 형식에 대한 상대적인 위치를 말한다. 예컨대, 어떤 언어 형식 X가 A와 B와 C의 성분(분할체)들의 순서로 결합되어 있다고 하자. 그러면 A는 B의 앞에 놓여 있고, B는 A의 뒤와 C의 앞 곧 A와 C의 사이에 놓여 있고, C는 B의 뒤에 놓여 있다. 이때, 어떤 성분이 놓이는 자리를 환경이라 하는데, A의 환경은 B의 앞이고, B의 환경은 A와 C의 사이이고, C의 환경은 B의 뒤이다. 어떤 성분들의 환경은 보통 그것이 놓이는 자리를 '__'으로 표시한다. 그러면 A의 환경은 '__B'로, B의 환경은 'A__C'로, C의 환경은 'B__'로 표시한다. 일반적으로는 어떤 언어 형식의 환경을 'X__Y'(X, Y가 영일 수 있다)라고 표시할 수 있다.

■ 직접적 환경과 간접적 환경

어떤 언어 형식의 분포를 논의할 때는, 직접적 환경과 간접적 환경을 구별해야 한다.[2)]

직접적 환경은 직접 성분 사이의 환경이다. 예컨대, '보는'의 '보-'는 '-는'이 직접적 환경이다. **간접적 환경**은 직접 성분이 아닌 성분 사이의 환경이다. 예컨대, '보는'의 '-는'의 환경에서, (1)의 ㄱ과 ㄴ에서 '영화를'

---

2) '직접적 환경'과 '간접적 환경'은 각각 immediate tactical environment와 nonimmediate tactical environment를 번역한 것이다.

이나 '사람'은 간접적 환경이다.

(1) ㄱ. 영화를 보-**는**
ㄴ. 영화를 보-**는** 사람

형태소 분석에서는 기본적으로 '직접적 환경'에서의 분포를 살펴야 한다. 그런데, '간접적 환경'은, 형태소 분석에서보다도, 형태소 체계의 구성에서 중요한 역할을 한다. 이에 대해서는 뒤에 다시 논의할 것이다.

2.2. 공통의 의미를 가진 같은 음운 형식들

의미도 같고 음운 형식도 같은3) 형식들은 하나의 형태소를 이룬다 (니다 1978 : 7의 원리 1).

■같은 소리, 같은 뜻

간략히 말한다면, 어떤 최소의 언어 형식이 뜻이 같고 소리가 같으면, 그것은 하나의 형태소라는 것이다. 예컨대, (2)에서, '사람'과 '-에'의 형태소를 확인할 수 있다.

(2) ㄱ. **사람**-이, **사람**-을, **사람**-에게, **사람**-으로
ㄴ. 마산-**에**, 부산-**에**, 서울-**에**, 해운대-**에**

그리고 (3)에서 ㄱ의 '-이'들과 ㄴ의 '-았-'들과 '-다'들은 소리도 같고

---

3) 니다(1978)에서는 "공통의 의미적 변별성과 같은 음운 형식을 가지는"으로 되어 있다.

뜻도 같기 때문에, 각각 하나의 형태소이다.

(3) ㄱ. 높-**이**, 깊-**이**, 넓-**이**, 길-**이**
ㄴ. 보-**았-다**, 잡-**았-다**

■다의 : 같은 소리, 비슷한 뜻

위에서 '사람'과 '-에'들은 비교적 고정된 의미를 갖고 있다. 그러나, 많은 (실제로는 거의 모든) 형태소들의 경우에, 여러 가지 뜻을 가지고 있다. 예컨대, '가다'를 보자.

(4) ㄱ. 산에 **가**-다
ㄴ. 책상 위에 있던 돈이 어디에 **가**-았지?
ㄷ. 액자가 왼쪽으로 좀 **가**-ㄴ 것 같다.
ㄹ. 새 차에 흠이 **가**-서 속상하다.
ㅁ. 술고래가 겨우 소주 몇 잔을 마시고 완전히 **가**-다니?
ㅂ. 전깃불이 **가**-서 들어오지 않는다.
ㅅ. 얼마나 억울하면 그럴까 하는 생각이 **가**-기도 한다.
ㅇ. 천석꾼 살림이 삼 년을 못 **가**-다니.
ㅈ. 좀 쉬어 **가**-며 일해라.

(4)의 모든 '가-'는 분명히 꼭 같은 의미를 가지고 있지 않다. 그렇다고 모두 다 의미적으로 전혀 관련성이 없는 것도 아니며, 조금씩 다른 정도로 차이가 있는 것으로 보인다. 이 모든 '가-'는 다의의 의미를 가진 것으로 보아, 한 개의 형태소로 간주한다.

2.3. 상보적 분포

의미는 같지만 음운 형식이 다른4) **형식들은, 분포가 상보적이면, 하나의 형태소를 이룬다**(니다 1978 : 14의 원리 2와 41-42의 원리 3).

상보적 분포는 다음과 같이 정의된다.

> (5) 상보적 분포(complementary distribution)
> 둘 이상의 형식들은, 하나의 형식이 나타나는 환경에 그 나머지 형식들 중 어느 것도 나타날 수 없으면, 상보적 분포를 보인다. 예컨대, 형식 A와 B가 다음과 같은 분포를 보이면, 그것들은 상보적 분포를 보인다.

	X	Y
A	+	-
B	-	+

> (A, B = 형태, X, Y = 환경)

(6)에서, '돕-, 돔-, 도오/우-'는 음성적으로 부분적인 공통점이 있는데, 분포가 상보적이다. 따라서 이것들은 하나의 형태소로 묶인다. '닭, 닥, 당'도 마찬가지로 하나의 형태소로 묶인다. 이와 마찬가지로, (7)에서 '-과'와 '-와' 및 '-으로'와 '-로'도 각각 하나의 형태소로 묶인다.

> (6) ㄱ. **돕**-고, **돔**-는, **도**오/우-아
>   ㄴ. **닭**-이, **닥**-도, **당**-만

> (7) ㄱ. 산-**과**, 바다-**와**
>   ㄴ. 산-**으로**, 바다-**로**

---

4) 니다(1978)에서는 "공통된 의미적 변별성을 가지지만 음운 형식이 다른"으로 되어 있다.

(8)에서 ㄱ의 '-이'와 '-가'는 음성적으로는 전혀 공통점이 없다. 그러나 이것들은 공통의 의미적 변별성을 가지면서, 분포가 상보적이기 때문에, 하나의 형태소로 묶인다. ㄴ의 '-어'와 '-아'도 마찬가지로 하나의 형태소로 묶인다.

(8) ㄱ. 산-**이**, 바다-**가**
　　ㄴ. 잡-**아**, 주-**어**

보충 형태소와 변이형태

하나의 형태소로 묶인 언어 형식들 각각을 그 형태소의 변이형태라 한다. 형태소와 변이형태의 관계에 대해서는 3장에서 상세히 논의된다.

보충 '상보적'이란 용어

'상보적'이란 말은 '서로 돕다, 보충하다'의 뜻이다. '-을'과 '-를'을 형태소 '-에'와 비교하면 그것이 뜻하는 바를 분명히 알 수 있다. '-에'는 모음 뒤에나 자음 뒤에나 환경을 가리지 않고 나타난다. 그런데, '-을'은 자음 뒤에만 나타나고, '-를'은 모음 뒤에만 나타난다. 그러므로 '-을'의 환경과 '-를'의 환경을 합해야, '-에'의 환경과 맞서게 된다. 다시 말하자면, '-을'이 나타나지 못하는 환경은 '-를'이 채우고, '-를'이 나타나지 못하는 환경은 '-을'이 채워서, 결국은 '-을'과 '-를'이 서로 도와 모든 환경을 채우는 것이다.

'상보적'이란 말 대신에, '**배타적**'이란 말을 사용하기도 하는데, 이 말의 의미를 생각해 보자.

■**간접적 환경에서의 상보적 분포**

이제까지 형태소 분석에서 **직접적 환경에서의 상보적 분포**를 살폈다. 그런데 **간접적 환경에서 상보적 분포**를 보이는 것들이 있다.

예컨대, 한국어 체언토 '-이/-가'와 '-께서'는 공통의 의미를 공유하고

있으면서, 그 음성 형식이 완전히 다르고, 또 음운적으로 규정되지 않는
다. 그런데 이것들은 '간접적 환경'에서 (부분적으로) 상보적인 분포를 보
인다. 자, 그러면 이들 짝들은 하나의 형태소로 보아야 할까? 아니면 두
개의 형태소로 보아야 할까?

> (9) ㄱ. 영이가 학교에 갔다.
> ㄴ. ?선생님이 학교에 가셨다.
> ㄷ. ?선생님께서 학교에 갔다.
> ㄹ. 선생님께서 학교에 가셨다.

'-께서'는 주격의 접사 (직접적 환경에서) '-이/-가'가 쓰이는 자리에만
놓이므로, 그것도 주격의 접사임을 알 수 있다. 그런데, 용언과의 결합에
서, '-께서'는 [+높임]의 성질을 가진 용언과 결합하고, '-이/-가'는 [-높
임]의 용언과 결합한다. 이를 보면, '-이/-가'와 '-께서'는 (간접적 환경에
서) 상보적 분포를 이룸을 알 수 있다.
'모두'와 '아무(도)'의 짝도 '-이/-가'와 '-께서'의 짝과 유사한 분포를
보인다.

> (10) ㄱ. 모두 (다) {갔다, 있다, 안다}
> ㄴ. *모두 {가지 않았다, 없다, 모른다}
> ㄷ. *아무도 (다) {갔다, 있다, 안다}
> ㄹ. 아무도 {가지 않았다, 없다, 모른다}

'모두'와 '아무(도)'는 간접적 환경에서 상보적 분포를 이룬다. '모두'는
긍정의 의미를 갖는 용언과 함께, '아무'는 부정의 의미를 갖는 용언과 결
합한다.
그런데, 위의 '-이/가'와 '-께서', '모두'와 '아무'를 각각 하나의 형태소

를 이루는 것으로 보아야 할까? 아무래도 그렇게 보기는 어렵다. '간접적 환경'에서 상보적인 분포를 보이지만, 하나의 형태소로 묶이는 것이 아니라, 하나의 부류를 형성하는 것으로 보아야 할 것이다.

(11) ㄱ. [가-고] 싶다.
ㄴ. [가-기]가 싫다.
ㄷ. [가-는] 사람.

위의 예에서, '가-'가 하나의 형태소임을 쉽게 확인할 수 있고, 또 '-고', '-기', '-는'도 각각 다른 의미를 가진 형식임을 쉽게 확인할 수 있다. 그런데, '-고'와 '-기', '-는'은 '간접적 환경'에서 상보적인 분포를 보인다. 곧, '-고'는 용언 (또는 문맥에 따라 문장) 앞에, '-기'는 조사 앞에, '-는'은 체언 앞에 놓이는데, 그것들의 자리가 정해져 있어 다른 형식들이 놓이는 환경들에는 나타나지 않는다. 그러나 그렇다고 하여 이것들을 하나의 형태소로 묶기는 어렵다. 무엇보다도 이것들은 공통의 의미적 변별성을 가지고 있지 않기 때문이다.

그러나 **'간접적 환경에서' 상보적 분포를 보이는 다른 여러 형태소들은 하나의 더 큰 부류로 묶을 수 있다.** 곧, 이러한 종류의 분포는 형태소들을 분류하는 하나의 기준을 제공할 수 있다는 것이다.

2.4. 형식적 차이와 영(zero)의 구조적 차이

구조적 연쇄의 어떤 구성 요소에서 영(zero)의 구조적 차이를 포함한) 명백한 형식적 차이가 음운적-의미적 변별성의 최소 단위를 구별하는데 유일하게 의의 있는 자질들인 경우에, 그러한 연쇄들에서 명백한 형식적 차이들은 하나의 형태소를 이룬다(니다 1978 : 54의 원리 4).

■자음 교체와 모음 교체

이제까지의 형태소 논의는 주로 '음소(분절음)들로 구성된' 둘 이상의 형태소가 결합된 복합 형식에서 특정한 형태소를 확인하는 작업이었다. 예컨대, '철수는, 영이에게, 책을, 주었다'의 어절들을 '철수'와 '-는', '영이'와 '-에게', '주-'와 '-었-'과 '-다'라는 분리된 형태소를 확인하는 방법에 관한 것이었다.

그런데, 모음 교체와 자음 교체(두음 교체)로 형태소가 형성되는 경우도 있다. 한국어에서 음성 상징어들과 색채어의 미세한 분화가 모음 교체와 자음 교체로 이루어진다.

> (12) ㄱ. 퐁당 : 풍덩, 빙 : 뱅, 달랑 : 덜렁, 까맣다 : 꺼멓다
>   ㄴ. 바르르 : 파르르, 빙 : 핑 : 삥, 뱅 : 팽 : 뺑, 달랑 : 딸랑

이상의 예들에서, 각 단어는 음소 단위로 구성된 형태소로서는 더 이상 분석되지 않는다. 따라서 교체되는 모음과 자음 자체는 형태소의 자격이 없고, 모음과 자음의 교체 자체가 형태소의 자격을 갖는다.

보충 **한 개의 형태소? 두 개의 형태소?**

> (1) ㄱ. **나**(-를), **내**(-가)
>   ㄴ. **내** (책)

위의 예에서, '내'를 어떻게 분석해야 할까? ㄱ의 '나'와 '내'는 모음 교체로 이루어진 변이형태들이다.

그런데 ㄴ의 '내'는 '나의'와 교체할 수 있으므로, 이 '내'를 어간인 형태소와 모음 교체로 된 두 개의 형태소로 분석할 수 있다. ㄴ의 '내' 대신에 '나'가 올 수 없다.

> (2) ㄱ. {나의, 내} 책, {너의, 네} 책, 그의 책
>   ㄴ. {*나, *너, *그} 책

■영형태소

이상과는 조금 성질이 다르지만, 특정한 음소(분절음)가 없는 그 자체를 하나의 형태소로 간주해야 되는 경우가 있다. 예컨대, '높다'의 경우를 보자. '높다'만 놓고 본다면, 이것은 '높-'과 '-다'라는 두 개의 형태소로 분석된다. 그런데 '높다'를 '높았다'와 대조하여 본다면 사정은 달라진다. '높았다'는 [+과거]의 형식인데, '높다'는 이에 대립하는 형식으로서 [-과거]를 나타낸다. 그런데 [-과거]를 나타내는 분절음으로 구성된 언어 형식이 없고, 없음(영) 그 자체가 하나의 형태소의 역할을 담당한다.[5]

'높다'는 '높으시다, 높겠다, 높더라'와도 대립하는데, '-으시-'[+높임]와 '-겠-'[+추정], '-더-'[+회상]와 대립하는 영형태소를 설정해야 할 필요가 있다. 그러면 결과적으로 '높다'는 모두 4 개의 영형태소를 포함한 것으로 계산해야 할 것이다.

> (13) ㄱ. 높-으시[+높임]-었[+과거]-겠[+추정]-더[+회상]-다
> ㄴ. 높- Ø [-높임]-Ø[-과거]-Ø[-추정]-Ø[-회상]-다

2.5. 동음어 형식

동음어 형식들은 다음의 경우에 같은 형태소이거나 다른 형태소로 확인된다.

> ① 분명히 다른 의미를 가진 동음어 형식들은 다른 형태소들을 이룬다.
> ② 관련된 의미를 가진 동음어 형식은, 의미적 부류들이 분포적 차이에 평행하면, 한 형태소를 이룬다. (니다 1978 : 55의 원리 5)

---

5) 이러한 영형태소는 '숨어 있는'(hidden) 형태소라 할 만하다.

■동음어 형식(1) : 같은 품사

한국어의 '다리'의 경우, 이것들은 의미적으로 분명히 다른 두 부류로 구분되기 때문에, 각 부류의 '다리'는 각각 다른 형태소로 규정된다.6)

(14) ㄱ. 뱀은 **다리**가 없지만 빨리 움직인다.
ㄴ. 이 의자는 **다리**가 하나 부러졌다.
ㄷ. **다리**가 부러진 안경.

(15) ㄱ. 한강에 **다리**가 몇 개나 되는지 아니?
ㄴ. 나는 그 사람을 잘 모르니 자네가 **다리**가 되어 주게나.
ㄷ. 이 물건은 우리에게 오는데 **다리**를 여럿 거친 것이다.

■동음어 형식(2) : 다른 종류의 품사

명사와 동사가 어원이 같은 형태소들이 있다. 이것들은 각각 한 형태소로 보아야 할까, 아니면 다른 형태소로 보아야 할까?

(16) 배 : 배-, 신 : 신-, 띠 : 띠-, 품 : 품-, 안 : 안-

영어에는 이러한 경우가 아주 많다.

(17) ㄱ. a big *fish* in a little pond.
ㄴ. *fish* for information.

(18) ㄱ. in a person's good *books*.
ㄴ. I want to *book* you not to tell anyone.

---

6) 그런데 각 부류의 안의 '다리'들도 조금씩 다른 의미를 지닌다. 그러나 그러한 의미의 차이는 그것들을 각각 다른 형태소로 간주해야 할 만큼 크지는 않다고 생각된다.

니다(1978)에 따르면, 이것들은 각각 개체와 과정이라는 의미적 차이가 있는데, 이러한 의미적 차이는 분포적 차이에 평행하기 때문에, 한 형태소들로 간주한다.

이것들은 명사를 동사로 파생시키는 영형태소를 설정하여 설명할 수도 있으나, 그 근거를 설명하기 어려운 점이 있다.

보충 다른 종류의 품사의 분포적 차이

동일한 언어 형식이 두 개의 품사로 사용되는 경우에, 그것들은 다른 종류의 접사와 결합하여 다른 언어 형식을 구성하는데, 접사라는 환경에 대하여 분포가 상보적이다. (간접적 환경에서도 분포가 상보적이다.) 이러한 분포를 고려한다면 그것들을 한 형태소로 묶을 수 있을 것 같다.

그런데 그것들은 통사적으로 완전히 다른 기능을 수행하며, 이것들을 어기로 하는 복합어의 구성에서도 완전히 다른 방식으로 작동한다. 이런 점을 고려한다면, 이것들을 다른 형태소로 간주할 수도 있을 것이다.

보충 같은 형태소? 다른 형태소?

다음과 같은 예들에서, '에, 로, 있-'이 같은 형태소인지, 다른 형태소인지 생각해 보자.

(1) ㄱ. 언덕 위에 집을 짓다
    ㄴ. 학교에 가다.
    ㄷ. 바람에 꽃이 지다.

(2) ㄱ. 어디로 가는 것이 좋겠어요?
    ㄴ. 나무로 집을 짓는다.
    ㄷ. 이번 겨울에는 감기로 고생했다.

(3) ㄱ. 우리는 바다에 있다.
    ㄴ. 영화를 보고 있다.

2.6. 분리성

어떤 언어 형식을 두 개의 성분으로 분리할 수 있고, 그것들 가운데 어느 한 성분이 형태소이면, 다른 한 성분도 형태소이다.[7]

분리성은 앞의 원리들을 보충하는 것들이다. 분리되어 나타날 경우에는 당연히 하나의 형태소의 자격을 갖는다. '사람, 구름, 가-, 매우' 들은 당연히 하나의 형태소가 된다.

'-가'와 '-에' 따위는 분리되어 쓰이지 않지만, 그것들이 여러 결합체에 나타나는데, 그것들이 결합하는 것들이 분리되어 쓰인다. 따라서 '-가'와 '-에' 따위도 한 형태소가 된다.

그런데 어떤 음성 형식이 그 자체로는 분리되어 쓰이지 않으면서, 단 하나의 형태소와 결합하는 것들도 있는데, '눗-', '술-'이나 '아름-' 등이 그러하다. 이것들은 이것들과 결합한 음성 형식들이 다른 형태소들과 결합하여 쓰이기 때문에, 이것들도 하나의 형태소의 자격을 갖춘다.

> (19) ㄱ. **눗**-갑다, **술**-갑다
> ㄴ. **아름**-답다, 사람-답다, 학생-답다

영어의 경우, *cranberry*의 *cran-*이 분리되어 쓰이지 않지만, *redberry*, *blueberry*, *blackberry*, *strawberry*와 대조해 보면, *cran-*이 하나의 형태소가 된다.

---

7) 니다(1978 : 58)의 원리 6을 간략히 표현한 것인데, 원문은 다음과 같다.
　다음과 같은 조건에서 나타나면, 형태소는 분리된다.
　① 분리되어 나타날 경우
　② 여러 결합체에 나타나는데, 그것이 결합한 최소한 하나의 단위가 분리되어 나타나거나 다른 결합체들에서 나타나는 경우
　③ 단 하나의 결합체에 나타나는데, 그것이 결합한 성분이 분리되어 나타나거나 유일하지 않은 성분들을 가진 다른 결합체에 나타나는 경우

1. 상보적 분포와 형태소의 관계를 설명하시오.
2. 음운교체의 형태소와 영형태소를 설명하시오.
3. 동음어 형식을 가진 형태소를 설명하시오.

|더 생각할 문제|

1. 어절의 분석에서 계층성의 문제를 생각해 보시오
   (예) 붙잡았다, 붙잡혔다, 눈높이, 모내기

의심이란?

대상이 결정되지 않아서
마음도 결정되지 않았다.

형태소와 변이형태

1. 다음 표기법에 내재하는 원리를 설명해 보자.

    (1) ㄱ. 높다, 높고, 높아, 높으니
       ㄴ. 있다, 있고, 있어, 있으니
       ㄷ. 없다, 없고, 없어, 없으니

2. 다음의 ㄱ과 ㄴ의 차이를 설명해 보자.

    (2) ㄱ. 입는다, 입고, 입어, 입으니
       ㄴ. 돕는다, 돕고, 도와, 도우니

이 장에서는 형태소와 변이형태의 관계를 살피고, 형태소의 교체에서 대표 형태, 또는 기저 형태를 세우고, 변이형태들을 이끌어내는 규칙들에 관하여 논의한다.

3.1. 형태소의 교체

■형태소의 교체 또는 변동

앞에서 보았듯이, 형태소는 항상 하나의 형식으로 존재하는 것은 아니다. 많은 형태소들은 오히려 환경에 따라 다른 모습으로 존재한다. 다른 여러 형태들이 공통의 의미적 변별성을 가지면서, 분포가 상보적이면 하나의 형태소로 묶인다는 것을 상기하자. 이때, 하나의 형태소로 묶인 형태 각각을 그 형태소의 **변이형태**(allomorph)라고 한다. 그렇다면 형태소는 '하나의 의미적 단위'이면서, '여러 변이형태들의 집합'이라고 할 수 있다. 한 형태소가 그것이 놓이는 환경에 따라 다른 모습으로 나타나는 현상을 형태소의 **교체** 또는 **변동**이라고 한다.[1)

    (1) 갑시, 갑스로, 갑슨, 갑슬; 갑도, 갑과; 감만, 감 나가다

먼저, (1)의 복합 형식들을 앞의 형태소 분석 방법에 따라 형태소로 분석해 보자. 분리된 형태들 가운데, 어근 형태소만을 정리하면, 다음과 같이 분석된다. 그리고 /값, 갑, 감/이란 형태소는 /값/과 /갑/, /감/의 변이형태로 구성되며, 환경에 따라 그러한 변이형태들로 실현된다.[2)

    (2) /값, 갑, 감/   (/kaps, kap, kam/)

---

1) '교체'라는 용어는 변이형태 사이의 지위의 동등함을 함축하는데 비하여, '변동'이라는 용어는 '하나의 형태소'가 다른 여러 변이형태들로 바뀐다는 것을 함축하는 것으로 생각된다.

2) 첫음절이 평자음으로 시작하는 형태소의 경우에 다른 형태소와 결합하여 합성어를 형성할 때, 그 앞의 형태소의 종성의 종류에 따라 경음으로 바뀌는 일이 있다. 예컨대, '묵'과 결합하거나, '담배'와 결합할 때, '값, 갑, 감'과 같이 교체된다. 이 글에서는 논의의 편의상 이러한 것들은 제외하였다.

■같은 계통의 변이형태와 다른 계통의 변이형태

변이형태들은 계통이 같은 형태가 소리 바뀜으로 일어나는 **같은 계통**의 변이형태와, 계통을 달리하는 말이 한 뜻을 가지고 한 데로 모인 **다른 계통**의 변이형태로 나눌 수 있다.

> (3) ㄱ. 영화-**를**, 책-**을**
> ㄴ. 영화-**가**, 책-**이**

'-을'과 '-를'은 같은 계통의 변이형태로서, 당연히 음성적으로 유사하다. 다른 계통의 변이형태는 '-이'와 '-가'를 들 수 있는데, 이것들은 음성적으로 전혀 관련성을 찾을 수 없다.

■음성적 변이형태와 형태적 변이형태

또 변이형태는 그것들이 교체되는 조건에 따라, '음성적' 변이형태와 '형태적' 변이형태로 나눌 수 있다. 음성적 변이형태는 음성적인 조건에 따라 이루어지는 것인데, 앞, 뒤의 소리의 종류에 따라 교체가 이루어지는 것이다. 형태적 변이형태는 앞과 뒤에 어떤 형태소가 오는가에 따라 교체되는 것이다.

형태소 /밭, 밫, 받, 반/에서 변이형태 '밭'과 '밫', '받', '반'은 ㅣ[i]를 제외한 모음 앞에 놓이는가, ㅣ 모음 앞에 놓이는가, 비음을 제외한 자음 앞에 놓이는가, 비음인 자음 앞에 놓이는가에 따라 교체된다. 형태소 /돕, 돔, 도외우/에서 변이형태의 교체도 이러한 음성적 조건에 따라 교체된다.

> (4) ㄱ. **바트**-을, **바츠**-이, **받**-도, **반**-만
> ㄴ. **돕**-고, **돔**-는, **도외우**-아, **도외우**-(으)니

형태소 '-아라, 어라, -여라, -거라, -너라'의 교체를 보자. '-아라'와 '어라'는 음성적 조건에 따라 교체된다. 그런데 '-여라'는 '하-'의 뒤에 나타나고, '-거라'는 '가-'의 뒤에, '-너라'는 '오-'의 뒤에 나타나고, '-아라/어라'는 그 밖의 위치에 나타난다. 따라서 이들 변이형태들은 형태적 조건에 따라 교체되는 것이다.

> (5) ㄱ. 주-**어라**, 보-**아라**
> ㄴ. 하-**여라,** 오-**너라**, 가-**거라**

형태소 '-았-'과 '-었-', '-였-'의 교체에서, '-았-'과 '-었'은 음성적 조건에 따라 교체되고, '-았/었-'과 '-였-'은 형태적 조건에 따라 교체된다.

> (6) ㄱ. 보-**았**-어, 주-**었**-어
> ㄴ. 하-**였**-어

■ 변이 형태의 종류(종합)

같은 계통의 변이형태가 음성적 변이형태인 경우도 있고, 형태적 변이형태인 경우도 있다. 또 다른 계통의 변이형태가 음성적 변이형태인 경우도 있고, 형태적 변이형태인 경우도 있다.

(5) 변이형태들의 종류

	같은 계통	다른 계통
음성적 조건	A	C
형태적 조건	B	D

A 부류 : '밭, 밫, 받, 반'과 체언토 '-을, -를' 등
B 부류 : 용언토 '-어, -여', '-어라, -여라', '-었-, -였-' 등
C 부류 : 체언토 '-이, -가' 등
D 부류 : 용언토 '-여라, -거라, -너라' 등[3)]

보충 **'-어'와 '-아'의 교체에 대하여**

'-어'와 '-아'의 교체는 다음과 같은 생각해 보아야 할 문제들이 있다. 하나는 이것들은 같은 계통의 변이형태인가 다른 계통의 변이형태인가 하는 것이고, 다른 하나는 음성적 변이형태인가 형태적 변이형태인가 하는 것이다.

허웅(1985)에서는 용언토 '-어'와 '-아'가 같은 계통의 변이형태인지 다른 계통의 변이형태인지 명시하지 않았으나, 다음과 같은 점을 고려한다면, 같은 계통의 변이형태로 본 것으로 보인다. 허웅(1985 : 259-260)에서는 변동을 같은 계통의 음성적 변이형태에 국한하였는데, 허웅(1985 : 273)에서 모음조화(홀소리 어울림)라는 변동 규칙을 설정하였다.

그러나 '-어'와 '-아'는 다음과 같은 점에서 같은 계통의 변이형태로 보기 어렵다고 생각된다. 첫째, '-어'와 '-아'는 음성적인 공통점이 전혀 없다. 일반적으로 한 형태소의 변이형태들은 음성적인 공통점을 공유하고 있으며, 그 변이형태들은 변이형태를 구성하는 음소의 차이로 서로 교체되는데, '-어'와 '-아'는 그렇지 않다. 둘째, 같은 계통의, 음성적 변이형태들과 교체되는 양상이 전혀 다르다. 한국어에서 형태소의 교체는 거의 형태소와 형태소의 경계에 있는 두 소리가 만나 일어나는 것이다. 그런데 '-어'와 '-아'의 교체는, 그 바로 앞 형태소의 끝에 나는 소리의 특성이 아니라, 그 형태소의 앞 음절의 특성에 따라 이루어진다.

그리고 '-어'와 '-아'의 교체는 음운적인 조건에 따라 교체되기도 하지만, 형태적 조건에 의해서도 영향을 받는다. 예컨대 '-어'와 '-아'는 '주워, 도와'에서는 바로 앞 형태소의 모음의 종류에 따라 교체된다. 그렇지만 '아름다워, 괴로워'에서는 '-어'만 실현된다. 또 '보았었다'의 '-았었-'의 뒤의 '-었-'도 '도와, 주워'에 비추어 보면 '-았-'이 사용되어야 하겠지만, 그렇지 않다.

보충 **같은 계통과 다른 계통이 섞인 변이형태들?**

만일 '-어'와 '-아'를 다른 계통의 변이형태로 본다면, 용언토 '-었-, -았-'은 부분적으로는 같은 계통이고, 부분적으로는 다른 계통인 변이형태로 보아야 할 것이다. ('-아라, -어라, 거라, 너라'도 그러하다.)

---

3) 때때로, 변이형태 '-거라'와 '-너라' 대신에 변이형태 '-어라'와 '-아라'가 쓰이기도 한다.

3.2. 대표 형태와 변동 규칙

■다른 계통의 변이형태 교체와 형태적 변이형태 교체

형태소는 여러 변이형태들의 집합으로 구성되면서, 하나의 의미적 단위이기도 하다. 따라서 하나의 형태소를 구성하는 변이형태들은 본래 하나의 같은 음성 형식에서 나온 것으로 생각해 볼 수 있다.

그런데 다른 계통의 변이형태들과 형태적 조건에 따라 교체되는 변이형태들은 하나의 음성 형식으로 표현할 방법도 없고, 변이형태들 사이의 관계를 음운적 규칙으로 설명할 수도 없다. 그러한 형태소들은 그냥 '변이형태들의 집합'으로 둘 수밖에 없다. 형태소의 표기도 당연히 (필요한 만큼의) 모든 변이형태들을 나열하여 표기할 수밖에 없다.

■같은 계통의 음성적 변이형태 교체

'같은 계통의 음성적 변이형태들'은 공통의 음성 형식을 가지므로, 하나의 음성 형식으로 표현할 수 있다. 그렇게 하나의 음성 형식으로 표현할 방법으로는 **대표 형태**(basic allomorph)를 설정하는 것이다.[4] 대표 형태는 변이형태 가운데 어느 하나를 선택하여 결정하고, 변이형태들은 이 대표 형태에 어떤 규칙을 적용하여 파생된 것으로 설명한다. 이렇게 대표 형태를 설정하게 되면, 어떤 형태소는, 모든 변이형태들을 다 명시하지 않고도, 그 대표 형태로 표기할 수 있다.[5]

    (8) {값} = /값, 갑, 감/

---

4) basic allomorph는 원어에 충실히 맞추어 번역하자면 기본 형태라 할 수 있으나, 그것을 설정하는 과정을 고려한다면 대표 형태로 번역하는 것이 나을 듯하다.
5) 이제부터, 같은 계통의 음성적 변이형태들의 교체를 **변동**이라 하기로 한다.

■형태소의 변동과 변동 규칙

이제 형태소의 교체를 변동 규칙으로 설명하는 방법을 살펴보자. 형태소의 변동, 곧, 한 형태소가 (음성적) 환경에 따라 (같은 계통의) 여러 변이형태로 실현되는 모습을 연구하는 부문을 **형태 음소론**이라 한다. 그리고 한 형태소에서 여러 변이형태를 이끌어 내는 규칙을 **변동 규칙**이라 한다.

형태소의 변동에서, 변이형태들이 통째로 바뀌는 것이 아니라, 바뀌지 않는 부분이 있고, 일정한 자리에서 바뀌는 부분이 있다. 예컨대, 변이형태 '밭'과 '받', '밫', '반'에서, '바'는 고정되어 있고, 종성이 'ㅌ'과 'ㄷ', 'ㅊ', 'ㄴ'으로 바뀐 것이다. 이를 다음과 같이 나타낼 수 있다.

(9) 형태소의 변동의 모습

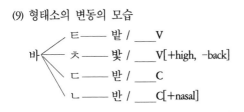

그런데 이와 같이 한 형태소의 같은 자리에서 교체되는 음소들의 집합을 **형태 음소**라고 한다. 이렇게 보면, 형태소의 변동은 한 형태소의 형태 음소들이 환경에 따라 교체되는 것이다. 따라서 대표 형태가 변이형태들로 변동되는 규칙도 어떤 형태 음소가 다른 형태 음소로 바뀌는 것으로 기술되는 것이다. 이를 간추리면, 형태소의 전체적인 변동의 모습은 '{대표 형태} → /변이형태/'의 변이의 모습이지만, 실제로 변동이 일어나는 것은 '/형태 음소/ → /형태 음소를 구성하는 각각의 음소/'의 변이의 모습이다.

■변동 규칙의 형식

변동 규칙은 일반적으로 다음과 같은 형식을 가지고 있다. α와 β는 형태 음소이다. 'x___ y'는 음성적 환경을 나타낸다.

(10) α → β / x ___ y

예컨대, 형태소 /밭, 밫, 받, 반/에서, 대표 형태를 /밭/으로 설정했다면, 이 형태소의 변동은 다음과 같은 변동 규칙에 따라 설명된다.[6]

(11) ㄱ. ㅌ → ㅊ / ___V[+high, −back]
　　ㄴ. ㅌ → ㄷ / ___C
　　ㄷ. ㄷ → ㄴ / ___C[+nasal]

보충 변동 규칙의 본질

　여기서는 변동 규칙을 한 개의 형태 음소가 어떤 환경에서 다른 형태 음소로 바뀌는 것으로 기술하였다.
　그런데 형태 음소는 위치 자질이나 방법 자질 등의 집합으로 구성되어 있으며, 형태 음소의 차이는 그러한 음운 자질들의 차이로 드러나는 것이다. 변동 현상은, 대개, 어떤 형태 음소들의 위치 자질이나 방법 자질이 바뀌는 현상이다. 예컨대 (11)ㄱ은 위치 자질이 바뀐 것(구개음화)이고, (11)ㄴ과 ㄷ은 방법 자질이 바뀐 것(평자음화, 비음화)이다.
　그리하여 어떤 형태소의 변동들이 형태 음소의 바뀜으로 보면 다른 것처럼 보이지만, 음운 자질의 바뀜으로 보면 동일한 것으로 파악된다. 예컨대 아래 (1)의 비음화는 모두 (2)로 표시된다.

(1) ㄱ. ㅂ → ㅁ / ___C[+nasal]

---

6) 여기서 '밭 → 반'의 변동을 설명하기 위해서 'ㅌ → ㄴ / ___ C[+nasal]'과 같은 규칙을 설정하지는 않는다. 그 까닭은 다른 형태소의 변동에서 ㄴ과 ㄷ의 규칙이 독립적으로 존재하는데, 위의 규칙은 ㄴ과 ㄷ 규칙을 적용하여 설명할 수 있기 때문에, 그것을 따로 둘 필요가 없기 때문이다.

ㄴ. ㄷ → ㄴ / ____C[+nasal]

ㄷ. ㄱ → ㅇ / ____C[+nasal]

(2) [+cont] → [+nasal] / ____C[+nasal]

따라서 이 글에서는 특정한 형태소의 대표 형태를 설정하기 위하여 변동 규칙을 (1)의 방식으로 표시했지만, 그것들은 (2)를 함의하고 있다는 것을 기억해야 할 것이다.

■ 대표 형태를 선정하는 방법

이제 대표 형태를 선정하는 방법에 대하여 살펴보자. 대표 형태를 선정하는 기준은 두 가지이다. 첫째, 가장 덜 제약적인 환경에 쓰인 변이형태를 대표로 선정한다. 둘째, 어떤 변이형태를 대표로 선정하여 변이형태들을 파생할 수 있는 (상대적으로 더) 일반적인 규칙을 설정할 수 있으면, 그 변이형태를 대표로 선정한다.

> **보충** 선택의 다른 방법 : 책략
>
> 책략적으로는, 한국어에서 자음으로 끝나는 변이형태의 경우, ('ㅣ' 아닌) 모음 앞에 놓이는 변이형태를 대표로 선정하면, 일반적인 규칙으로 설명될 가능성이 가장 많다. 예컨대, '값'과 '갑', '감' 가운데 모음 앞에 놓이는 '값'을 대표로 선정할 수 있다. 또 '밭'과 '받', '받', '반' 가운데, '밭'을 대표로 선정할 수 있다. 모음으로 끝나는 변이형태들 가운데서는, 자음으로 끝나는 환경에 쓰이는 것을 대표로 선정할 수 있다. 예컨대, '-으로'와 '-로' 가운데서는 '-으로'를 대표로 선정할 수 있다.

■ 보편적 규칙과 한정적 규칙

변동 규칙은 그 규칙이 적용되는 범위에 따라, **보편적 규칙**과 **한정적 규칙**으로 나눌 수 있다. 앞의 규칙은 그 규칙의 적용을 받을 수 있는 조건을 갖춘 형태소라면, 어떤 것에든 적용되는 보편적인 것이고, 뒤의 규칙은 그 규칙의 적용을 받을 수 있는 조건을 갖춘 형태소 중의 특정한 것에만 적용되는 것을 가리킨다.

■ 보편적 규칙과 대표 형태

대표 형태는, 가능하다면, 보편적 규칙으로 설명될 수 있는 것을 선정해야 한다. 바로 앞의 논의에서는 대표 형태를 임의로 설정하여 변동을 설명했지만, 엄밀하게는, 변이형태들 가운데 어느 것이라도 대표 형태로 선정될 가능성이 있는 것으로 보고, 어느 것을 대표 형태로 선정해야 문제가 가장 적을지를 검토해야 한다. 예컨대, 형태소 /밭, 밫, 받, 반/에서 어떤 특정한 변이형태를 대표로 선정했을 때, 어떤 변동 규칙을 세워야 하며, 그러한 변동 규칙이 어느 정도로 보편적으로 작동할 수 있는지를 검토해야 한다. 그 결과 문제가 가장 적은 규칙으로 설명할 수 있는 변이형태를 대표로 선정하는 것이다. 그러나 실제로는, 위의 첫째 기준과 책략에 제시된 책략으로 대표를 선정하면, 거의, 가장 보편적인 것에 가까운 규칙으로 설명할 수 있다. 예컨대, 앞의 (11)의 모든 규칙들은 보편적 규칙으로 설명되기 때문에, '밭'을 대표 형태로 정한다.

■ 한정적 규칙과 대표 형태

형태소 /밭, 밫, 받, 반/의 변동을 설명하기 위해 세운 규칙들은 보편적이다. 그러나 어떤 변이형태를 대표로 세우더라도 보편적인 규칙으로 설명하지 못하는 형태소들도 많다. '돕(다)'의 활용형을 보자.7)

(12) ㄱ. /top-, tom-, tow-/
ㄴ. /p, m, w/

이 용언의 변이형태에서 /top-/을 대표 형태로 삼는다고 하자.8) 그러면 다음의 변동 규칙을 세울 수 있다.

(13) ㄱ. p → m / ___ C[+nasal]
ㄴ. p → w / ___ V

그런데 이 두 개의 규칙 가운데, 'p → w /___ V'은 한정적이다. 이 규칙의 적용을 받는 용언이 특정한 용언에 한정되어 있기 때문이다. 이 규칙이 한정적인 것은 다음과 같은 까닭에서이다.

이 형태소와 공통된 형태 음소를 가지는 /cap-, cam-/이라는 형태소가 있다. 이 형태소의 변동은 /cap-/을 대표 형태로 선정하고, (14)ㄱ과 같은 규칙으로 설명할 수 있다. 그런데, 이 /cap-/에 모음이 결합될 경우에는 (14)ㄴ이 적용되어야 하는데, 그렇게 되면 있지도 않는 형태인 /*caw-/를 파생시킨다. 따라서 이 규칙은 /top-/에만 적용되고, /cap-/에는 적용되지 않는 한정적 규칙이다.

---

7) 논의의 편의상, 앞으로 대표 형태를 선정하고 변동 규칙을 설명하기 위하여 형태소를 제시할 때는 형태 음소도 함께 제시한다.
8) /tom-/을 대표 형태로 설정할 수 없는 것은 한정적인 규칙인 'm→p/___C[-nasal]'을 설정해야 하기 때문이다. 이 규칙은 '감'(柿)이라는 형태소를 '갑'이라는 형태로 변동시킨다.

> **보충** 규칙 용언과 불규칙 용언
>
> 용언이 어간과 어미가 결합할 때 어간이나 어미가 변동을 겪게 되는데, 그러한 변동이 보편적 변동 규칙이 적용되는 용언을 규칙 용언이라 하고, 한정적 변동 규칙이 적용되는 용언을 불규칙 용언이라 한다.
>
> '잡고, 잡는다'의 '잡-'을 기본형으로 삼았을 때, 어간의 변동을 기술하는 모든 변동 규칙은 보편적이다. 이에 비하여, '돕고, 돕는다, 도와'의 '돕다'를 기본형으로 잡았을 때, 어간의 변동을 기술하는 규칙 가운데 'p→w /___V;라는 규칙이 한정적이다.
>
> 따라서 '잡다'를 규칙 용언이라 하고, '돕다'를 불규칙 용언이라 한다.

3.3. 기저 형태

■가상 형태소(1) : '돕-'의 경우

앞에서 대표 형태를 설정하는 방식은 한정적 규칙을 설정해야 하는 경우가 있음을 보았다. 그런데, 보편성을 추구하는 과학의 처지에서 보면, 그러한 한정적 규칙을 설정하는 것은 받아들이기 어렵다. 그래서 그러한 한정적 규칙을 배제하고, 보편적 규칙을 설정하고자 하는 시도가 당연히 있게 마련이다.

앞에서 논의한 형태소 /top-, tom-, tow-/를 다시 검토해 보자. 이 형태소의 변동에서, /top-/이나 /tom-/을 대표 형태로 선정하면, 한정적인 규칙을 설정할 수밖에 없다. 그런데 /tow-/를 대표 형태로 선정하면 다음과 같은 보편적인 규칙으로 설명할 수 있다.

(14) ㄱ. w → p / ___C
　　 ㄴ. p → m / ___C[+nasal]

그러나 이 규칙은 조금 문제가 있어 보인다. 음소 /w/가 세계의 여러 언어에서 모음으로 간주되기도 하고 자음으로 간주되기도 하는데, 모음의 성격을 가진다는 측면에서 보면, 모음이 자음으로 바뀌는 것으로 보아야 하기 때문이다. 이에 대한 대안으로, /toβ-/이라는 가상의 변이 형태를 설정하고 그것을 대표 형태로 삼을 수 있다. 'toβ'를 설정하는 것은 /tow-/가 15세기 한국어에서 /toβ-/에 대응한다는 것을 확인할 수 있기에 역사적인 정당성을 얻을 수 있다.[9] 그러나 이 /toβ-/는 현대 한국어에는 존재하지 않기 때문에, 공시적으로는 '가상의' 형태라고 할 수 있다.

(15) ㄱ. β → p / ___C
ㄴ. β → w / ___V

/toβ-/ 대신에 /tob-/를 설정할 수도 있는데, 그러면 다음과 같은 변동 규칙을 세울 수 있다.[10]

(16) ㄱ. b → p / ___C
ㄴ. b → w / ___V

보충 /toβ -/와 /tob-/의 문제

/toβ-/나 /tob-/을 가상의 형태소로 설정했을 경우에는 구조주의의 관점에서 보면 다음과 같은 문제가 발생한다. /toβ-/와 /tob-/의 β나 b는 현대 한국어에서 음성으로는 존재하나, /p/와 변별되는 한 음소로서의 자격이 없다. 곧 음소 분석에서 [β]나 [b]는 [p]와 함께 /p/라는 한 음소로 묶이는 것이다. 한편 형태소를 구성하는 형태 음소는 음성이 아니라 음소이다. 그런데 형태 음소의 구성에서 [β]나 [b]를 /p/와 대립하는 한 음소로 보아야 하는 문제가 발생한다는 것이다.

결국 구조주의적 음소에 대한 관점은 가상 형태소를 설정하는 관점의 음소에 관한 관점이 달라질 수밖에 없다.

---

9) 현대 한국어 형태소 /top-, tom-, tow-/는 15 세기에는 /top-, tom-, toβ-/로 변동한다.
10) 변형문법에서는 보통 이렇게 처리하였다.

■ 가상 형태소(2) : '잇-'의 경우

형태소 /it-, i-/의 변동에 관한 문제는 좀 더 복잡하다.

　　(17) /it-, in-, i-/

이 형태소의 변동을 설명하기 위해서는, /it-/를 대표 형태로 선정하면 (18)의 규칙이 필요하고, /i-/를 대표 형태로 선정하면 (19)의 규칙이 필요하다.

　　(18) t → ø / ＿＿V
　　(19) ø → t / ＿＿C

그러나 이 규칙은 한정성이 너무 크기 때문에 규칙으로서의 자격조차 의심스럽다. 규칙 (18)은 모음 앞에서 /t/로 끝나는 모든 형태소의 /t/를 삭제해 버리며, (19)는 아무런 까닭 없이 자음 앞에서 어떤 형태에 /t/를 첨가한다. 따라서 (18)과 (19)는 규칙이라고 하기도 어렵다.

따라서 이 형태소는 어떤 변이형태를 대표 형태로 선정한다 하더라도, 부분적인 한정성조차 얻을 수 없다.[11) 이 문제를 해결하기 위해서는 다른 방식이 필요하다. 마침 15세기 한국어는 이 형태소가 다음과 같이 변동한다.

　　(20) /it-, iz-, in-, i-/

따라서 (20)에 근거하여 /it-, i-/의 형태소에서 가상의 변이형태를 /iz-/

---

11) 형태소 /top-, tom-, tow-/ 경우와는 사정이 아주 다르다. /top-/을 대표 형태로 선정하는 경우에, 한정적인 규칙을 설정할 수밖에 없지만, 그러나 그러한 규칙은 일정한 부류의 형태소에 잘 적용된다.

를 설정하고, 그것을 대표 형태로 삼을 수 있다. 그리고 이러한 변동을 설명하기 위하여 다음과 같은 규칙을 설정할 수 있는데, 이 규칙들은 보편적이다.

(21) ㄱ. z → t / ____C
　　 ㄴ. z → ø / ____V

그런데, 현대 한국어의 한글맞춤법에서는 이러한 가상 형태소를 인정하지 않는다. 그렇다고 변이형태 가운데 대표 형태를 선택할 수도 없다. 따라서, 대안으로 선택할 수 있는 것은, /iz-/에 가장 가까우면서, 음성 형태로서는 존재하지 않지만, /is-/라는 음소로 구성된 가상 형태소를 세우는 것이다. 이렇게 **가상 형태소**를 세우면, 다음과 같은 (한정적인) 변동 규칙을 설정할 수 있다.

(22) ㄱ. s → t / ____C
　　 ㄴ. s → ø / ____V

> **보충**　'잇-'의 종성의 음가
>
> 　'잇-'의 변이형태의 분석에서, [is]를 변이형태의 하나로 설정하지 않았는데, 그 까닭은 한국어의 음절 종성에는 [s]가 실현되지 않는다고 보았기 때문이다. 그런데 '-습니다' 앞의 '잇-'의 음가를 [it]가 아니라 [is]로 실현되는 것으로 생각해 볼 수도 있을 것이다. 만일 그렇게 본다면, '잇-'은 /it-, is-, in-, i-/의 변이형태의 집합으로 분석되고, [is]를 대표 형태로 잡아 규칙을 기술할 수 있다.
> 　이러한 분석에서 유의할 것이 있다. 보통 한국어 음절의 종성에서는 7개의 자음이 온다고 기술하는데, '잇-'의 종성을 [s]로 기술한다면, 한국어 음절의 종성은 7개가 아니라, 8개가 오는 것으로 기술해야 할 것이다.

■기저 형태

이제까지 같은 계통의 음성적 변이형태들의 교체를 설명하기 위한 규칙들을 살폈다. 이 규칙들은 기본적으로 어떤 하나의 **기저 형태**(base form)로부터 여러 변이형태들을 이끌어내는 방식으로 기술되는데, 기저 형태를 설정하는 방법은 두 가지가 있다.

하나의 방법은 변이형태들 가운데 어느 하나를 대표 형태로 선택하고, 그 밖의 변이형태들을 그 대표 형태로부터 이끌어내는 것이다. 이 방법에서는 대표 형태를 구성하는 형태 음소로부터 다른 형태 음소를 이끌어내는 변동 규칙을 세워 기술하는데, 그 규칙은 보편적인 것일 수도 있고, 한정적인 것일 수도 있다.

이때 한정적 규칙으로 설명되는 변동을 보편적 규칙으로 설명하기 위하여, 기존의 변이형태들에는 없는 가상의 형태를 기저 형태로 세우는 방법이 있다. 이런 방법은 규칙의 적용에 예외가 없는 규칙의 한정성을 제거하는 장점이 있는 반면에, 현실 세계에서는 존재하지 않는 형태를 설정해야 하는 부담도 있다.[12]

---

12) 그리고 가상 형태를 구성하는 형태 음소는, 체계적 음운론의 처지에서 보면, 음소가 아니라 음성인 경우도 있다.

1. 형태소와 변이형태의 관계를 설명하시오.
2. 변동 규칙에서 보편적 규칙과 한정적 규칙을 설명하시오.
3. 대표 형태를 설정하는 방법을 설명하시오.
4. 가상 형태를 설명하시오.

|더 생각할 문제|

1. 대표 형태나 기저 형태 또는 가상 형태를 꼭 설정해야 하는지에 대하여, 또는 그렇게 설정
   하는 까닭에 대하여 생각해 보시오.

2. '잎'의 변이형태 '잎(이), 입(도), 임(만)'과 ('나무'와 결합한) '닢, 닙, 님'과 ('풀'과 결합한)
   '맆, 립, 림'의 자료에서,

   [문제 01] 이러한 변동현상을 음운규칙으로 설명해 보시오.
   [문제 02] 앞의 음운현상에서 제시한 예들의 형태소와 변이형태, 형태음소를 서술하시오.

그림이나 모형에 의존하지
않는 실재는 없다.

— 스티븐 호킹

형태소의 유형

1. 다음의 밑줄 친 말들은 의미가 같은가, 다른가. 같다면 어떤 점에서 같고, 다르다면 어떤 점에서 다른가.

   (1) ㄱ. <u>가는</u> 세월.
      ㄴ. 세월이 <u>가고</u>, 나도 <u>간다</u>.

2. 다음의 단어를 어근과 접사로 구별하고, 그렇게 구별하는 기준을 생각해 보자.

   (2) ㄱ. 슬기롭다, 평화롭다, 외롭다
      ㄴ. 외기러기, 외마디, 외며느리

이 장에서는 어근과 접사, 굴절 접사와 파생 접사, 통사적 접사와 어휘적 접사 등에 대하여 살핀다.

4.1. 어근과 접사

■어근과 접사

형태소는 기능에 따라, 먼저 어근과 접사로 나눌 수 있는데, 어근과 접사는 다음과 같이 정의할 수 있다.

> (1) ㄱ. 어근(root)은 단독으로 또는 굴절 접사와 결합하여 어절을 형성할
> 가능성이 있는 형태소이다.
> ㄴ. 접사(affix)는 어절을 형성할 가능성이 없는 형태소이다.

이에 따라, (2)의 형태소들은 어근이고, (3)의 형태소들은 접사이다.

> (2) ㄱ. 산, 돼지; 나, 너; 하나, 둘, 일곱
> ㄴ. 아, 아야; 이, 그, 저; 매우, 아주, 잘; 또, 및
> ㄷ. 푸르(다), 가(다)

> (3) ㄱ. 시-, 샛-, 맨-; -뜨리-, -히-
> ㄴ. -다, -은, -도록
> ㄷ. -가, -를, -에게; -도, -만

어근은 모든 어절의 핵(nucleus or core)을 구성하는 형태소이다. 어근이 어절의 핵이 된다는 것은 어절에서 반드시 있어야 되는 형태소라는 뜻이다. 어근은 (4)ㄱ과 같이 자립 형식일 수도 있고, (4)ㄴ과 같이 의존 형식일 수도 있다.

> (4) ㄱ. 사람, 나무, 물, 불; 매우, 잘; 이, 그; 아야
> ㄴ. 가-, 보-

또 (5)ㄱ과 같이 하나의 어절에 하나의 어근만 있을 수도 있고, (5)ㄴ과 같이 둘 이상의 어근으로 구성되어 있을 수도 있다.

> (5) ㄱ. 구름, 바다, 주-, 예쁘-
> ㄴ. 멧-돼지, 산-토끼, 검-푸르-, 모-심-

접사(affix)는 어근 형태소를 제외한 나머지 형태소들을 가리킨다. 접사는 그것이 놓이는 자리에 따라, 어근의 앞에 놓이는 **접두사**(prefix), 어근의 뒤에 놓이는 **접미사**(suffix), 어근을 분리하여 그 사이에 놓이는 **접요사**(infix)로 나눈다. 한국어에는 접요사가 없다.[1]

어근과 접사를 각각 **실질 형태소**와 **형식 형태소**라고 하기도 한다.

보충 | 다시 자립 형식에 대하여

'어절을 형성할 가능성이 있는'은, 엄밀히 말하면, 한 형태소의 변이형태들 가운데 최소한 한 개가 그렇다는 것을 가리킨다. 예컨대 형태소 '값'은 '묵'이나 '담배'와 결합할 때, '값, 갑, 감'과 같이 교체된다. 이 경우에, '값, 갑, 감'은 자립 형식으로 사용되지 않으며, 한 어절을 형성할 가능성이 없다. 그러나 그것들과 함께 변이형태를 구성하는 '값, 갑, 감'이 어절을 형성할 수 있으므로, '값, 갑, 감'도 어절을 형성할 수 있는 것으로 간주한다는 것이다.

■**어근과 접사를 구별하는 기준**

여기서 어근과 접사를 구별하는 기준이 무엇인가를 생각해야 한다. 언

---

1) '어른'이 한 개의 어근이라면, '어르신'의 '-시-'가 접요사처럼 보이기도 한다. 그러나 '어른'이 어휘화되어 형성된 것이므로, '어르신'도 '어른'의 어휘화 과정에서 파생된 형식으로 보는 것이 타당하다. 곧 '어르신'의 '-시-'는, 접요사가 아니라, 본래 접미사인데 어휘화 과정에서 접요사처럼 보이게 되었다는 것이다.

뜻 보면, 어근과 접사를 구별하는 것은 자명한 것처럼 보이기도 한다. 그러나 형태소에 따라서는 그것이 어근인가 접사인가를 구별하는 것이 쉽지 않다. 그리고 어근과 접사를 구별할 수 있다 하더라도, 그렇게 구분하는 분명한 기준을 제시한다는 것이 쉽지 않다. 그런데 앞선 연구에서 이 문제에 관하여 논의된 적은 없는 것 같다.

앞에서 어근은 모든 단어의 핵을 구성하는 형태소라고 했는데, 이것은 최소한 다음의 조건을 전제하는 것으로 볼 수 있다.

(6) 어절의 조건
하나의 어절에는 적어도 하나의 어근이 있어야 한다.

어근은 자립 형식인 경우에는, '산, 나무, 잘' 등과 같이, 한 단어로 쓰인다. 그런데 한국어의 용언의 경우에는, 어근 자체로는 하나의 어절로 쓰일 수 없고, 반드시 굴절 접사가 결합해야 하나의 어절로 쓰인다.

이러한 어근에 대하여, 접사는 의존 형식으로서, 굴절 접사이거나 파생 접사이거나 간에 절대로 단독으로 한 어절이 될 수 없다.2) 예컨대, '-었-'이나 '-구나', '맨-' 등은 단독으로나 다른 굴절 접사가 결합하여 어절로 사용되는 일이 없다.

■어절을 형성하지 못하는 어근(1) : 특수 어근

어떤 어근은 단독으로 어절을 형성하지 못할 뿐 아니라, 굴절 접사와 결합하여도 한 어절을 형성하지 못한다. 예컨대, '아름답다'의 '아름-'과 같은 것이 그러하다.

---

2) 한국어에서 '논의하다, 행복하다, 풍덩하다; 파기되다, 완쾌되다' 따위의 '하다'와 '되다'를 파생 접사로 보는 일이 있다. 그러나 이 글의 기준에 따르면, 이것들은 파생 접사가 아니라, 어근으로 보아야 한다. 이에 대해서는 뒤에 다시 논의한다.

(7) ㄱ. *아름이, *아름을, *아름도
　　ㄴ. *아름다, *아름고, *아름으며

　그러나 '아름답다'에서 '-답-'이 어근이 아닌 파생 접사임이 분명하므로, 만일 '아름-'이 파생 접사라면 '아름답다'는 한 어절임에도 불구하고 어절의 핵인 어근이 없는 셈이 된다. 따라서 어근의 조건에 따라, '아름-'을 어근으로 볼 수밖에 없다. 그리고 '아름-'은 '사람답다, 꽃답다' 따위의 어근인 '사람, 꽃'과 분포가 같으므로, 한 어근으로 간주될 수 있다.

　이렇게 어절을 형성하지 못하는 어근을 **특수 어근**이라 하는데, 한국어의 특수 어근에는 다음과 같은 것들이 있다.

(8) ㄱ. **두근**-두근, **주룩**-주룩, **펄럭**-펄럭, **소곤**-소곤, **빙긋**-빙긋, **실룩**-실룩, **머뭇**-머뭇, **삐죽**-삐죽
　　ㄴ. **착**-하다, **깨끗**-하다, **비롯**-하다
　　ㄷ. **끄덕**-거리다, **덜그럭**-거리다, **삐꺽**-거리다, **출랑**-거리다, **반짝**-거리다, **흔들**-거리다, **펄럭**-거리다, **중얼**-거리다, **덜렁**-거리다, **빈정**-거리다, **휘청**-거리다, **질퍽**-거리다
　　ㄹ. **출렁**-대다, **빈정**-대다, **지근**-대다, **굽실**-대다, **으쓱**-대다, **휘청**-대다, **질퍽**-대다
　　ㅁ. **헐떡**-이다, **끄덕**-이다, **반짝**-이다, **속삭**-이다, **움직**-이다, **출렁**-이다, **망설**-이다, **번득**-이다
　　ㅂ. **좀**-스럽다, **시원**-스럽다, **상**-스럽다
　　ㅅ. **괴**-롭다, **가소**-롭다
　　ㅇ. **쌀쌀**-맞다, **빙충**-맞다, **징글**-맞다
　　ㅈ. **삐**-뜨리다, **찌불**-어뜨리다, **자빠**-아뜨리다
　　ㅊ. 무겁다(**묵**-), 즐겁다(**즑**), 무섭다(**뭇**)
　　ㅋ. **뽀**-얗다, **허**-옇다, **팔**-앟다, **빨**-앟다, **멁**-엏다

>
> 어근으로 쓰이지 못하는 형태소들은 의성어와 의태어에서 많이 발견된다. 예컨대, '울렁울렁, 주룩주룩, 후룩후룩' 등의 '울렁-, 주룩-, 후룩-' 등은 단독으로 어절을 형성하지 못하고, **중첩**(reduplication)되어 어절로 쓰인다. 그런데 '주룩주룩'과 비슷한 의미를 가진 '주루룩'이라는 형식이 있는데, '주루룩'이 어떤 형태소로 분석될 수 있는지를 생각해 보기로 하자. '주루룩'은 '주룩'에서 복사된 '루'가 '주룩'의 '루'의 뒤에 첨가된 것으로 볼 수 있다. 이렇게 분석할 때, '루'는 어근일까, 접사일까?
>
> (1) 주루ㄱ → 주루+**루**+ㄱ

■어절을 형성하지 못하는 어근(2) : 의존 명사와 의존 용언

한국어의 의존 명사와 의존 용언들이 있는데, 이것들의 형태소의 종류에 관하여 보기로 한다.

(9) ㄱ. 것, 등, 따위, 때문; 개, 자루, 마리   (의존 명사)
   ㄴ. 하-, 가-, 오-, 있-, 주-, 버리-, 싶-   (의존 용언)
   ㄷ. 듯-하-, 법-이-   (의존 명사+의존 용언)

이러한 것들은 자립하여 쓰이지 못하지만, 접사와는 다르다. 의존 명사는 용언의 관형사형이나 체언의 관형사형의 수식을 받는 자립 명사의 위치에 놓인다. 의존 용언도 자립 용언과 마찬가지로 다른 용언의 여러 형식과 결합하며 자립 용언과 동일한 위치에 놓인다.

그리고 의존 명사와 의존 용언에 굴절 접사가 결합하여 형성된 형식은 적어도 형식적으로는 자립 명사나 자립 용언에 굴절 접사가 결합하여 형성된 어절과 구별되지 않는다. 허웅(1983)에서는 이런 점을 고려하여, 의존 명사와 의존 용언을 '준자립 형식'이라 하였다.

그러므로 의존 명사와 의존 용언을 구성하는 핵심적인 형태소를 어근으로 간주해야 한다. 그리고 이것들도 '특수 어근'에 포함시킬 수 잇을 것이다.

■동음어 형식인 어근과 접사(1)

한편 동일한 의미적 변별성을 가졌지만, 단어의 구조로 보아 어근과 접사로 나누어 보아야 하는 경우가 있다. 예컨대, (10)의 ㄱ과 ㄴ의 '외-'는 둘 다 동일한 의미적 변별성을 가지고 있으며, 그러한 뜻을 가진 하나의 어절로 쓰이지도 못한다. 따라서 앞의 어근과 접사의 논의에 따르면, 둘 다 접사로 처리해야 한다.

(10) ㄱ. 외-롭다
ㄴ. 외-아들, 외-딸, 외-마디, 외-길, 외-기러기

그러나 이것들을 다 접사로 처리한다면, '외롭다'에 핵이 없게 되는데, 이것은 논리적으로 받아들이기 어렵다. 그리하여, (6)의 조건에 따라 '외롭다'의 '외-'는 어근으로 처리하게 된다.

■동음어 형식인 어근과 접사(2)

한편 형태소가 어근으로 쓰이기도 하고, 접사로 쓰이기도 한다. 이것들은 의미상으로 서로 연관되어 있기 때문에, 구별하기가 그리 쉽지 않다.

(11) ㄱ. 참-되다
ㄴ. 참-멋, 참-빗, 참-외, 참-말, 참-새

위에서 '참되다'의 '참'은 '사실이나 이치에 어긋남이 없는 것'의 뜻을 가지고, '참멋, 참빗, …'의 '참'은 '품질이 우수하여 기본이 될 만한'의 뜻을 가진다. 그런데 앞의 '참'은, (12)에서 보는 바와 같이, 단독으로 하나의 어절로 쓰일 수 있다. 이에 비하여, 뒤의 '참'은 하나의 어절로 쓰이지 못한다. 따라서 앞의 '참'은 어근으로, 뒤의 '참'은 접사로 해석할 수 있다.

(12) ㄱ. 그것은 거짓이 아니라, **참**이다.
ㄴ. **참**을 추구하는 것은 아름다운 일이다.

다음의 예들도 비슷한 형태를 보인다. 먼저 '한'과 '생'을 보자.

(13) ㄱ. 한 그릇, 한 대
ㄴ. 한길, 한시름; 한여름, 한낮; 한아름, 한사발; 한마음, 한집안,
한겨레신문

(14) ㄱ. 전생, 생사, 이번 생에는
ㄴ. 생것, 생쌀; 생맥주; 생사람, 생트집; 생지옥; 생이별; 생나무;
생부모

(13)과 (14)에서 '한'과 '생'은, ㄱ에서는 어근으로 사용되었고, ㄴ에서는 접사로 사용되었다. (13)의 ㄴ에서 '한'의 뜻은 각각 다음과 같다. '한길, 한시름'에서는 '큰'이고, '한여름, 한낮'에서는 '한창의'이고, '한아름, 한사발'에서는 '가득한'이고, '한마음, 한집안'에서는 '같은'이다. 그리고 (14)의 ㄴ에서 '생'의 뜻은, '생것, 생쌀'에서는 '아직 덜 익은'이고, '생맥주'에서는 '가공되지 않은'이고, '생사람'에서는 '아무런 관련이 없는'이고, '생트집'에서는 '무리한'이고, '생지옥'에서는 '지독한'이고, '생이별'에서는 '살아서 당하는'이고, '생나무'에서는 '아직 마르지 않은'이고, '생부모'에서는 '직접 낳은'이다. 이렇게 보면, (13)과 (14)의 ㄴ의 뜻으로 사용된 '한'과 '생'은 한

어절로 쓰일 수 없으므로, 접사로 판정할 수 있다.

■동음어 형식인 어근과 접사(3)

그런데 실제로 어떤 어휘이든지 다양한 뜻(다의)로 쓰이며, 또 비유적으로 사용될 수 있다는 것을 고려한다면, 그렇게 단순히 말하기 어려운 점도 있다. 예컨대, '한집안, 한마음'의 '한'의 뜻이 '한 그릇'의 '한'(하나)의 뜻에서 확장된 것으로 볼 수도 있다. 나아가, '한아름, 한사발'의 뜻도 '한'(하나)의 뜻에서 확장된 것으로 보지 않을 특별한 까닭도 없어 보인다. '생쌀, 생맥주, 생부모'의 '생'의 뜻들도 '이번 생'의 '생'의 뜻에서 확장된 것으로 볼 수도 있으며, '생지옥'의 '생'조차 '이번 생'의 '생'의 뜻에서 확장된 것으로 볼 수도 있을 것 같이 보인다.

'초'의 경우는 어근과 접사를 구별하는 기준이 더욱 더 모호해 보인다. 사전에서 보면, 다음의 '초'들에 대하여, ㄱ에서는 어근(의존 명사)으로, ㄴ에서는 접사로 분석한다.

(15) ㄱ. 내년 초, 학기 초, 사건 발생 초
ㄴ. 초여름, 초하루, 초저녁, (초승달)

ㄱ의 '초'와 'ㄴ'의 '초'는 뜻으로는 거의 같다. 그런데도 ㄱ의 '초'는 어근으로 분석하고 ㄴ의 '초'는 접사로 분석하는데, 그렇게 보는 근거가 무엇인지 분명하지 않아 보인다는 것이다. 아마도 어근의 앞에 놓이는 어떤 형태소가 어근인지 접사인지 구별하기가 어려운 경우에는, 관례적으로 접사로 간주한 것이 아닌가 생각된다. 여기서 제기하고 싶은 것은 이것들을 어근이 아니라 파생 접사로 보는 명확한 근거가 무엇인가를 생각해 볼 필요가 있다는 것이다.

보충 | 어근과 접사를 구별하는 기준의 문제

보통, 어근은 실질적인 뜻을 나타내는 형태소로서 단어의 중심부를 구성이고, 접사는 형식적인 뜻을 나타내는 형태소로서, 어근의 뜻을 수식·한정한다고 한다. 그런데 실질적/형식적 의미와 수식·한정의 기능은 어근과 접사를 구분하는 기준으로 삼기에는 충분하지 않다고 생각된다.

먼저 실질적/형식적 의미를 실용 사전에는 다음과 같이 기술하고 있는데, 이 의미들을 어근과 접사에 각각 대응하기가 쉽지 않을 것이다. 예컨대 의존 명사와 의존 용언은 어근을 포함하지만, 형식적인 의미를 가진다는 것을 설명하기 어렵다.

- 실질적 : 실제로 있는 본바탕과 같거나 그것에 근거하는 것.
- 형식적 : 사물이 외부로 나타나 보이는 모양을 위주로 하는 것.

그리고 합성어에서 어떤 어근이 다른 어근을 수식·한정할 수 있는 경우를 설명하기 어렵다. 또 동일한 의미를 가진 한 형태소가 어근인지 접사인지를 결정하기 어려운 경우가 있는데, 이런 경우에는 실질적/형식적이거나 수식·한정한다는 기능을 기준으로는 해결할 수 없다.

[문제] 다음의 형태소들을 이러한 의미적·기능적 기준에 따라 어근과 접사로 가를 수 있는지를 생각해 보자.

(1) ㄱ. 새, 헌; 매우, 잘, 더, 아니; 아, 아차
    ㄴ. 둥글(다), 모(나다)
    ㄷ. 풍덩, 덜렁(거리다), 속삭(이다)

4.2. 파생 접사와 굴절 접사

■ 파생 접사와 굴절 접사

접사는 그것이 담당하는 기능에 따라, **파생 접사**(derivational affix)와 **굴절 접사**(inflectional affix)로 나누어진다. 파생 접사와 굴절 접사는 다음과 같이

구별된다.

(16) 파생 접사와 굴절 접사3)

파생의 구성	굴절의 구성
분포가 제한된다.	분포가 넓다.
단어를 "형성한다."	단어들 사이의 문법적 관계를 드러낸다.
주요 분포 부류의 변화가 생길 수 있다.	주요 분포 부류의 변화가 생기지 않는다.
"내적" 구성이 된다.	"외적" 구성이 된다.
통계적으로 수가 많다.	통계적으로 수가 적다.

'분포'에서 보면, 굴절 접사는 일정한 부류의 단어들에는 거의 아무런 제약 없이 붙지만, 파생 접사는 일정한 부류의 한정된 단어들에만 붙는다. 한국어에서 굴절 접사인 조사와 어미는 각각 체언과 용언에 거의 제약 없이 붙는다. 그러나 파생 접사는 일정한 부류의 한정된 체언과 용언에만 붙는다.

(17) ㄱ. 풋사랑, 풋나물, *풋책, *풋걸상; 신경질, 전화질, *사건질, *밥질
     ㄴ. 예쁘다, 나쁘다, 좋다, …; 간다, 준다, 먹는다, …

파생 접사는 새로운 단어를 형성하는 역할을 담당한다. 그러나 굴절 접사는 그것이 결합한 어절이 다른 어절과 맺는 어떤 문법적 관계를 표시하는 역할을 담당한다.

이와 같이 파생 접사는 새로운 단어를 형성하지만, 파생 접사가 항상 품사의 변화를 일으키는 것은 아니다. 한국어에서는 파생 접두사의 경우에는 품사의 변화를 일으키지 않는다. 파생 접미사의 경우도 품사의 변화를 일으키지 않는 경우도 많다. 예컨대, '깨뜨리다'는 '깨다'와 품사적 특징

---

3) 니다(1978 : 99~100)의 파생 접사와 굴절 접사의 논의를 따온 것이다.

이 거의 같다.

그러나 파생 접미사가 결합하여 형성된 단어의 경우, 품사의 변화를 일으키는 경우가 많다. 품사의 변화가 일어나지 않는 것으로 보이는 경우라도, 실제로는 품사의 변화가 일어나서 어근만으로 형성된 단어와 통사적 기능이 변화되는 일이 많다. 다음 예에서 그러한 것을 살펴볼 수 있을 것이다.

    (18) ㄱ. '잡다'[타동사, 능동사]와 '잡히다'[자동사, 피동사]
       ㄴ. '먹다'[타동사, 주동사]와 '먹이다'[타동사, 사동사]

파생 접사와 굴절 접사가 함께 나타나는 경우에, 파생 접사가 결합한 형식이 그것과 동일한 부류의 단순어와 통사적 범주가 동일하고, 굴절 접사는 그 모든 것들에 결합한다. 그리고 파생 접사는 어절의 성분 구조에서 아래의 층위에 있고, 굴절 접사는 위의 층위에 있다.

    (19) ㄱ. [[[잡] 히] 었]
       ㄴ. [[왼 [손]] 으로

파생 접사는 형태소 목록에서 보면, 통계적으로 굴절 접사에 비하여 많다. 그러나 이것은 결과적인 것이고, 파생 접사와 굴절 접사를 구별하는 기준이 되지는 않는다.

■ **동음어 형식인 파생 접사와 굴절 접사**

한국어에는 '-기'나 '-음'이 명사형토로 쓰이기도 하고, 명사화 접미사로 쓰이기도 하는데, 이것들은 동일한 형태소로 보아야 할까, 아니면 다른 형태소로 보아야 할까?

(20) ㄱ. 금을 보-**기**를 돌 같이 하라.
　　ㄴ. 다음 보-**기**를 읽고 물음에 대답하시오.

'보기'라는 형식에 한정하여 본다면, 이것이 명사로 쓰이기도 하고 동사로 쓰이기도 한다. 이 두 개의 '보기'는 그것만 따로 떼어놓고 보면 구별되지 않는데, 그것의 뒤에 체언토가 결합할 수 있다는 점에서 둘 다 [+명사]의 성질을 가진다. 이런 점을 고려한다면, 위의 두 '보기'의 '-기'를 한 형태소로 볼 수 있다.

그런데 다음과 같은 점을 고려한다면, 다른 형태소로 분석하는 것이 바람직할 것으로 보인다. 첫째, 앞의 '보기'는 목적어 뒤에 놓이고, 뒤의 '보기'는 관형어 뒤에 놓인다. 이를 보면 그것들이 다른 문법적 기능을 담당한다는 것을 알 수 있다. 곧 앞의 '-기'는 굴절법의 기능을 담당하고, 뒤의 '-기'는 조어법의 기능을 담당한다. 둘째, 그것들이 다른 형태소와 결합하는 방식도 다르다. 앞의 '-기'에는 '-시-, -었-, -겠-' 등이 결합할 수 있으나, 뒤의 '-기'에는 그것들이 결합할 수 없다. 셋째, 용언에 붙는 모든 '-기'가 명사를 형성하는 것은 아니다.

'다른, 너머'의 '-는'이나 '-아/어' 등 다른 형태소들도 동일한 방식으로 분석해 볼 수 있을 것이다.

4.3. 통사적 접사와 어휘적 접사

■ 굴절 접사의 통사적 특성

접사는 형태론에서 볼 때, 분명히 어절의 구성 요소이다. 그런데 통사적 기능으로 보면, 굴절 접사는, 앞에서 말한 바와 같이, 그것이 덧붙은 단위[절]의 통사적 기능을 나타낸다. 그러므로 예컨대 (21)에서, ㄱ은 ㄴ으로 분석될 수 있다. 그렇게 분석되는 까닭은, '-는'이 수식어[관형어] 표지로 쓰이는데 '사람'을 꾸미는 말이 '가는'이 아니라 '학교에 가는'이기 때문이다.

> (21) ㄱ. 학교에 가는 사람.
>   ㄴ. [[[학교에 가] 는] 사람]

또 (22)~(24)에서 ㄱ은 각각 ㄴ으로 분석될 수 있다.

> (22) ㄱ. 이 사람이 그 여자에게 말했다.
>   ㄴ. [[[이 사람] 이] [[그 여자] 에게] [말했다]]

> (23) ㄱ. 나는 학교에 가기가 싫다.
>   ㄴ. [나는 [[학교에 가] 기] 가] 싫다]

> (24) ㄱ. 죽느냐 사느냐가 문제다.
>   ㄴ. [[[죽느냐 사느냐] 가] 문제다]

이러한 분석에서 굴절 접사의 통사적 분석에 초점을 맞추어 정리해 보면, (25)의 ㄱ-ㄷ으로 나타낼 수 있다. 이 모든 예들에서 알 수 있는 것은 굴절 접사가, 통사적으로 구와 절, 문장과 결합하여 그것의 문법적 기능을 드러낸다는 것이다.[4]

> (25) ㄱ. [[학교에 가] 는]
>   ㄴ. [[[학교에 가] 기] 가]

---

4) 종결형토인 경우에는 달리 처리될 수도 있을 것이다. 그러나 최근의 생성 문법에서는 이 것도 절에 붙어 새로운 절을 형성하는 표지로 본다.

ㄷ. [[그 여자] 에게]
ㄹ. [[죽느냐 사느냐] 가]

그리고 굴절 접사가 이러한 통사적 특성을 가진다는 것은, 결국, 그것
과 결합하는 어근의 통사적 특성을 바꾸지 않는다는 것을 뜻한다. 예컨대
'가-'에 '-기'가 결합한 '가기'나 '가기'에 '-가'가 결합한 '가기가'는 기
본적으로 '가-'의 통사적 특성을 유지한다. 곧, '가-'에 어떤 굴절 접사가
결합하더라도, 그렇게 형성된 복합 형식은 용언 '가-'의 통사적 특성을
유지한다. 마찬가지로, '사람'은 그것에 어떤 굴절 접사가 결합하더라도
그것이 체언의 성질을 잃지 않으며, '사느냐'에 '-가'가 결합된 '사느냐가'
도 용언의 성질을 유지한다.

따라서 체언·용언과 굴절 접사가 결합한 복합 형식은 다음과 같이 설
명될 수 있다. 먼저 체언은 다른 어떤 성분과 결합하여 체언구를 형성하
고, 용언은 다른 어떤 성분과 결합하여 용언구를 형성하고, 궁극적으로는
절이나 문장을 형성한다. 그리고 토는 그렇게 형성된 구나 절이나 문장에
덧붙어, 그것들의 문법적 기능을 나타낸다.[5]

보충 **굴절 접사의 통사론의 문제**

여기서는 굴절 접사가 통사적 기능을 가지고 있다는 것을 보여 주기 위하여 굴절 접
사를 통사적 성분으로 분석했다. 그런데 굴절 접사가 통사적 기능을 가지고 있다 하여,
그것을 반드시 그렇게 분석해야 한다는 것은 아니다. 이 문제에 대해서는 뒤에 다시 논
의하기로 한다.

---

[5] 당연한 것이지만, '가기가'와 '가느냐가'가 용언의 특성을 가지며, '사람에게'가 체언의
특성을 가진다는 것을 뜻한다.

■ 파생 접사의 어휘적 특성

파생 접사는 이상과 같은 굴절 접사와는 문법적 특성이 다르다. 예컨대, (26)의 ㄱ과 ㄴ의 파생 접사 '-스럽-'과 '-음'을 보자.

>   (26) ㄱ. 그녀는 사랑스럽다.
>   ㄴ. 그녀는 노름을 즐긴다.

'-스럽-'은 '사랑'과 같은 체언과 결합하여 용언(형용사)을 만드는 파생 접사이고, '-음'은 용언과 결합하여 체언을 만드는 파생 접사[6]이다. 따라서 '사랑'과 '놀-'은 각각 체언과 용언의 자격을 상실하고, '사랑스럽다'와 '노름'이 각각 용언과 체언으로 쓰였다. 이러한 사실은 다음과 같은 예들에서 확인할 수 있다.

>   (27) ㄱ. *그녀는 귀여운 사랑스럽다.
>   ㄴ. 그녀는 매우 사랑스럽다.

>   (28) ㄱ. *그녀는 많이 노름을 즐긴다.
>   ㄴ. 그녀는 판돈이 많은 노름을 즐긴다.

(27)과 (28)에서, '사랑스럽다' 및 '노름'과 그것들을 꾸미는 말들 사이의 관계를 정리하면 다음과 같다. (27)ㄱ을 보면 '사랑스럽다'의 '사랑'은 관형어의 꾸밈을 받을 수 없으므로 체언의 기능을 잃었음을 알 수 있다. 그런데 (27)ㄴ을 보면 '사랑'과 파생 접사 '-스럽-'이 결합한 '사랑스럽다'가 용언으로 기능한다는 것을 알 수 있다. (28)ㄱ을 보면, '노름'의 '놀-'은 부사어의 꾸밈을 받을 수 없으므로 용언의 기능을 잃었다는 것을 알 수

---

6) 물론 파생 접사로서의 '-음'은 굴절 접사로 쓰이는 '-음'과 구별하여 생각해야 한다.

있다. 그런데 (28)ㄴ을 보면, 용언 '놀'과 파생 접사 '-음'과 결합한 '노름'
이 체언으로 기능한다는 것을 알 수 있다.

(29) ㄱ. *[[귀여운 사랑] 스럽다]
     ㄴ. [[매우] [사랑스럽다]]

(30) ㄱ. *[[많이 놀] 음]
     ㄴ. [[판돈이 많은] 노름]

이상의 논의를 보면, 어떤 어근에 파생 접사가 결합한 언어 형식은 그
어근의 통사적 성질을 유지하지 못한다. 그 결과, (29)와 (30)에서 보듯이,
파생 접사는 어근과 그것에 딸린 성분이 결합하여 형성된 구와 절, 문장
과 결합하지 못한다. 파생 접사의 이러한 특성은, 파생어가 결합하여 형성
된 복합어의 성분에 대한 다음의 제약으로 정리할 수 있다.

(31) 복합어의 성분에 대한 통사적 제약
    복합어의 성분인 어근이나 파생 접사는 그 복합어와 결합하는 언어
    형식과 통사적 관계를 형성하지 못한다.

보충 어휘적 형태소와 문법적 형태소

  복합어의 성분이 되는 어근이나 파생 접사를 '**어휘적 형태소**'라 하고, 문법적 기능
을 담당하는 굴절 접사를 '**문법적 형태소**'라 하여 구별하기도 한다.

보충 파생 접두사로 형성된 복합어

  위에서는 파생 접미사로 형성된 복합어에 대하여 살폈는데, 파생 접두사로 형성된
복합어의 경우도 마찬가지이다. 예컨대, '맨주먹'과 '덧붙다'를 보자. 다음의 예들은 (2)
와 같이 분석할 수는 있으나, (3)과 같이 분석되지는 않는다.

(1) ㄱ. [맨주먹으로 승패를 가린] 이순신.
    ㄴ. 잘 살라는 푸념이 [덧붙어 있었다].

(2) ㄱ. *맨-[주먹으로 승패를 가린] 이순신.
    ㄴ. *잘 살라는 푸념이 덧-[붙어 있었다].

이상과 같이 분석된다는 것은 단일어인 '주먹'이나 '붙다'는 당연히 통사적 단위로 기능하지만, 파생 접두사가 결합하여 형성된 '맨주먹'이나 '덧붙다'의 '주먹'이나 '붙다'는 단일어인 '주먹'이나 '붙다'가 가진 통사적 특성을 유지하지 못한다는 것을 의미한다.

■ 통사적 특성을 가진 파생 접사

앞에서 굴절 접사와 파생 접사의 차이에 대하여, (i) 그것들이 덧붙는 어근의 통사적 특성을 바꾸는가 그렇지 않은가, (ii) 구와 절, 문장과 같은 통사적 단위와 결합하는가 그렇지 않은가, (iii) 그것들의 기능은 무엇인가 하는 것을 중심으로 살폈다.

파생 접사 가운데에는 굴절 접사에서 보이는 어떤 특성을 가진 것들이 있는데, '-답-'의 일부가 그러하다.

(32) ㄱ. 그녀는 아주 미인답다.
    ㄴ. 그녀는 공부를 열심히 하는 학생답다.

(32)에서 ㄱ의 '미인답다'는 체언 어근인 '미인'에서 '-답-'이 덧붙어 형성된 파생어인데, 이것의 품사는 어근의 품사와는 전혀 관련이 없다. '아주'라는 부사의 꾸밈을 받는 것으로 보아, '미인답다'는 완전히 용언의 특성을 가진다. 이에 비하여, ㄴ의 '학생답다'의 '-답-'은 '미인답다'의

'-답-'과는 사뭇 다른 모습을 보인다. '학생답다'는, '미인답다'와는 달리, 그 앞에 관형어의 꾸밈을 받는데, 이것은 '학생답다'의 '학생'이 체언의 특성을 가진다는 것을 의미한다. 이 논의를 바탕으로 '답다'를 중심으로 (32)의 통사적 구조를 정리하면 다음과 같다.

> (33) ㄱ. 그녀는 [[아주] [미인답다]]
> ㄴ. 그녀는 [[[공부를 열심히 하는] 학생] 답다]

'학생답다'는 한편으로는 '미인답다, 아름답다'와 같은 형태적 꼴을 가지면서, 다른 한편으로는 어근인 '학생'의 품사를 그대로 유지하면서, '-답다'는 명사구에 붙는다. 따라서 이러한 '학생답다'의 '-답-'은 굴절 접사와 유사한 문법적 특성을 가졌다는 것을 알 수 있다.

파생 접사 '-이'의 일부도 굴절 접사에서 보이는 어떤 특성을 가진다. 다음의 '없이'와 '같이'를 보자.

> (34) ㄱ. 그는 [[돈도 없] 이] 무작정 떠났다.
> ㄴ. 그녀는 [[달과 같] 이] 빛났다.

'없이'와 '같이'의 어근인 '없-'과 '같-'은 다른 성분과 결합하여 통사적 단위를 형성하고, '-이'는 그러한 통사적 단위에 결합하고 있다. 따라서 '없이'와 '같이'는 부사이지만, 용언의 통사적 특성을 유지한다.

■통사적 접사와 어휘적 접사

이상과 같은 접사의 통사적 특성을 고려하여, 접사를 **통사적 접사**(syntactic affix)와 **어휘적 접사**(lexical affix)로 나누기도 한다. 그러면 통사적 접사는 굴절 접사와, 어근의 통사적 특성을 바꾸지 않고 통사적 단위에 붙는 '-답-'과 같은 파생 접사를 포함한다. 어휘적 접사는 어근의 통사적 특성을 바꾸면서, 새로운 단어를 형성하는 거의 대부분의 파생 접사들이다. 이를 다음과 같이 정리할 수 있다.

(35) 통사적 접사와 어휘적 접사

	통사적 접사	어휘적 접사
분포	통사적 단위와 결합한다	통사적 단위와 결합하지 않는다
기능	어근의 통사적 특성을 바꾸지 않는다	어근의 통사적 특성을 바꾼다
대상	굴절 접사와 일부의 파생 접사	대부분의 파생 접사

그런데 문제는 이러한 통사적 접사의 문법적 정보를 문법에서 어떻게 다룰 수 있는가 하는 것이다. 이에 대해서는 뒤에 다시 논의하기로 한다.

연습
문제

1. 어근과 접사를 구별하는 기준을 설명하시오.
2. 굴절 접사와 파생 접사의 구별하는 기준을 설명하시오.
3. 통사적 접사를 설정하는 근거를 설명하시오.

|더 생각할 문제|

1. 형태소의 유형은, 형태소의 종류에 따라, 그 자체만 보고 결정하기 어렵고, 어절 안에서의 쓰임을 살펴야 결정되는 것들이 있다. 모든 형태소의 유형들이 그렇게 결정되어야 하는가?

2. 통사적 접사 '-답-'은 이른바 지정사[잡음씨] '-이-'와 분포가 비슷하다. 그래서 '-이-'를 하나의 용언으로 보듯이, '-답-'도 하나의 용언[형용사]로 볼 수도 있을 것 같다. 이 문제에 대하여 논의해 보자.

단순화가 핵심이다!
좋은 과학에는 적절한 근사가
필수적이다. 어떤 것에 대한
완벽한 모형 따위는 없다.

—마크 뷰캐넌, 사회적 원자

형태론의 하위 부문

1. 다음의 문장 구조와 관련하여, 파생 접사와 굴절 접사를 구별하는 까닭과 그렇게 구별하는 기준에 대하여 생각해 보시오.

    (1) 송아지가 영이에게 잡혔다.

2. 다음의 예를 보고 파생법과 합성법의 차이를 생각해 보자.

    (2) 늦가을, 덧신, 돌다리, 먹이

굴절법과 조어법, 파생법과 합성법을 설명하고, 파생과 합성이 겹친 어절의 구조를 살핀다. 그리고 과거의 어떤 시기에는 둘 이상의 형태소로 분석될 수 있지만, 현재에는 하나의 형태소로 분석해야 하는 경우도 살핀다.

5.1. 굴절법과 조어법 개관

■어절의 성분 구조

한국어의 어절은 직접 성분이 굴절 접사를 포함한 것과 그렇지 않은 것의 두 종류로 나눌 수 있다.

(1) ㄱ. 가을이, 가을에, 가을도, 가을에도
ㄴ. 온다, 오너라, 오자, 왔다, 왔고, 온, 오는, 오던, 왔으니
ㄷ. 가기를, 가기에

(2) ㄱ. 이, 그, 저, 다른
ㄴ. 아주, 매우, 잘, 가까이
ㄷ. 아, 아야, 아이쿠, 여보, 여보게

■어간과 어미

(1)과 같은 어절은 굴절 접사로 구성된 부분과 그렇지 않은 부분으로 나누어지는데, 앞의 것을 보통 **'어미'**(토)라고 하고, 뒤의 것을 **'어간'**(줄기)라 한다. 그러면 어절은 어간과 어미로 구성되는데, 어간과 어미는 다음과 같이 정의할 수 있다.

(3) 어간과 어미의 정의
ㄱ. 어간 : 어절에서 굴절 접사를 제외한 나머지 부분
ㄴ. 어미 : 굴절 접사로 된 부분

그런데 (2)는 굴절 접사(어미)를 포함하고 있지 않다. 그렇지만 한국어 어절의 일반적인 구조를 고려한다면, 이러한 어절들에도 어간이라는 단위

를 설정할 수 있다.

■ **굴절법**

(1)과 같은 어절에서 어간과 어미가 통합하여 어절을 형성하는 방법을 '굴절법'이라 한다. 좀 더 구체적으로 말한다면, 굴절법은 어떤 종류의 어간에 어떤 종류의 어미가 통합하여 어떤 종류의 어절을 형성하는가 하는 것을 연구하는 분야이다.

그런데 어간만으로 구성된 어절은 굴절법에서 따로 논의할 거리가 거의 없다. 이러한 어절들은 통사적인 기능에 따라 종류가 정해진다.

보충 '굴절'이라는 용어의 문제

언어 유형론에서 세계의 언어를 '고립어, 교착어(첨가어), 굴절어, 포합어'로 나누는데, 언어 유형론과 굴절법의 기술에서 '굴절'이라는 동일한 용어를 사용하는 데서 혼동이 생길 수 있다.

따라서 굴절어의 '굴절'과 굴절법의 '굴절'을 구별할 필요가 있다. 프랑스어나 독일어와 같은 굴절어는 보통 한 개의 단어에 한 개의 굴절 접사가 실현되며, 그 접사는 둘 이상의 문법적 기능을 나타낸다. 그런데 한국어와 같은 교착어는 두 개 이상의 굴절 접사가 순서대로 결합되어 나타나는 경우가 많다. 곧 굴절어와 교착어는 굴절 접사가 실현되는 방식에서 차이가 있다는 것이다.

이러한 차이를 명백히 드러내기 위해서는 언어 유형론에서 굴절어라는 대신에 '융합어'라는 용어를 사용하는 것이 바람직할 수 있다. 그렇게 하면, "굴절법이 프랑스어는 융합 방식으로 실현되고, 한국어는 교착 방식으로 실현된다."고 할 수 있다.

논의에 따라 '교착소'라는 용어를 사용하여 이 문제를 해결하려는 시도가 있는데, 이런 논의는 한국어의 특수성을 드러내는 점에서는 일리가 없지는 않다. 그렇지만 한국어 연구도 언어 유형론이나 보편 문법의 관점을 고려해야 한다는 점을 생각한다면, 적절한 해결 방식은 아니라고 판단된다.

■ **조어법**

어간은 한 개의 어근 형태소로 구성되기도 하고, 어근 형태소를 포함한 둘 이상의 어휘 형태소(어근, 파생접사)로 구성되기도 한다. 한 개의 어근 형태소로 구성된 어간을 가진 어절(이나 단어)를 '단순어'라 하고, 둘 이상의 어휘 형태소로 구성된 어절(이나 단어)를 '복합어'라 한다.

> (4) ㄱ. 산골짜기, 참말, 밤낮, 붙잡-, 잡히-, 헛소리; 없이
>   ㄴ. 거짓말투성이, 윷놀이, 본보기; 붙잡히-, 배불리

'조어법'은 이러한 복합어를 형성하는 방법을 가리킨다. 곧 조어법은 복합어 어간의 성분 구조를 연구하는 분야인데, 구체적으로는 어떤 종류의 어간에 어떤 종루의 다른 어간이나 파생 접사가 통합하여 어떤 종류의 새로운 어간을 만들어 내는 방법이라고 할 수 있다.

조어법 논의에서 주요한 문제는 (i) 복합어를 직접 성분으로 분석하는 기준과 (ii) 조어법의 어기, (iii) 조어법과 통사론의 관계 등이 있다.

5.2. 굴절법

5.2.1. 어간과 어미

■ **어간과 어미(1) : 용언의 경우**

'잡은'과 '붙잡은', '붙잡힌'을 직접 성분으로 분석하면, 다음과 같이 분석된다.

> (5) 잡-은, 붙잡-은, 붙잡히-ㄴ

그리고 '-은'의 통사적 기능을 고려한다면, 다음과 같은 예에서 관형사절을 형성하는 표지라 할 수 있다.[1]

(6) ㄱ. [[호랑이를 잡]-은] 사람
ㄴ. [[호랑이를 붙잡]-은] 사람
ㄷ. [[호랑이에게 붙잡히]-ㄴ] 사람

(6)을 고려한다면, '잡은'과 '붙잡은', '붙잡힌'의 '잡-'과 '붙잡-', '붙잡히-'는 모두 그 앞의 말에 대하여 서술어의 역할을 담당하는 한 개의 동사로 기능한다. 곧 '잡-'은 한 개의 어근으로 구성되었고, '붙잡-'은 두 개의 어근으로 구성되었고, '붙잡히-'는 두 개의 어근과 한 개의 파생 접사로 구성되었지만, 통사론에서는 모두 한 개의 동사라는 점에서는 차이가 없다. 물론 다른 종류의 동사라는 점에서는 다르다. 따라서 이 모든 형식들에 하나의 이름을 부여할 수 있는데, 그것을 **어간**(stem)이라고 한다. 그리고 어간과 통합된 굴절 접사로 구성된 부분을 **어미**(ending)라고 한다. 이렇게 용언의 어간에 어미가 결합하는 것을 **활용**(conjugation)이라고 한다.

보충 어휘적 형태소와 문법적 형태소

여기서 잠깐! 어간이라는 단위를 설정한 논거를 고려한다면, 어근과 파생 접사는 굴절 접사와는 다른 기능을 담당한다는 것을 알 수 있다. 어근은 어절의 핵이고, 어근과 파생 접사는 새로운 단어를 만드는데 기여한다. 이런 점에서, 새로운 단어(의 어간)의 형성에 참여하는 어근과 파생 접사는 **어휘적 형태소**라는 하나의 범주로 묶을 수 있다. 이에 대하여 굴절 접사는 **문법적 형태소**라 한다.

---

1) '-은'을 통사론에서 반드시 한 개의 성분으로 분석해야 된다는 것은 아니다.

> **보충** 어근과 어간의 관계 (1)
>
> 학교 문법에서는 굴절법을 어근에 굴절 접사가 결합하는 방법이라고 정의하기도 하는데, 이 글에서는 어근 대신에 어간을 설정하였다. 이 글에서는 어근은 형태소의 이름으로, 어간은 어절의 직접 성분으로 분석할 때 어미와 통합되는 성분의 이름으로 사용하였다. 어근을 굴절법의 정의에 사용하지 않는 것은 굴절법의 어미와 결합하는 성분이 둘 이상의 어휘 형태소로 형성된 복합어인 경우에는 형태소(단순 형식)의 이름을 사용할 수 없기 때문이다. 어근과 어간의 관계를 다음과 같이 간략히 정리할 수 있다.
>
> (1) 어간은 한 개 이상의 어근과 0개 이상의 파생 접사로 구성된다.

■ 어간과 어미(2) : 체언의 경우

체언 어절도 용언 어절과 마찬가지 방식으로 분석할 수 있다. 체언 어절 '말에, 헛말에, 거짓말에'를 직접 성분으로 분석하면 다음과 같다.

(7) 말-에, 헛말-에, 거짓말-에

그리고 '에'의 통사적 기능을 고려한다면, 다음과 같은 예에서 부사어를 형성하는 표지라 할 수 있다.[2]

(8) ㄱ. [[[영이가 하는] 말] 에] 속았다.
　　ㄴ. [[[영이가 하는] 헛말] 에] 속았다.
　　ㄷ. [[[영이가 하는] 거짓말] 에] 속았다.

그런데 '말에, 헛말에, 거짓말에'에서, '말, 헛말, 거짓말'과 '-에'는 그 기능이 다르다. '말, 헛말, 거짓말'는 그 앞의 말에 대하여 수식을 받는 말

---

2) 앞의 '-은'과 마찬가지로, '-에'를 통사론에서 반드시 한 개의 성분으로 분석해야 된다는 것은 아니다.

의 역할을 담당하는 데 비하여, '-에'는 '속았다'와 '영이가 하는' 말, 영이가 하는 헛말, 영이가 하는 거짓말의 관계를 나타내어 주는 역할을 담당한다. 이러한 것을 고려한다면, 체언에 굴절 접사가 결합한 어절에도 용언과 마찬가지로, '말에, 헛말에, 거짓말에'에서 '말, 헛말, 거짓말'을 어간으로, '-에'를 어미로 분석할 수 있다. 체언의 어간에 어미가 결합하는 것을 **곡용**(declension)이라고 한다.

■ 굴절법

이상에서 용언 어간에 어미가 붙는 것을 **활용**이라고 하고, 체언 어간에 어미가 붙는 것을 **곡용**이라 하였다. 이 활용과 곡용을 묶어 **굴절**이라고 한다. 이 글에서는 어미를 **토**라 하고,3) 체언에 붙는 토를 **체언토**라고 하고, 용언에 붙는 토를 **용언토**라고 한다. 굴절법은 이러한 용언이 굴절하는 법(**활용법**)과 체언이 굴절하는 법(**곡용법**)을 다루는 분야이다.

그리고 체언 어절과 용언 어절의 직접 성분 구조 분석에서, 어간을 다음과 같이 정의할 수 있다.

(9) 어간의 정의 (1/2)
어간은 굴절 접사와 결합하여 어절을 형성할 수 있는 언어 형식

---

3) 이 글에서는 보통 형태소의 종류를 가리키거나 파생 접사와 대조적으로 사용할 때는 '굴절 접사'란 용어를 사용하고, 그 굴절 접사를 어절의 구조에서 어간과 대비하여 사용할 때는 '토'란 용어로 사용하였다.

보충 단어관과 굴절법의 관계

종합적 체계에서는 어간과 토가 결합된 어절을 한 단어로 보기 때문에, 토는 당연히 단어의 일부가 된다. 따라서 체언토와 용언토는 문법적으로 동일한 지위를 가지며, 둘 다 한 어절(단어)의 끝, 곧 어미(씨끝)로 다룰 수 있다. 용언토와 체언토를 구별하여, 용언토는 그냥 **어미**라고 하고, 체언토는 **격어미**라는 용어를 사용하기도 한다.

절충적 체계에서는 용언토는 한 단어의 일부로 보지만, 체언토는 **조사(토씨)**라고 하는 단어로 보기 때문에, 체언토를 **어미(씨끝)**라 하기는 어렵다. 그러나 체언토가 굴절접사임에는 틀림없기 때문에, 체언에 체언토가 붙는 방법을 굴절법이 아니라고 할 수는 없다.[4]

분석적 체계에서는 용언토와 체언토 둘 다를 하나의 단어로 보기 때문에, 굴절법을 따로 설정하지 않았다.

보충 단어관과 형태론의 단위의 문제

이상과 같이 한국어 문법에서 동일한 문법 현상을 단어관에 따라 다른 용어를 사용함으로써 다소 혼란스럽다. 그런데 이러한 용어의 혼란이 어디서 비롯되었는지, 그리고 어떻게 하면 이러한 혼란이 제거될 수 있는지를 정리해 둘 필요가 있을 것이다.

굴절법은 본래 단어가 여러 가지 꼴로 바뀌는 현상을 가리키는 것이며, **어간(줄기)**이나 **어미(씨끝)**라는 용어도 단어의 구성 요소를 가리키는 것이다. 영어 문법에서는 단어를 어절로 정의하기 때문에, 한국어 문법에서와 같은 혼란이 일어나지 않는다. 그런데 한국어 문법에서는 단어를 단어관에 따라 달리 정의하기 때문에, 혼란이 생긴 것이다.

그러나 동일한 문법 단위는 고정된 일정한 대상을 가리키는 용어를 사용하는 것이 바람직하다. 따라서 한국어 형태론의 단위에서 문법 체계에 따라 단어란 용어를 다른 대상을 가리키는 것으로 사용하는 것은 적절하지 않다고 생각한다. 형태론이니 굴절법이니 하는 문법 현상들은 어차피 서양 언어의 문법에서 온 것이다. 그렇기 때문에, 어절을 형태론의 최대 단위로 잡는 것이 좋을 것이다. 덧붙여 둔다면, 단어를 어절로 정의하는 영어의 경우에도 문제가 생길 수 있다는 것이다. 예컨대, *don't*와 같이 직관적으로 볼 때 두 개의 단어가 결합하여 하나의 단어가 되는 경우가 많다. 따라서 영어에서도 단어를 어절로 정의하든 그렇지 않든 형태론의 최대 단위를 어절로 잡는 것이 바람직할 것이다.

사실, 단어를 어떻게 정의하는가 하는 문제는 형태론의 단위와 체계를 어떻게 설정하는가 하는 문제와는 별개의 것이다. 그리고 단어관에 따라 분류되는 분석적 체계와 종합적 체계, 절충적 체계의 가운데 어느 체계가 더 나은가 하는 문제도, 엄밀하게 말하자면, 형태론의 단위 설정의 문제와 별개의 것이다.

■어간과 어미(3) : 수식언과 독립언의 경우

앞에서는 어간과 굴절 접사가 결합한 어절의 구조를 살폈다. 그런데 관형사와 부사(와 접속사), 감탄사와 같이 토 없이 단독으로 어절이 구성되는 경우가 있다.

(10) ㄱ. 이, 그, 저, 다른
ㄴ. 매우, 자주, 잘, 많이
ㄷ. 그리고, 그러나, 및, 또, 또는
ㄹ. 아, 야, 아야, 아이쿠

그리고 관형사와 부사 그리고 감탄사는 어간만으로 어절을 이루는데, 통사적 기능으로는 어간과 토가 결합되어 어절을 이루는 언어 형식과 동등한 자격을 갖는다.[5]

(11) ㄱ. {나의, 예쁜, 그} 책
ㄴ. {산에, 자주} 간다.
ㄷ. {영이야, 아아} 달이 떴다.

(11)에서 ㄱ의 관형사 '그'는 어간과 토가 결합된 '나의'나 '예쁜'과 통사적으로 같은 기능을 한다. 그리고 ㄴ의 부사 '자주'도 어간과 토가 결합된 '산에'와 같은 통사적 기능을 한다. ㄷ의 감탄사 '아아'도 어간만으로 형성된 어절인데, 토가 결합된 '영이야'와 같은 통사적 기능을 한다. 만일 이런 경우에도 어간을 설정할 수 있다면, 어간은 (12)와 같이 수정되어야 할 것이다. 그러면 어절은 (13)과 같은 두 유형으로 나누어지게 된다.

---

4) 그래서 이 체계에서는 어간에 용언토가 붙는 방법을 '순수 굴절법'이라 하고, 체언토가 붙는 방법을 '준굴절법'이라 하여 구별하기도 한다.

5) 김두봉(1916)과 김윤경(1948)에서는 이러한 단어를 '모임씨'라 하였다.

(12) 어간의 정의 (2/2)

단독으로 또는 굴절 접사와 결합하여 어절을 형성할 수 있는 언어
형식이다.

(13) 어절의 유형

ㄱ. 어간만으로 구성된 : 수식언(관형사, 부사), 독립언(감탄사)

ㄴ. '어간+토'로 구성된 : 체언(명사, 대명사, 수사), 용언(동사, 형용사)

5.2.2. 체언토와 용언토

■ 체언토

한국어 체언토는 체언과 결합하여 어절을 형성한다. 체언토에는 **격토,
보조토, 접속토**가 있다.

(14) ㄱ. 격토 : -이/-가, -을/-를, -에, -에게, -로, ...

ㄴ. 보조토 : -은/-는, -도, -만, -부터, -까지, ...

ㄷ. 접속토 : -와/-과, -이랑, ...

■ 용언토

용언토는 체언토에 비하여 그 수와 종류가 상당히 다양하다. 용언토 가
운데 '-다, -으니, -기, -음, -는'과 같은 것은 어근과 결합하여 어절을
형성하지만, '-었-, -으시-, -겠-, -더-'와 같은 것은 어절을 형성하지
못한다. 이 글에서는 앞의 용언토를 **맺음토**라 하고, 뒤의 용언토를 **안맺
음토**라 하기로 한다.[6]

---

6) 허웅(1975)의 용어로는 '맺음씨끝'과 '안맺음씨끝'이고, 학교 문법의 용어로는 '어말어미'
와 '선어말어미'이다.

(15) ㄱ. -다, -는다, -습니다, -느냐, -습니까, -어라, -으오, -으십시오; -자

ㄴ. -고, -으니, -으면서, -는데, -다가, -을수록

ㄷ. -기, -음; -은, -는, -을, -던

(16) -으시-, -었-, -겠-, -더-, -습(니)-

맺음토는 (15)에서 ㄱ의 여러 토들과 같은 **종결형토**와, ㄴ의 여러 토들과 같은 **접속형토**와, ㄷ의 여러 토들과 같은 **전성형토**로 나뉜다. 이러한 맺음토들은 기본적으로 그것이 덧붙은 단위의 통사적 기능을 결정하는 표지로 쓰이는데, 종결형토는 독립된 하나의 '문장'을 형성하는 표지로 쓰이고, 접속형토와 전성형토는 절을 형성하는 표지로 쓰인다.

5.2.3. 토의 겹침

■토 겹침의 여러 모습

한국어는 체언토나 용언토들이 서로 겹쳐 사용된다. 겉으로 드러난 모습으로만 보았을 때 토들이 겹쳐 나타난 것으로 보이는 것으로, 다음과 같은 경우들이 있다.

(17) ㄱ. 안맺음토+맺음토   보-**았**-다

ㄴ. 맺음토+안맺음토   보-**아야**-겠-다

ㄷ. 맺음토+맺음토   보-**려**-ㄴ다

ㄹ. 맺음토+체언토   보-**기**-에, 보-**느냐**-에

ㅁ. 체언토+체언토   바다-**로**-의, 바다-**에**-도

(17)에서, ㄱ은 ㄴ-ㅁ과 그 구성이 다르다. ㄱ은 뒤의 형태소를 제외하면 어절을 형성하지 못한다. 그렇지만 ㄴ-ㅁ은 뒤의 형태소를 제외하더

라도 한 어절을 형성한다. 곧 ㄴ-ㅁ은 어절에 토가 결합한 것이다.

그리고 (17)ㄴ-ㅁ에서, ㄴ, ㄷ은 ㄹ, ㅁ과 그 성질이 다르다. ㄴ, ㄷ은 본래는 두 개의 어절이었는데, 뒤 어절의 어간인 '하-'가 생략되어 형성된 것이다. 그러나 ㄹ, ㅁ은 본래부터 한 개의 어절이다.

여기서는 이러한 토들의 겹침에 대하여 간략히 정리해 두기로 한다. 좀 더 상세한 것은 뒤에서 다시 논의될 것이다.

■ 안맺음토+맺음토

'보았다, 보겠다, 보더라, 보았겠다, 보았겠더라' 등에서 보이는 안맺음토와 맺음토의 결합은 한국어에서 한 개의 어절을 완성하기 위한 필연적인 과정이다.

■ 맺음토+안맺음토

'보아야겠다, 간댔다' 등에서 보이는 맺음토와 안맺음토의 결합은 본래 두 개의 어절에서, 뒤 어절의 어간인 '하-'가 생략되면서 형성된 것이다. 이 때, 앞의 어절과 결합한 '(하)겠다, (하)써다' 등을 **접어**(clitics)라고 하고, 접어가 인접한 어절과 결합하여 한 어절을 형성하는 과정을 **접어화**라고 한다.

> (18) -아야 # 하-겠-다 → -아야-(하-)겠-다

■ 맺음토+맺음토

'보련다' 등에서 보이는 맺음토와 맺음토의 결합은 접어화로 형성된 것

이다.7) 이러한 것은 앞의 어간과 결합한 맺음토가 뒤의 어간이 생략됨으로써 남은 맺음토가 결합한 것으로 분석된다.

(19) -려 # 하-ㄴ다 → -려-(하-)ㄴ다

보충 융합으로 한 형태소가 된 것

'본단다, 본다니까' 등은 겉으로는 두 개의 토가 겹쳐져 있는 것처럼 보이지만, 그것들은 두 개의 맺음토가 융합(문법화)하여 한 개의 맺음토로 바뀐 것이다. 융합에 대해서는 뒤에 다시 논의된다.

■ 체언토+체언토

'바다로의'에서와 같이 체언토가 겹친 '바다로의'는 (20)에서 ㄴ의 구조를 고려한다면, ㄱ으로 분석된다. 이러한 구조를 나무그림으로 나타내면 (21)과 같다.

(20) ㄱ. [[바다로] 의]
    ㄴ. [[한라산에서 백두산까지] 의]

(21)

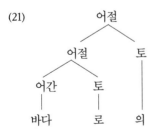

---

7) 뒤의 맺음토의 앞에 다시 (영 어미를 포함한) 안맺음토가 실현될 수 있는 형식이다.

■용언의 맺음토+체언토

한국어에는 용언 어절에 체언토가 결합하여 한 개의 어절을 형성하는 경우가 많이 있다.

> (22) ㄱ. 어떻게 <u>생각하느냐에</u> 따라.
> ㄴ. 영이를 <u>보기가</u> 싫다.

물론 통사적으로 보면, 위의 '-에, -가' 등의 체언토는 그 앞의 용언의 기능이 아니라, 그 용언이 형성하는 통사적 구성의 기능을 나타낸다. 이런 점을 고려한다면, (22)는 (23)과 같이 분석할 수도 있다.

> (23) ㄱ. [어떻게 생각하느냐]에 따라.
> ㄴ. [영이를 보기]가 싫다.

그런데 여기서는 어절을 대상으로 하기 때문에, 어절인 '생각하느냐에' 와 '보기가'를 대상으로 분석한다. 어절이 기본적으로 '어간 + 토'로 분석 된다는 것을 유지하면, 이것들은 다음과 같이 분석된다. 그런데 이러한 분 석은 조금 문제가 있다.

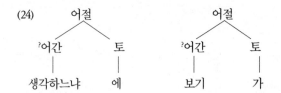

(24)

그런데 '생각하느냐'와 '보기'가 둘 다 어절로 사용되고, 또 어간과 어미 로 구별해야 한다. 곧, '생각하느냐에'를 분석할 때, '어절 → 어간 + 토' 로 분석한 다음에 다시 '어간 → 어절'로 분석하는 과정을 거쳐야 한다.

그런데 이러한 과정이 꽤 번거롭기도 하고, 또 자연스럽지도 않다. 그렇기 때문에, 어절의 구조를 다음과 같은 두 가지 방식으로 분석하는 것이 나을 것이라 생각된다.

(25) 어절 → $\begin{Bmatrix} 어간 \\ 어절 \end{Bmatrix}$ + 토

그러면 '생각하느냐'와 '보기가'의 성분 구조는 다음과 같이 분석된다.

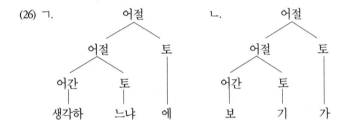

(26) ㄱ.   ㄴ.

■영 어미+체언토

어간만으로 어절을 구성하는 '빨리도'는 다음의 두 가지 방식으로 분석해 볼 수 있다.

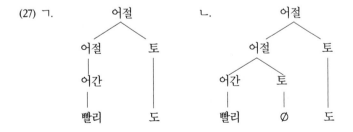

(27) ㄱ.   ㄴ.

5.3. 조어법

5.3.1. 조어법 개관

■복합어와 조어법

어간은 그것을 구성하는 어휘 형태소(어근, 접사)의 수에 따라, 한 개의 어근으로 구성된 **단순어**(simple word)와 두 개 이상의 어휘 형태소로 구성된 **복합어**(complex word)로 구분한다. (28)에서 ㄱ은 단순어이고, ㄴ과 ㄷ은 복합어이다.

> (28) ㄱ. 봄, 바다, 나, 우리, 셋; 보-, 주-, 예쁘-; 이, 잘, 아
> ㄴ. 올벼, 덧신, 짓누르-; 꽃답-, 깨뜨리-
> ㄷ. 봄비, 소나무; 오가-, 검푸르-, 붙잡-

복합어는 어근과 파생 접사로 구성된 **파생어**(derivational word)와 두 개의 어근으로 구성된 단어를 **합성어**(compound word)가 있다. (28)의 ㄴ은 파생어이고, ㄷ은 합성어이다.

조어법은 복합어의 어간을 형성하는 방법을 말하는데, 보통 **복합어**를 형성하는 방법을 가리킨다. 조어법은 파생어를 형성하는 방법인 **파생법**과 합성어를 형성하는 방법인 **합성법**으로 나누어진다.

■단순한 복합어의 조어법

위에서 예로 든 복합어의 성분 구조는 매우 단순하다. 그것의 직접 성분이 두 개밖에 없기 때문에, 그냥 둘로 나누기만 하면 된다. 논의의 편의상 이러한 성분 구조를 가진 복합어를 '단순한 복합어'라 부르기로 한다.

단순한 복합어의 성분 구조는 다음과 같이 표시할 수 있다.

(29) 단순한 복합어의 성분 구조
  ㄱ. 어간 → 어근, 파생 접사
  ㄴ. 어간 → 어근, 어근

그리고 그 성분은 어근이 아니면 파생 접사이기 때문에, 어근과 파생 접사를 구별할 수만 있다면, 복합어가 파생어인지 합성어인지를 쉽게 구별할 수 있다.
  단순한 복합어를 형성하는 단순한 복합어의 성분 구조에서 화살표의 방향을 바꾼 것으로 표시할 수 있다.

(30) 조어법 (1/3)
  {파생법 : 어근, 파생접사 →어간
  {합성법 : 어근, 어근→어간

■ 복잡한 복합어의 조어법 : 파생법과 합성법의 겹침

그런데 (31)과 같이 세 개 이상의 어휘 형태소가 결합하여 형성된 복합어는 그리 단순하지 않다. 이것들은 모두 두 개의 어근과 한 개의 파생 접사를 포함하고 있는데, (30)과 같은 조어법의 체계로는 파생어인지 합성어인지 구별할 수 없기 때문이다. 논의의 편의상 이러한 복합어를 '복잡한 복합어'라 부르기로 한다.

(31) 거짓말투성이, 외나무다리; 곧바로, 곧이듣-

복잡한 복합어는 사실 파생법과 합성법이 계층적으로 겹친 구조로 된 복합어이다. 이것들을 (32)와 같이 직접 성분 구조로 분석하면, 파생과 합성이 겹친 것임을 알 수 있다.8) (이 분석에서는 직접 성분의 순서는 고려하지 않았다.)

(32) 복잡한 복합어의 성분 구조
ㄱ. 어간 → [어근, 어근], [파생 접사]
ㄴ. 어간 → [어근], [어근, 파생 접사]

■ 조어법의 어기 : 어간

단순한 복합어와 복잡한 복합어의 성분 구조의 차이는 복잡한 복합어의 [어근, 어근]과 [어근, 파생 접사]가 단순한 복합어의 성분 구조에서는 '어근'으로 대치되어 있다는 것이다. 따라서 단순한 복합어의 성분 구조와 복잡한 복합어의 성분 구조의 동일성을 확보하려면, [어근, 어근]과 [어근, 파생 접사]를 어근으로 대치해야 한다. 그런데 [어근, 어근]과 [어근, 파생 접사]는 복합 형식이기 때문에, 형태소(단순 형식)로 표시하기에는 적합하지 않다. 이 문제를 해결하기 위한 하나의 가능한 방법은 [어근, 어근]과 [어근, 파생 접사]나 어근을 '어간'으로 대치하는 것이다.

앞서 굴절법에서 어간을 다음과 같이 정의했는데, 이러한 정의를 그대로 유지하면서 조어법의 성분을 나타내는 데에도 사용할 수 있다.

(33) 어간의 정의 (2/2)
단독으로 또는 굴절 접사와 결합하여 어절을 형성할 수 있는 언어 형식이다.

예컨대 '곧이듣-'의 형성 과정을 생각해 보자. '곧이듣-'은 '곧이'와

---

8) 네 개 이상의 어휘 형태소로 구성된 복잡한 복합어의 성분 구조는 좀 더 복잡하다. 복잡한 복합어의 성분 구조를 다음과 같이 분석하는 기준에 대해서는 뒤에 다시 논의한다.

'든'의 결합으로 형성되었는데, '곧이'는 동사 어간 '곧-'에 파생 접사 '-이'가 결합하여 '곧이'가 형성되고, 다시 부사 어간[9) '곧이'와 동사 어간 '든-'이 결합하여 '곧이든-'이 형성되었다고 설명할 수 있다는 것이다. 그러면 복합어의 성분 구조는 다음과 같이 일반화 할 수 있다.

(34) 복합어의 성분 구조
　ㄱ. 어간 → 어간, 파생 접사
　ㄴ. 어간 → 어간, 어간

그리고 이에 따라 조어법도 다음과 같이 표시할 수 있다.

(35) 조어법 (2/3)
　{ 파생법 : 어간, 파생접사 → 어간
　{ 합성법 : 어간, 어간 → 어간

보충 ｜ 어근과 어간의 관계 (2)

굴절법의 논의와 동일한 방식으로, 이 글에서는 어근은 형태소의 이름으로, 어간은 복합어의 직접 성분으로 분석할 때 어미와 통합되는 성분의 이름으로 사용하였다. 어근과 어간의 관계 (1)에서는 어간과 어근의 관계를 다음과 같이 서술하였다.

(1) 어간은 한 개 이상의 어근과 0개 이상의 파생 접사로 구성된다.

조어법에서도 형태소의 이름인 어근을 사용하지 않아도 되겠지만, 굳이 어근을 사용한다면 다음과 같이 말할 수 있다. 곧 '단순 형식의 어간 → 어근'이라는 것을 조어법에 덧붙이기만 하면 될 것이다.

(2) 복합 형식이 아닌 어간은 어근으로 다시 쓴다.

---

9) 부사는 어미가 붙지 않고 어간만으로 어절을 형성하는 것이라고 굴절법에서 논의한 바 있다.

■굴절 접사를 포함한 복합어

조어법을 이렇게 정의하더라도 한 가지 문제가 남는다. 다음과 같은 예들은 직접 성분이 한 개의 어절을 포함하고 있거나, 둘 다 어절이기 때문이다.

(36) 눈엣가시, 들어가-, 두고두고

이러한 문제는 '어간' 대신에 '어간 또는 어절'로 대치하면 해결될 수 있다. 그러면 조어법은 최종적으로 다음과 같이 표시할 수 있다.

(37) 조어법 (3/3)

$$\begin{cases} \text{파생법: 어간, 파생접사} \rightarrow \text{어간} \\ \text{합성법: } \begin{Bmatrix} \text{어간} \\ \text{어절} \end{Bmatrix}, \begin{Bmatrix} \text{어간} \\ \text{어절} \end{Bmatrix} \rightarrow \text{어간} \end{cases}$$

> **보충** '어기'의 개념
>
> 한국어 형태론의 논의에서, 어근과 어간, 어기의 개념을 다양하게 사용하고 있다. 어떤 이는 어근과 어간을 실질 형태소의 종류를 가리키는 것으로, 어기는 어근과 어간을 통틀어 일컫는 것으로 사용하기도 했다. 이 글에서 어근은 어절을 형성할 수 있는 형태소를 가리키고, 어간은 (어절의 직접 성분 가운데) 어절을 형성할 수 있는 언어 형식을 가리킨다.
>
> 이 글에서 **어기**(base)는 어절의 성분 구조에서 굴절 접사나 파생 접사가 아닌 직접 성분을 가리키는 것이다. 어절의 어기가 단어(어절)인가 형태소(어근)인가 하는 문제는 형태론에서 오래 묵은 문제이다. 이 글에서는 어기를 어간 또는 어절(단어)로 보았는데, 어간은 한 개의 어근으로 구성된 경우도 있고, 한 개의 어근을 포함한 둘 이상의 형태소로 구성된 경우도 있다.

| 보충 | 형태론과 통사론의 단위와 층위 |

형태적 구성의 단위와 층위는 통사적 구성의 단위와 층위와 대비하여 다음과 같이 정리해 볼 수 있다.

(1) 문법론의 단위와 층위

층위＼부문	형태적 구성	통사적 구성
맨 위	어절	문장/절
중간	어간	구
맨 아래	형태소	통사소

5.3.2. 파생법

■ 파생어

파생법에 따라 형성된 파생어로 다음과 같은 예들을 들 수 있다.

(38) ㄱ. **올**-벼, **덧**-구두, **빗**-금; 잎-**사귀**, 끝-**장**, 빛-**깔**; 아버-**님**
　　 ㄴ. **짓**-누르-, **싯**-누렇-; 꽃-**답**-, 아름-**답**-, 엎-**드리**-, 깨-**뜨리**-; 값-**지**-
　　 ㄷ. 갓-**은**, 그-**까짓**
　　 ㄹ. 실컷(싫-**것**), 몰래(모르-**애**)
　　 ㅁ. 달-**콤**-, 깊-**숙**-, 실-**쭉**-(싫-쭉-)

이것들의 성분 구조는 단순한데, '올벼'와 '꽃답-'의 성분 구조를 형태소의 종류로 표시하면 (39)의 ㄱ과 같고, 품사로 표시하면 ㄴ과 같다.

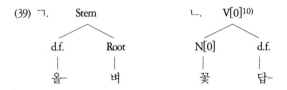

(39) ㄱ. Stem   ㄴ. V[0][10]

■특수 어근과 특수 어간

한 가지 유의할 것이 있다. 먼저, '아버님, 아름답-'의 '아버-'와 '아름-'은 **특수 어근**이고, 파생법으로 형성된 '달콤-'과 '깊숙-'은 **특수 어간**이다. 이 특수 어간들은 정상적으로는 품사의 종류를 정하기 어려운 점이 있다. 따라서 그것들의 품사를 정하기 위해서는 분포나 다른 용법들을 살펴 품사를 정할 수밖에 없을 것이다.

'아름답-'의 '아름-'은, '-답'이 명사와 자주 결합하기 때문에, 명사로 볼 수 있다. '하다'와 결합하여 새로운 말을 형성하는 특수 어간들은 대부분 명사나 부사이기 때문에, 그것들을 명사 아니면 부사로 정할 수 있다. 따라서 그것들이 명사의 특징을 어느 정도 가졌다면 명사로 정하고, 부사의 특징을 어느 정도 가졌다면 부사로 정할 수 있을 것이라 생각된다. 예컨대, '실쭉-'은 그것을 겹친 '실쭉실쭉'이 부사로 사용되기 때문에, 부사로 정할 수 있을 듯하다. '곱살-, 예쁘장-' 등은 '-스럽-'과 결합하는데, '-스럽-'이 명사와 결합하여 형용사를 형성하기 때문에, '곱살, 예쁘장'을 명사로 정할 수 있을 듯하다.

(40) N[0]

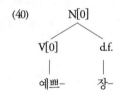

---

10) 숫자 [1]은 그것이 어절임을 나타내고, [0]은 그 이하의 단위임을 나타낸다.

5.3.3. 합성법

■ **합성어**

합성법에 따라 형성된 합성어로는 다음과 같은 것들이 있다.

> (41) ㄱ. 봄비, 소나무, 한두, 두셋, 이십, 이리저리, 칼날, 사촌
> ㄴ. 오가-, 붙잡-, 검푸르-, 빛나-, 흥보-, 겉늙-
> ㄷ. 밤낮, 곧잘, 미리미리
> ㄹ. 빙빙, 솔솔, 머뭇머뭇, 달삭달삭

■ **통사적 합성어와 비통사적 합성어**

허웅(1983)에서는 **통사적 합성어**와 **비통사적 합성어**를 구별하였다. 통사적 합성어는 그 직접 성분이 자립 형식들로서 통사적 구성과 구별하기 어려운 것이고, 비통사적 합성어는 적어도 어느 하나의 직접 성분이 의존 형식인 것이다. (41)에서, ㄱ과 ㄷ은 통사적 합성어이고, ㄴ과 ㄹ은 비통사적 합성어이다.

비통사적 합성어의 다른 예로는 다음과 같은 것들이 있다. (42)에서 ㄱ은 용언 어간과 명사가 결합하여 형성된 것이고, ㄴ은 특수 어근에 명사가 결합하여 형성된 것이다.

> (42) ㄱ. 늦벼, 늦가을, 묵밭, 먹거리, 꺾쇠, 깎낫, 싫증, 고드름
> ㄴ. 뻐꾹새, 부슬비, 얼룩말, 덜렁말, 얼룩소, 뭉게구름, 피차

합성어의 성분 구조의 예를 들면 다음과 같다.

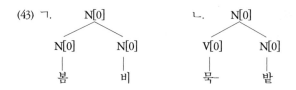

(43) ㄱ.

```
        N[0]
       /    \
    N[0]    N[0]
     |        |
     봄       비
```

ㄴ.

```
        N[0]
       /    \
    V[0]    N[0]
     |        |
     묵-      밭
```

■ 굴절 접사를 포함한 합성어

합성어에는 굴절 접사를 포함하고 있는 다음과 같은 것들도 있다.

(44) ㄱ. 작은아버지, 눈엣가시, 잡아가-
    ㄴ. 여보, 여보게, 여봐라

그런데 합성어를 '어근+어근'으로 구성된 것이라고 정의할 때, 이 예들은 이 정의에 어긋난다. 따라서 이 예들을 합성어로 규정하려면, 합성어의 정의를 조금 수정할 필요가 있을 것이다. 논의를 명백히 하기 위하여, 이러한 합성어의 성분 구조를 분석하면 다음과 같다.

(45)

```
              N[0]
            /      \
         V[1]      N[0]
        /    \       |
     V[0]   ending
      |       |      |
      작-    -은    아버지
```

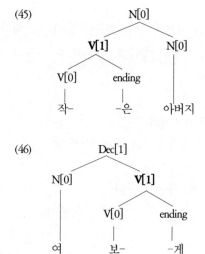

(46)

```
              Dec[1]
            /      \
         N[0]      V[1]
          |       /    \
                V[0]  ending
          |      |      |
          여    보-    -게
```

이러한 합성어는 먼저 '어근, 어근'으로 구성되는 것이 아니기 때문에, 합성어를 다음과 같이 규정해야 할 것이다.

(47) 합성어의 정의
　　직접 성분들이 둘 다 어근을 포함하고 있는 단어이다

보충 통사적 합성어인 용언의 어간

　조어법은 어간의 성분 구조를 살피는데, '잡아가다'의 어간은 '잡아가-'로, 뒤의 직접 성분은 의존 형식이다. 그 까닭은 한국어의 용언 어간은 자립 형식으로 쓰이지 않기 때문이다. 따라서 통사적 합성어를 따지는 경우에는, 뒤의 어간을 활용된 형식과 동등하게 다루어, '잡아가다'를 통사적 합성어라 한다.

5.3.4. 파생법과 합성법의 겹침

■복잡한 복합어

두 개 이상의 어근과 한 개 이상의 파생 접사가 겹친 구성은 합성법과 파생법이 겹쳐 구성된 것이기 때문에 조금 복잡하다.

(48) ㄱ. 거짓말투성이, 막고춧가루, 초이튿날
　　 ㄴ. 한눈팔-, 한숨쉬-
　　 ㄷ. 곧이듣-, 드날리-, 흩날리-
　　 ㄹ. 곧바로, 마구대고, 저절로

■복잡한 복합어의 성분 구조 1 : 형태적 기준

이러한 예들은 파생어일까, 합성어일까? 이것을 결정하려면 먼저 이것들을 직접 성분으로 분석해야 하는데, 직접 성분으로 분석하는 기준은 다음과 같다.

> (49) 복합어 분석의 기준 1 (형태적 기준)
> 복합어의 직접 성분은 어간이나 어절로 쓰일 수 있는 형식이거나 파생 접사이다.

이러한 기준에 따라 위에 제시된 몇몇 예를 직접 성분으로 분석해 보자. 먼저, (48)ㄱ에서, '거짓말투성이'는 '거짓말-투성이'로 분석한다고 가정하자. 이 때, '거짓말'은 어간/어절로 쓰이고, '투성이'는 파생 접사로 분석된다. 그런데 '거짓-말투성이'로 분석한다고 가정하면, '거짓'은 어간/어절로 쓰이지만, '*말투성이'는 복합 형식이지만 어간/어절로 쓰이지 않기 때문에, 그렇게 분석할 수 없다. 따라서 '거짓말투성이'는 파생어이다. '막고춧가루'는 '*막고추-가루'가 아니라 '막-고춧가루'로 분석되고, '초이튿날'은 '*초이튿-날'이 아니라 '초-이튿날'로 분석된다. 따라서 (48)ㄱ의 예들은 직접 성분 가운데 한 개가 파생 접사이기 때문에, 파생어이다. (48)ㄴ은 '한눈-팔-'과 '한숨-쉬-'로 분석되고, (48)ㄷ은 '곧이-듣-, 드-날리-, 흩-날리-'로 분석되고, (48)ㄹ은 '곧-바로, 마구-대고, 저-절로'로 분석된다. 따라서 (48)의 ㄴ-ㄹ의 예들은 직접 성분이 둘 다 어간/어절로 사용될 수 있기 때문에, 합성어이다.

'-이'로 끝나는 복합어도 이러한 방식으로 분석할 수 있다.

> (50) ㄱ. 돈벌이, 문제풀이, 생선구이, 단풍놀이, 뱃놀이, 윷놀이
> ㄴ. 고기잡이, 구두닦이, 꽃꽂이, 물받이, 해돋이
> ㄷ. 겨레붙이, 쇠붙이, 일가붙이, 시집살이, 하루살이

(50)ㄱ에서, '돈벌이, 문제풀이, 생선구이'는 '*돈벌-이, *문제풀-이, *생

선굽-이, *단풍놀-이, *뱃놀-이'로 분석할 수 없는데, 이 직접 성분들이 어간/어절로 쓰일 수 없기 때문이다. 그런데 '돈-벌이, 문제-풀이, 생선-구이, 단풍-놀이, 뱃-놀이'로 분석할 때, 그것의 직접 성분들이 모두 어간/어절로 쓰일 수 있다. 따라서 이것들은 합성어로 분석된다. '윷놀이'는 '윷-놀이'로 분석될 수도 있고, '윷놀-이'로 분석될 수도 있다. '윷'과 '윷놀-', '놀이'가 모두 어간/어절로 쓰일 수 있기 때문이다. '윷-놀이'로 분석하면 합성어이고, '윷놀-이'로 분석하면 하면 파생어이다.

(50)ㄴ은 *'고기잡-이, *구두닦-이, *꽃꽂-이, *물받-이, *해돋-이'로 분석될 수 없고, '고기-잡이, 구두-닦이, 꽃-꽂이, 물-받이, 해-돋이'로 분석된다. 그런데 '-잡이, -닦이, -꽂이, -받이, -돋이'가 어간/어절로 쓰일 수 없기 때문에 파생 접사로 분석된다. (50)ㄷ은 *'겨레붙-이, *쇠붙-이, *일가붙-이, *시집살-이, *하루살-이'로 분석될 수 없고, '겨레-붙이, 쇠-붙이, 일가-붙이, 시집-살이, 하루-살이'로 분석된다. 그런데 '-붙이'와 '-살이'가 어간/어절로 쓰일 수 없기 때문에 파생 접사로 분석된다. 따라서 (50)의 ㄴ과 ㄷ의 예들은 파생어이다.

아래의 예들은 한 개의 직접 성분이 특수 어간을 포함한 것들이다.

(51) ㄱ. 기우뚱기우뚱, 띄엄띄엄, 울긋불긋
　　 ㄴ. 예쁘장스럽-, 울먹거리-; 기우뚱하-, 말쑥하-

(51)ㄱ은 '기우뚱-기우뚱, 띄엄-띄엄, 울긋-불긋'으로 분석되는데, 직접 성분들이 복합 형식으로 된 특수 어간으로, 합성어이다. (51)ㄴ은 '예쁘장-스럽-, 울먹-거리, 기우뚱-하-, 말쑥-하-'로 분석된다. 여기서 '-스럽-'과 '-거리-'는 파생 접사이기 때문에, '예쁘장스럽-'과 '울먹거리-'는 파생어이다. '기우뚱하-'와 '말쑥하-'는, '하-'를 파생 접사로 보면 파생어이고, 어근으로 보면 합성어이다. 보통 이 경우의 '하-'를 파생 접사로 보

는 경향이 있다. 그렇지만 '하-'를 어근이 아니라 파생 접사로 보려면, 충분한 근거를 제시해야 한다. 이 글에서는 앞서 제시한 어근의 정의에 따라, '하-'를 어근으로 보고, '기우뚱하-'와 '말쑥하-'를 합성어로 간주하기로 한다.

■ 파생어인지 합성어인지 구별하기 어려운 예들

앞에서 분석한 예들은 이러한 정의에 따라 파생어와 합성어를 분명하게 구별할 수 있다. 그런데 다음의 예들은 조금 문제가 된다.

> (52) ㄱ. 잠재우-, 붙잡히-, 곧추세우-
> ㄴ. 되새김질하-, 되차지하-

(52)ㄱ의 예들은 '잠-재우, 붙-잡히-, 곧추-세우-'로 분석될 수도 있고, '잠자-이우, 붙잡-히-, 곧추서-이우-'로도 분석될 수 있다. (52)ㄴ의 예들도 마찬가지이다. '되새김질하-'와 '되차지하-'는 '되새김질-하-, 되차지-하-'로 분석할 수도 있고, '되-새김질하-, 되-차지하-'로 분석할 수도 있다. 만일 이것들을 앞의 분석에 따라 분석한다면 합성어로 보아야 하고, 뒤의 방식대로 분석한다면 파생어로 보아야 한다.

이러한 예들을 합성어인지 파생어인지를 결정하려면, 형태적 기준만으로는 충분하지 않다는 것을 알 수 있다. 따라서 이 문제를 해결하려면, 다른 기준을 찾아야 한다.

■ 복잡한 복합어의 성분 구조 2 : 통사적 기준

통사적 접사를 논의하는 앞선 연구에서 보면, 다음과 같은 예들을 이러

한 방식과 유사하게 분석하기도 했다. 곧 (53)을 (54)의 과정을 거쳐 형성
된 것으로 분석하는 것이다.

(53) 끊임없이, 하루바삐, 한결같이, 배불리

(54) ㄱ. 끊임(이) 없다 → 끊임없다 → 끊임없-이
ㄴ. 하루(가) 바쁘다 → 하루바쁘다 → 하루바쁘-이
ㄷ. 한결(과) 같다 → 한결같다 → 한결같-이
ㄹ. 배(가) 부르다 → 배부르다 → 배부르-이

그러면 앞에서 제시한 (50)의 예들도 이렇게 분석할 수도 있다.

(50) ㄱ. 돈벌이, 문제풀이, 생선구이, 단풍놀이, 뱃놀이, 윷놀이
ㄴ. 고기잡이, 구두닦이, 꽃꽂이, 물받이, 해돋이
ㄷ. 겨레붙이, 쇠붙이, 일가붙이, 시집살이, 하루살이

이 예들에서 '-이'를 제외한 나머지 부분들은 각각 통사적 구성에 대응
하는 것으로 생각할 수 있다. '돈벌이, 문제풀이, 생선구이, 윷놀이; 고기
잡이, 구두닦이, 꽃꽂이, 물받이'는 'NP를 V'에 대응한다. '단풍놀이, 뱃놀
이'는 'NP에서/로 V'에 대응하고, '해돋이'는 'NP가 V'에 대응한다. 그리
고 '겨레붙이, 쇠붙이, 일가붙이, 시집살이'는 'NP에 V'에 대응하고, '하루
살이'는 'NP를 V'에 대응한다. 이렇게 기준에 따라 분석하면, '-이'로 끝
나는 모든 복합어들은 파생어이다. 이러한 기준을 다음과 같이 정리할 수
있다.

(55) 복합어 분석의 기준 2 (통사적 기준)
복합어의 직접 성분은 통사적 구성의 직접 성분에 대응하는 형식
이다.

이러한 기준은 복잡한 복합어에 적용될 뿐만 아니라, 단순한 복합어에도 그대로 적용된다.

■ 통사적 기준의 두 가지

위의 통사적 기준은 통사적 접사인 파생 접사를 통사적 구성의 한 성분으로 분석한 것이다. 그런데 문법 이론에 따라 '-이'를 어절의 한 성분으로 분석할 수도 있다. 곧 다음과 같이 두 가지 방식으로 분석할 수 있다는 것이다(이 예들에서 파생 접사 '-이' 대신에 굴절 접사 '-음/기'를 교체해 보면 충분히 가능하다는 것을 알 수 있다).

(56) ㄱ. [끊임없][이], [하루바쁘][이], [한결같][이], [배부르][이]
　　　ㄴ. [끊임][없이], [하루][바삐], [한결][같이], [배][불리]

(57) ㄱ. [돈벌][이], [문제풀][이], [생선굽][이], [단풍놀][이], [배놀][이],
　　　　　[윷놀][이]
　　　ㄴ. [돈][벌이], [문제][풀이], [생선][구이], [단풍][놀이], [배][놀이],
　　　　　[윷][놀이]

이 두 가지 분석의 차이를 파생 접사를 기준으로 보면 다음과 같다. 앞의 분석에서는 파생 접사 '-이'가 통사적 구성의 직접 성분에 대응한다는 것이고, 뒤의 분석에서는 '-이'와 통합된 어절이 통사적 구성에 대응한다는 것이다. 뒤의 분석에서 용언도 분석해 보이면 다음과 같다.

(58) ㄱ. [끊임] [[없]이], [하루] [[바쁘]이], [한결] [[같]이], [배] [[부르]이]
　　　ㄴ. [돈] [[벌]이], [문제] [[풀]이], [생선] [[굽]이], [단풍] [[놀]이],
　　　　　[배] [[놀]이], [윷] [[놀]이]

이상의 논의를 고려하면, 복합어를 직접 성분으로 분석하는 기준(통사적 기준)은 다음과 같이 수정되어야 할 것이다.

(59) 복합어 분석의 기준 2 : 통사적 기준 (수정)
복합어의 직접 성분은 통사적 구성의 직접 성분에 대응하는 형식이다. 파생 접사를 기준으로 보면, 다음과 같은 두 가지 분석이 가능하다.
ㄱ. 통사적 기준 (A) : 파생 접사가 통사적 구성의 직접 성분에 대응 한다.
ㄴ. 통사적 기준 (B) : 파생 접사와 통합된 형식이 통사적 구성의 직 접 성분에 대응한다.

■형태적 기준과 통사적 기준의 관계

이상에서 파생법과 합성법이 겹친 복합어를 분석하는 형태적 기준과 통사적 기준 (A), 통사적 기준 (B)를 살폈다. 그런데 이러한 기준 가운데 어느 것을 선택해야 하는가에 대한 문제가 생긴다.

이에 대하여 이에 대하여 실제 자료를 통하여 살피기로 한다. 먼저 다음 예를 보자. (60)~(62)에서 ㄱ은 통사적 기준 (A)에 따른 분석이고, ㄴ은 통사적 기준 (B)에 따른 분석이다.

(60) ㄱ. [돈벌][이], [문제풀][이], [생선굽][이], [단풍놀][이], [배놀][이], [윷놀][이]
ㄴ. [돈] [[벌]이], [문제] [[풀]이], [생선] [[굽]이], [단풍] [[놀]이], [배] [[놀]이], [윷] [[놀]이]

(61) ㄱ. [[고기잡]이], [[구두닦]이], [[꽃꽂]이], [[물받]이], [[해돋]이]
ㄴ. [고기] [[잡]이], [구두] [[닦]이], [꽃] [[꽂]이], [물] [[받]이], [해] [[돋]이]

(62) ㄱ. [[겨레붙]이], [[일가붙]이], [[시집살]이], [[하루살]이]
ㄴ. [겨레] [[붙]이], [일가] [[붙]이], [시집] [[살]이], [하루] [[살]이]

여기서 이것들이 합성어인지 파생어인지를 기준으로만 보기로 하자. (60)~(62)에서 ㄱ의 분석은 형태적 분석과 전혀 일치하지 않는다. (60)의 ㄴ의 분석은 형태적 기준에 의거한 분석과 일치한다. 그런데 (61)과 (62)의 ㄴ의 분석은 형태적 기준에 따른 분석과 일치하지 않는데, 형태적 기준으로는 '잡이, 닦이, 꽂이, 받아, 돋이; 붙이, 살이' 등이 파생 접사이기 때문에 파생어이다. 그런데 통사적 기준에 따른 분석에서는 '잡이, 닦이, 꽂이, 받아, 돋이'의 '잡-, 닦-, 꽂-, 받-, 돋-; 붙-, 살-' 등이 어근으로 분석된다.

다음과 같은 예들은 형태적 기준에 따른 분석에서는 합성어인지 파생어인지 구별하기 어려운 것들이다. 그런데 통사적 기준에 따라 분석한다면, (63)의 ㄱ이 아니라 ㄴ으로 분석하는 것이 바람직해 보인다.

(63) ㄱ. [잠자][이우], [곧추서][이우], [붙잡][히]
ㄴ. [잠] [[자]이우], [붙] [[잡]히], [곧추] [[세]우]

이 복합어들은 사동사나 피동사라는 것을 고려해야 한다고 생각된다. 사동사는 주동사에 대응하는 동사이고 피동사는 능동사에 대응하는 동사라는 것을 생각한다면, 사동사나 피동사의 어기는 주동사나 능동사의 어간이어야 할 것이다.

> **보충** '잠재우-'의 구조에 대하여 다시 보기
>
> '잠자-'는 '잠을 자다'와 관련하여, '잠재우-'는 '잠을 재우다'와 관련하여 생각해 보면, '잠재우-'는 '[[잠][재우]]로 분석할 수도 있겠다. 그런데 이 글에서는 '잠재우-'를 '곧추 세우-', '붙잡히-'의 예들과 평행하게 생각하여, 이와 같이 분석한 것이다.

(64)와 같은 예들도 형태적 기준에 따른 분석에서는 합성어인지 파생어
인지 구별하기 어려운 것들이다.

(64) ㄱ. [되][새김질하], [되][차지하]
　　ㄴ. [되새김질][하], [되차지][하]

그런데 통사적 기준을 고려한다면, ㄱ은 통사적 기준을 충족시키지 못
하지만, ㄴ은 통사적 기준을 충족시킨다. 이 복합어들은 '되새김질을 하다,
되차지를 하다' 등과 같은 통사적 구성에 대응하기 때문이다. 당연하게도
이들 예의 '하-'는 어근이며, 따라서 이것들은 파생어가 아니라 합성어로
분석해야 한다.

이상의 논의를 고려하면, 통사적 기준이 형태적 기준보다 우선적으로
적용되어야 함을 알 수 있다. 그리고 통사적 기준 (A)와 (B) 가운데 (A)가
우선적으로 적용되어야 하는 경우가 있으므로, 먼저 통사적 기준 (A)가 적
용되어야 하는 경우에는 통사적 기준 (A)를 적용하고, 그 밖의 경우에는
통사적 기준 (B)를 적용하는 것이 바람직할 것이라 생각된다.

■ **복합어를 분석하는 의미적 기준**

복합어를 직접 성분으로 분석하는 통사적 기준에 대한 논의에서, '잡이,
닭이, 꽂이, 받아, 돋이'의 '잡-, 닭, 꽂-, 받-, 돋-; 붙-, 살-' 등을 어근으
로 분석하였다. 이러한 논의를 보충하기 위하여, 다음과 같은 의미적 기준
을 설정할 수도 있겠다.

(65) 복합어 분석의 기준 3 : 의미적 기준
　　복합어의 한 성분이 단순어의 어근과 동일한 의미적 변별성을 가진
　　다면, 그 성분은 어근이다.

단, 의미적 변별성을 따질 때는 은유와 환유 등의 비유나 전이에 따른 의미의 변화, 확장, 축소 등을 고려해야 한다.

보충 **통합합성어라는 이름과 구조에 대하여**

앞선 연구에서 'N-V-suf'로 구성된 단어들을 **통합합성어** 또는 **종합합성어**(synthetic compound)라고 한다. 이 단어들은 앞에서 살핀 바와 같이, [[N V] suf]로 분석하거나 [N [V suf]]로 분석하는 두 가지 방식이 있다. 이 때, [[N V] suf]로 분석한다면 파생어로 보아야 하고, [N [V suf]]으로 분석한다면 합성어로 보아야 한다. 따라서 'N-V-suf'를 통합합성어라고 규정한 논의는 [N [V suf]]의 분석을 전제한다고 생각된다. (김혜령 (2009)에서는 [[N V] suf]로 분석하고, [V suf]의 단위에 **임시어**의 지위를 부여하여 설명하였다.)

**습
제**

1. 굴절법과 조어법의 관계를 설명하시오.
2. 파생법과 합성법을 정의하시오.
3. 단순한 파생법의 종류를 설명하시오.
4. 단순한 합성법의 종류를 설명하시오.
5. 파생법과 합성법이 겹친 복합어의 구조를 설명하시오.

|더 생각할 문제|

1. 복잡한 구조의 복합어는 파생과 합성이 계층적으로 겹쳐 있는데, 최종적으로는 직접 성분의 범주에 따라 파생어인지 합성어인지가 결정된다. 이런 경우에, 복합어의 직접 성분이 파생과 합성이 겹쳐 형성된 구조일 때, 그것을 다시 직접 성분으로 분석하는 것이 어떤 의의가 있는가를 생각해 보자.

다시, 단순화가 핵심이다.
복잡한 문제는 단순하고
기본적인 문제들의 복합체이다.

형태론과 다른 부문

1. 다음의 '간다더구나, 가야겠다'를 형태소로 분석할 때의 문제점을 생각해 보시오.

   (1) ㄱ. 영이는 영화를 보러 **간다더구나**.
         ㄴ. 나도 이제 **가야겠다**.

2. '볼 것이다'를 '볼것이다'와 같이 자주들 붙여 쓴다. 왜 그럴까?

형태론은 문법의 다른 부문, 곧, 통사론, 의미론, 음운론, 화용론 등과 긴밀하게 관련되어 있다. 이 글에서는 이들 가운데, 형태론과 통사론의 관계와 형태론과 음운론의 관계, 어휘부에 관하여 살핀다.

6.1. 접어화와 융합

6.1.1. 접어화

■접어와 접어화

(1)의 밑줄 친 어절들을 형태소로 분석해 보면, (2)와 같다.

> (1) ㄱ. 오늘은 아무도 안 <u>만났다셨습니다.</u>
> ㄴ. 오늘은 영이를 <u>만난다더라.</u>
> ㄷ. 나는 영이를 꼭 <u>만나야겠다.</u>

> (2) ㄱ. 만나-았-다-시-었-습니다
> ㄴ. 만나-ㄴ다-더-라
> ㄷ. 만나-야-겠-다

이러한 것들을 어간과 용언토의 맺음토와 안맺음토로 나타내면, (2)ㄱ-ㄷ은 각각 (3)ㄱ-ㄷ으로 표시된다.

> (3) ㄱ. 어간-안맺음-**맺음**-안맺음-안맺음-**맺음**
> ㄴ. 어간-**맺음**-안맺음-**맺음**
> ㄷ. 어간-**맺음**-안맺음-**맺음**

여기서 맺음토나 안맺음토는 기본적으로 용언의 어간과 결합하는 것이다. 그리고 용언 어절은 보통 한 개의 어간과 한 개의 맺음토로 구성되어 있는데, 위의 예들은 한 개의 용언 어간에 두 개의 맺음토가 결합되어 있다. 그리고 한 개의 용언 어절에서는 맺음토 다음에 또 다시 안맺음토가 결합하는 일은 없다. 이러한 까닭으로 위의 용언 어절들은, 표면적으로는 한 개의 어간밖에 없지만, 실제로는 두 개의 어간이 있는 것으로 판단된다. 실제로 이러한 언어 형식들은 직관적으로 각각 (4)의 밑줄 친 언어 형식들에 대응하는 것들로 판단된다.

(4) ㄱ. 오늘은 아무도 안 <u>만났다 하셨습니다</u>.
ㄴ. 오늘은 영이를 <u>만난다 하더라</u>.
ㄷ. 나는 영이를 꼭 <u>만나야 하겠다</u>.[1]

(1)과 (4)를 대조해 보면, '만나셨습니다'와 '들어간다더라', '만나야겠다'는 형태론으로는 분명히 한 어절이지만, 통사론에서는 두 개의 성분으로 분석되어야 한다는 것을 알 수 있다. 이것들은 다음과 같이 설명할 수 있다. '만났다셨습니다'는 '하셨습니다'의 '-셨습니다'가 그것에 인접해 있는 '만났다'와 결합한 것이다. 그리고 '만난다더라'는 '하더라'의 '-더라'가 그것에 인접한 '만난다'와 결합하여 형성된 것이고, '만나야겠다'는 '하겠다'의 '-겠다'가 그 옆에 있는 '만나야'와 결합하여 형성된 것이다.

여기서 '만났다셨습니다, 만난다더라, 만나야겠다'의 '-셨습니다, -더라, -겠다'를 **접어**(clitic)라고 하고, 접어가 결합하는 인접한 언어 형식을 **숙주어**(host)라 한다. 그리고 접어가 숙주어와 결합하는 문법 현상을 **접어화**(cliticization)라고 한다. 그리고 이 글에서는 접어화를 통하여 형성된 언어 형식을 **접어적 구성**(clitic construction)이라 한다.

---

1) (4)의 '한다, 하겠다'를 의존 용언으로서 의존 형식으로 분석하는 논의도 있다. 그러나 '하다' 대신에 자립적인 언어 형식을 대치할 수 있는 것으로 볼 때, '하다'도 그것에 대응하는 자립적인 언어 형식, 여기서는 어절로 쓰인 것으로 보아야 한다고 생각된다.
(1)   ㄱ. 나는 고향으로 돌아가려(고) 버스를 탔다
ㄴ. 나는 영이를 꼭 만나야 마음이 놓이겠다

> **보충**　전형적인 접어는 다음과 같은 특징을 가진다.

Ⅰ. 형태론

　ㄱ. 접어는 의존 형태소이다.

　ㄴ. 접어는 굴절 접사의 밖에 붙는다.

　ㄷ. 접어는 더 이상의 형태론을 막는다.

　ㄹ. 접어는 숙주어(host)의 형태적 부류와 상관없이 붙는다.

　ㅁ. 접어는 완전히 생산적이다.

Ⅱ. 통사론

　ㄱ. 접어는 통사론에서 독립된 성분이다.

　ㄴ. 접어는 그 형태적 숙주어(host)에 통사적으로 인접해 있다.

Ⅲ. 의미론

　ㄱ. 접어는 의미적 함수(function)이다.

　ㄴ. 접어는 구의 의미를 논항으로 가진다.

Ⅳ. 음운론

　ㄱ. 접어는 음운적으로 의존적이다.

　ㄴ. 접어는 교착적이다.

　ㄷ. 접어는 강세가 없다.

　ㄹ. 접어는 자율적 음운적 규칙에서만의 문제다.

Ⅴ. 어휘 목록

　ㄱ. 숙주어와 접어가 결합된 형식은 어휘화되지 않는다.

　ㄴ. 접어는 자립 단어와 교체된다.

이러한 특성들의 전 영역을 보여주는 예는 영어 단축 조동사 '*ll*이다. 그러나 모든 접어들이 이러한 모든 특성을 다 가지는 것이 아니며, 이들 특성들을 벗어나는 많은 예외들이 있다. (새독 1991 : 52)

> **보충**　접어라는 용어

접어는 접어화라는 문법 현상에 참여하는 언어 형식을 가리키는 것으로서, 일정한 형식을 갖춘 언어 형식의 종류를 가리키는 것이 아니다. 접어화에 참여하는 어떤 문법 단위라도 접어가 될 수 있다. 곧 어절이나 단어도 접어가 될 수 있고, 단어나 어절의 성분인 어간/어근과 굴절 접사(토), 파생 접사도 접어가 될 수 있다.

■의존 명사와 의존 용언

이상의 논의를 좀 더 일반화시키면, 의존 명사와 의존 용언도 접어와 관련하여 분석할 수 있다. 의존 명사와 의존 용언은 어간과 토가 결합하여 그 자체로 어절의 형식을 갖추고 있으면서도 의존 형식으로 쓰이며, 그 앞의 어절과 결합하여 하나의 어절을 형성한다.

  (5) 영이는 영어를 할 줄 모른다.
  (6) 영이는 철수를 집에 가게 하였다.

  (5)와 (6)에서, '줄'과 '하였다'는 의존 형식으로서 그 앞의 말과 결합하여, 하나의 어절을 형성한다. 그러나 통사론에서는 '할'과 '줄'은 다른 성분으로 기능하며, '가게 하였다'의 '가게'와 '하다'도 다른 성분으로 기능한다. (5)에서, '할'은 '영어를 할'의 서술어이며, '줄'은 '영어를 할'이라는 절의 중심어로 기능한다. 그리고 (6)에서 '가게 하였다'에서 '가게'는 '(철수가) 집에 가게'라는 내포절의 서술어로 쓰이고, '하다'는 그 절을 안고 있는 주절의 서술어로 쓰인 것이다.[2] 이러한 분석에 따라, (5)와 (6)을 어절과 통사 구조로 분석하면 다음과 같다.

  (7) ㄱ. /영이는 /영어를 /할 줄/ 모른다/
      ㄴ. [영이는 [[영어를 할] 줄] 모른다]

  (8) ㄱ. /영이는 /철수를 /집에 /가게 하였다/
      ㄴ. [영이는 철수를 [집에 가게] 하였다]

  (7)과 (8)의 ㄱ과 ㄴ의 관계는 다음과 같이 설명된다. (7)과 (8)에서, '줄'과

---

2) 직관적으로 보아도 그러하지만, '가게 하였다'의 경우에는 '가시게 하였다'와 '가게 하셨다'를 대비해서 생각해 보면, 확인할 수 있다.

'하였다'가 접어인데, 접어 '줄'은 숙주어 '할'과 결합하여 '할줄'을 형성하고, 접어 '하였다'는 숙주어 '가게'와 결합하여 '가게하였다'를 형성한다.

의존 용언 '-이다'와 '-하다'가 쓰인 다음과 같은 문장도 접어화로 설명할 수 있다.

(9) ㄱ. /영이는 /공부를 /열심히 /하는 /학생이다/
ㄴ. [영이는 [[공부를 열심히 하는] 학생] 이다]

(10) ㄱ. /영이는 /공부하는 체한다/
ㄴ. [영이는 [[[공부하는] 체] 한다]]

(9)에서 '학생이다'는 형태론에서는 한 어절이지만, 통사론에서는 '학생'과 '이다'가 별개의 성분으로 분석된다. 그리고 (10)에서 '공부하는체한다'는 한 어절이지만, 통사론에서는 '공부하는'과 '체', '한다'라는 세 개의 다른 성분으로 분석된다. (9)와 (10)에서 ㄱ과 ㄴ의 관계는 다음과 같이 설명된다. 접어 '-이다'는 숙주어 '학생'과 결합하여 '학생이다'라는 한 개의 어절(접어적 구성)을 형성한다. 그리고 접어 '한다'는 숙주어 '체'와 결합하여 접어적 구성 '체하다'를 형성하고, '체하다'는 숙주어 '공부하는'과 결합하여 접어적 구성 '공부하는 체 한다'를 형성한다.

■접어적 구성의 구조

접어가 쓰인 문장의 구조를 다음과 같이 나타낼 수 있다.[3]

---

3) 어절 '간다더라'에 대응하는 통사적 성분이 '간다고 하더라'라고 가정하면, '오늘은 집에 간다'는 문장(S)이 아니라 후치사구(PP)이어야 할 것이다. 여기서는 이러한 것들은 무시하고 논의를 진행한다.

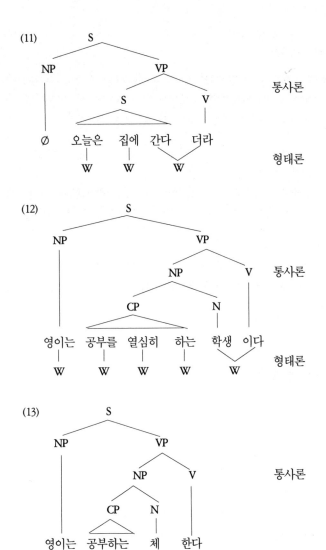

이러한 접어화를 변형 문법의 방식으로 설명할 수 있는 가능성을 생각해 볼 수도 있을 것이다. 접어화를 변형 문법의 방식대로 분석한다면, 접어화는 이동 변형의 일종으로 생각해 볼 수 있다. 그런데 접어화는, 언뜻 보기에는 이동 변형처럼 보이지만, NP 이동이나 WH 이동과 같은 이동 변형과는 그 성격이 다르다. 그러한 이동은 통사론에서 비어 있는 어떤 자리(공범주)로 이동하여 그 빈자리를 채우는 과정인데, 접어화는 접어가 숙주어와 통합하여 한 어절을 형성한다.

접어화는 중심어(핵) 이동과도 다르다. 접어화와 핵 이동은 무엇보다도 이동의 주체와 표적에서 차이가 나는데, 접어화의 표적은 어절인데 비하여 핵 이동의 표적은 어간이다. 그리고 접어화는 '접어가 숙주어의 위치로' 이동하는데 비하여, 핵 이동은 '숙주어가 접어의 위치로' 이동하는 것이다.

접어는 세계의 여러 언어에서 일반적으로 나타나는 문법 현상이다. 영어의 *The man's at the door, I'll hit you, Pat'd do it*에서, *'s, 'll, 'd*가 접어인데, 이것들을 어떤 변형으로 설명할 수 있을까?

■ **접어적 구성과 복합어**

접어화로 형성된 말은 표면상으로는 한 개의 어절이지만, 두 개 이상의 어절이 결합된 것이다. 이렇게 접어화로 형성된 언어 형식은 복합어와 유사한 구조를 가지고 있는 것처럼 보인다. 예컨대 '가게 하였다, 잡아 보다'와 같이 자립 용언과 의존 용언이 결합한 형식은 언뜻 보아서 '들어가다, 살펴보다'와 같은 합성어와 쉽게 구별되지 않는다. 그렇지만 기본적으로 복합어의 구조와는 다르기 때문에, 그 둘을 구별하여 생각해야 한다.

복합어의 성분은 4장에서 제시한 바와 같은 통사적 제약을 받는다.

(14) 복합어의 성분에 대한 통사적 제약
복합어의 성분인 어근이나 파생 접사는 그 복합어와 결합하는 언어 형식과 통사적 관계를 형성하지 못한다.

예컨대, 합성어인 '잡아가다'와 '작은아버지'에서, '잡아'나 '작은'은 통사론의 다른 성분과 관계를 형성하지 못한다.

(15) ㄱ. 경찰이 도둑을 *[경찰서로 잡아]+가다
ㄴ. 키가 *[아주 작은]+아버지

그러나 접어로 형성된 말은 그것의 성분이 통사론의 성분으로 기능한다.

6.1.2. 융합과 문법화, 어휘화

■ 융합

스펜서(1991 : 45)에서는 단일 굴절형이 둘 이상의 형태 통사론적 기술에 대응하는 것을 **융합**(syncretism)이라 하였다. 예컨대, 러시아어의 *bol'šoj*는 여성 단수 여격과 조격형 등 여섯 개의 형태 통사론적 기술이 필요하다. 영어의 용언의 3인칭 단수 현재를 나타내는 형태소 –*s*를 예로 들어 보자. 이 형태소는 이 세 개의 문법 범주를 모두 가진 교착어라면 세 개의 형태소로 실현되었을 것인데, 하나의 형식으로 융합되어 실현된 것으로 설명할 수 있다.

이승재(1992)는 첨가어에서의 융합을 도입하였는데, 기원적으로는 여러 형태가 배열되는 문법적 구성이었지만, 언어의 통시적 변화에 따라 이들이 하나의 덩어리로 굳어져 더 이상 공시적 분석이 불가능한 것을 융합으로 설명하였다. 이러한 예들은 한국어에서 많이 찾아진다. 한국어의 융합은 다음과 같은 몇 가지 유형으로 나누어 생각할 수 있다.

(16) ㄱ. 어간과 토(어미)의 융합

ㄴ. 새로운 어근의 형성

ㄷ. 새로운 파생 접사의 형성

ㄹ. 새로운 굴절 접사의 형성

보충 융합 논의의 전제

융합의 논의에서 한 가지 유의할 점이 있다. 융합의 논의에서는 다음과 같은 것을 전제하고 있다.

(1) 문제의 형식이 복합 형식이 아니라 단순 형식(형태소)이다.

그런데 융합 형식을 다룰 때는 먼저 문제의 형식이 공시적으로 볼 때 복합 형식이 아니라 단순 형식이라는 것을 먼저 증명해야 한다. 예컨대 다음과 같은 방법을 생각해 볼 수도 있겠다. 만일 '에서, 에게'와 같은 체언토를 둘로 분리한다면, 다음과 같은 통사 제약을 어떻게 설명해야 할까를 검토해 볼 수도 있겠다.

(2) ㄱ. {*산에서, 산에} 간다.

ㄴ. {너에게, *너에} 준다.

그런데 이러한 방법을 정말로 사용해야 한다면, 형태소를 분석하는 기준에 통사적 조건을 반드시 고려해야 한다는 결론에 이르게 될 것이다. 이 점에 대하여 충분히 검토해 보아야 하는데, 예컨대 다음과 같은 형태소 분석 방법을 가정하는 것이다.

(3) 형태소 분석의 방법

ㄱ. 복합 형식으로 가정되는 어절은 계열 관계와 통합 관계를 고려하여 대조함으로써 둘 이상의 형태로 분석하되,

ㄴ. 분석된 형태는 반드시 통사적 분포와 기능에 부합하는 문법 범주를 가져야 한다. 만일 그렇지 않으면 그 형태를 어떤 종류의 형태소로 분석할 수 없다.

■어간과 토의 융합

어간과 토가 융합하여 형성된 것은 다음과 같은 예들을 들 수 있다.

(17) ㄱ. 노래, 파래, 거매; 해, 해라.

     ㄴ. 내, 네

'노랗-, 파랗-, 거멓-'의 활용형인데, 다른 용언의 활용에서는 어간에 '-아/어'로 활용되는 것들이다. 그런데 '노래, 파래, 거매'는 어간과 어미가 녹아 붙어 어간과 어미로 분석하기 어렵다. '해, 해라'는 '하여, 하여라' 활용형의 변이형인데, 역시 어간과 어미로 분석하기 어렵고, 모음 교체로 활용된 것으로 볼 수 있는 것이다. '내, 네'는 '나의, 너의'와 교체될 수 있는 것들인데, 역시 체언과 토로 분석하기 어려운 것들이다.[4]

■새로운 어근의 형성

융합의 결과 새로운 어근이 형성된 것으로는 다음과 같은 예들을 들 수 있다.

(18) ㄱ. 어른, 어르신; 계시-, 주무시-, 잡수시-, 받잡-

     ㄷ. 할아버지, 할머니, 도리깨

'어르신'은 '어른'의 높임말이기 때문에 굴절 접사 '-시-'를 분석해 낼 수 있을 것이다. 만일 그렇다면 이 '-시-'는 어간에 붙는 형태소이므로, '얼-'을 어간이라 할 수 있고, '어르신'과 '어른'은 각각 '얼-으시-ㄴ, 얼-은'과 같이 분석될 수 있을 것이다. 그런데 문제는, 적어도 공시적으로는, '얼-'이 어간임[5]을 확인할 수 없다. 그러므로 '어른'과 '어르신'이 국어사의 어느 시기에는 둘 이상의 형태소의 결합체로 존재했을 터이지만, 지금

---

4) '나의'와 교체되는 '내'는 '내가'의 '내'와는 성질이 다르다. '내가'의 '내'는 '나는'의 '나'의 변이형이지만, '나의'와 교체되는 '내'는 '나'의 변이형이 아니다.

5) '엉기다'의 뜻을 내포한 '얼음이 얼다'의 '얼-'과 어원이 같은 것인지는 잘 모르겠다.

은 분석할 수 없는 하나의 형태소로 바뀐 것이라 할 수 있겠다. '계시-'와 '주무시-', '잡수시-' 등에서 '-시-'는 높임의 안맺음토로 보인다. '받잡-'의 '-잡-'은 본래 객체 높임을 나타내는 안맺음토로 쓰였다. 그렇지만 이 것들은 모두 공시적으로는 어간의 뿌리를 확인하기 어려울 뿐만 아니라, 어간과 '-시-', '잡'을 분리할 수도 없다.

'할아버지, 할머니'는 '작은아버지, 큰아버지'와 비교할 때, '큰'과 '작은'에 대비되는 '할'을 분석해 낼 수 있다. '도리깨'는 '돌-이깨'나 '돌-이 -깨'로 분석해 낼 수 있다. 그러나 공시적으로는 그렇게 분석해 낼 이유 가 없기 때문에, 하나의 형태소로 본다.

보충 '다른'과 '모든'

'다른, 모든'도 '어른, 어르신'과 동일한 것으로 다룰 수도 있을 것이다. 그런데 '다른'은 용언 어간 '다르-'와 유연성이 있다는 점에서 두 개의 형태소로 분석할 수 있겠 다. '모든'은 '몯-'이라는 용언 어간은 현재 없지만, '모두'의 '몯-'과 유연성이 있으므 로 두 개의 형태소로 분석할 수 있겠다. 따라서 '다른, 모든'은 '다르-ㄴ, 몯-은'으로 분 석할 수 있는데, 이때 '은'의 본래는 굴절 접사였지만, 파생 접사로 그 기능이 바뀐 것으 로 보아야 할 것이다.

그런데 만일 '모두'를 '몯-우'로 분석할 수 없다고 한다면, '모든'도 융합된 형식으로 보아야 할 것이다.

■ 새로운 파생 접사의 형성

융합의 결과 새로운 파생 접사가 형성된 것으로는 다음과 같은 예들을 들 수 있다.

(19) -잡이, -붙이

앞에서 이것들을 어근으로 분석할 수 있다고 했지만, 보통은 파생 접사로 간주한다. 그런데 이것들을 파생 접사로 분석하는 경우, 용언의 어간에 파생 접사 '-이'가 융합하여 한 개의 파생 접사가 형성된 것으로 분석해야 한다.

■ 새로운 굴절 접사의 형성

융합의 결과 새로운 굴절 접사가 형성된 것으로는 다음과 같은 예들을 들 수 있다.

(20) ㄱ. -에게, -에서, -조차, -부터, -마저, -밖에
ㄴ. -데, -대, -으니라, -나니라, -거라, -는다, -을까, -을게, -을걸

(20)의 예들은 역사적으로는 어근과 토가 결합한 것들인데, 현대 국어에서는 하나의 형태소로 분석되는 것들이다. ㄱ에서, '에게'와 '에서'는 '의/의 # 궁-에'와 '의/에 # 이시(잇)-어'에서 온 것들이고, '부터'와 '조차'는 '붙-어'와 '좇-아', '밖-에'에서 온 것들이다. ㄴ의 예들은 국어사의 어느 시기에는 둘 이상의 형태소로 분석되던 것들이다.

■ 어휘화와 문법화

융합에 관한 이상의 논의에서, 두 개 이상의 형태소가 결합한 형식이 하나의 어휘적 형태소로 바뀌는 과정을 **어휘화**(lexicalization)라고 한다. 그리고 두 개 이상의 형태소가 결합한 형식이 한 개의 문법적 형태소로 바뀌는 과정을 **문법화**(grammaticalization)라고 한다. 이 글에서는 어휘화와 문법화와 같은, 융합의 과정을 거쳐 형성된 언어 형식을 **융합적 구성**이라 하

기로 한다.

보충 문법화의 개념

'문법화'라는 용어는 더 넓은 개념을 가리키는 것으로 사용되기도 한다. 예컨대 자립 형식이 의존 명사와 의존 용언 등의 의존 형식으로 바뀐다든지, 통사적 구성이 통사적 합성어 등의 형태적 구성으로 바뀐다든지 하는 것들을 문법화에 포함시키기도 한다. 또 그러한 과정이 거꾸로의 순서로 되는 것들을 '역문법화'라 하기도 하는데, 역문법화도 문법화의 한 종류이다. 이런 관점에서는 어휘화도 문법화의 한 종류가 될 것이다.

6.1.3. 접어화와 융합의 관계

접어적 구성이나 융합적 구성은 둘 다 본래는 통사적 구성에서 비롯된 것이다. 접어화와 융합을 간략히 대비한다면, 접어화는 인접해 있는 두 개 이상의 통사적 성분이 한 개의 어절로 실현되는 현상이고, 융합은 인접해 있는 두 개 이상의 형태소가 결합하여 한 개의 형태소로 바뀌는 현상이다.

접어화와 융합이 이루어지는 과정을 보면, 융합은 접어화의 과정을 거쳐 일어난다. 곧 융합이 일어나기 이전에, 접어화의 과정이 먼저 일어난다는 것이다. 따라서 접어화와 융합은 다음과 같은 관계에 있는 것으로 생각해 볼 수 있다.

$$\text{(21) 통사적 구성} \xrightarrow{\text{접어화}} \text{접어적 구성} \xrightarrow{\text{융합}} \text{융합적 구성}$$

그런데 접어화와 융합에 참여하는 어휘 항목(들의 결합체)가 있을 때, 어휘 항목에 따라 접어화와 융합이 일어나는 과정이 조금씩 달리 나타난다.

그래서 거의 비슷한 통사적 구성에서 유래된 어휘 항목이라 할지라도, 어휘 항목들 가운데 어떤 것들은 접어화를 거쳐 융합이 완성된 것도 있고, 어떤 것들은 접어화에 그치면서 아직까지 융합에는 이르지 않은 것도 있다. 또 동일한 어휘 항목인데도 불구하고, 접어적 구성과 융합적 구성이 공존하는 것들도 있을 수 있다. 이러한 접어화와 융합의 관계를, 통사적 구성까지 포함한다면, 다음과 같이 정리할 수 있다.

(22) 접어화와 융합의 과정
   ㄱ. 통사적 구성만 존재하는 시기
   ㄴ. 통사적 구성과 접어적 구성이 공존하는 시기
   ㄷ. 접어화 구성만 존재하는 시기
   ㄹ. 접어화 구성과 융합적 구성이 공존하는 시기
   ㅁ. 융합적 구성만 존재하는 시기

그리고 이러한 관계를 다음과 같은 표로 다시 정리할 수 있다.

(23) 접어화와 융합의 변천 과정

	통사적 구성	접어적 구성	융합적 구성
A 시기			
B 시기			
C 시기			
D 시기			
E 시기			

먼저 다음 예를 보기로 한다.

(24) ㄱ. 직접 해보면 매우 쉽다는 것을 느낄 수 [있-을 것이-다].

ㄴ. 어제 사고가 [나-는 바람에] 회사에 지각했다.

ㄷ. 개들의 고민은 인간과 개가 너무 [다르-기 때문에] 생긴다.

(24)에서 '[ ]'의 예들은 기본적으로 접어적 구성이다. 그런데 ㄱ의 '있을 것이다'의 '-을 것이-'는 용언의 안맺음토 '-겠-'으로 대치하여 사용될 수 있고, ㄴ의 '-는 바람에'와 ㄷ의 '-기 때문에'는 '-어서'로 대치하여 사용될 수 있다. 그러나 그렇게 대치된다고 하여, 이것들을 한 개의 형태소[용언토]로 보기는 어렵다고 생각된다. 따라서 이것들은 융합적 구성이 아니라, 접어적 구성으로 보는 것이 바람직할 것이다.

(25)의 '-는가'와 '-을까', '-ㄹ게'는 두 개의 기능이 실현된 것들이다. 곧 '-는가'는 '비과거, 의문'을 나타내고, '-을까'는 '추정, 의문'을 나타내고, ㄷ의 'ㄹ게'는 '추정, 서술'을 나타낸다.

(25) ㄱ. 사물에 대한 인식은 어떻게 [하-는가].

ㄴ. 하늘은 구름에 [가려졌-을까]?

ㄷ. 잊을게. 잊고 잘 살아 [보-ㄹ게].

(25)에서 '-는가'의 '는'과 '가'나 '을까'의 '을'이나 '까', 'ㄹ게'의 'ㄹ'과 '게'는 모두 한 개의 형태소로 분석할 수 있을까에 대하여 생각해 보기로 하자. 만일 이것들이 형태소라고 가정한다면, 먼저 '는'과 '을'은 맺음토로 분석하든지, 안맺음토로 분석하든지 해야 한다.[6] 그런데 이것들을 안맺음토로 분석하든지 맺음토로 분석하든지 간에, 이것들을 형태소로 분석한다면, '까'와 '게'도 한 개의 형태소이며, 맺음토로 분석해야 한다. 그런데 '까'와 '게'를 맺음토로 분석하기는 어려워 보인다.[7] 따라서 '-는가,

---

6) 이것들은 관형사형토로도 쓰이기 때문에 맺음토로 분석할 수도 있고, 뒤에 다른 언어 형식이 오기 때문에 안맺음토로도 분석할 수도 있을 듯하다.

7) 맺음토는 용언의 어간 뒤에 놓일 수 있는데, '까'와 '게'는 그렇지 않기 때문이다. '게'의 경우 어간의 뒤에 놓일 수도 있으나, 그런 경우의 '게'는 '-ㄹ게'의 '게'와는 다른 것이다.

-을까, -ㄹ게'는 융합적 구성으로 분석하는 것이 바람직하다고 판단된다.

(26)의 '-다니까'와 '-ㄴ다는'은 본래 용언토가 '맺음토+맺음토'의 겹침으로 구성된 것이다.

(26) ㄱ. 확실히 술은 마실수록 [느-ㄴ다니까].
     ㄴ. 영이가 시집을 [가-ㄴ다는] 사실.

그런데 '-다니까'의 '다'나 '니까'와 'ㄴ다는'의 'ㄴ다'와 '는'이 한 개의 형태소로 분석되지는 않는다. 그 까닭은 한국어 용언의 구조에서 맺음토가 겹쳐나는 것을 허용하지 않기 때문이다. 따라서 이것들은 융합적 구조로 보아야 한다.

(27)의 '으로부터'는 체언토 '으로'와 '부터'가 겹쳐서 구성된 것이다.

(27) [자연-으로부터] 무언가를 받는 것을 의미한다.

이 '-으로부터'는 '-에서부터'와는 다른 구성이다. 그 까닭은 '-에서부터'에서는 '-부터'를 삭제해도 문법성에 변화가 없으나, '-으로부터'의 '부터'는 삭제하면 비문법적인 문장이 되기 때문이다. 따라서 '-으로부터'는 '-으로'와 '부터'가 융합된 구성으로 보아야 한다.[8]

(28)의 '준댔다'는 접어적 구성이다. 여기서 '준댔다'는 용언토가 '맺음-안맺음-맺음'으로 구성되어 있는데, '안맺음-맺음'에 대응하는 새로운 주어를 설정할 수 있다. 그런데 '간단다'는 '-ㄴ다-ㄴ다'의 뒤의 맺음토에 대응하는 새로운 주어를 상정하기 어렵다. 따라서 '-ㄴ다-ㄴ다'는 융합

이에 대해서는 뒤에 다시 논의하기로 한다.

8) '출발'의 의미를 나타내는 '-으로부터'가 그러하다는 것이다. '방향'이나 '도구'의 의미를 나타내는 '-로'와 결합한 '-부터'는 두 형태소가 결합한 것이다.
  (ⅰ) 칼로부터 베었다.

적 구성으로 분석해야 한다.

(28) ㄱ. 꿀이 내 프로포즈 받아 [주-ㄴ댔다].
ㄴ. 영이가 시집을 [가-ㄴ단다].

6.2. 토의 형태론과 통사론

■토의 통사적 특징

토가 통사론에서 일정한 역할을 담당한다는 것을 간단한 예들을 통하여 살펴보자.

먼저 체언토[격토]를 보자. (30)에서, '영이가'와 '나무를'은 '보았다'의 주어와 목적어이다. 이를 '보았다'를 중심으로 보면, '보았다'는 주어와 목적어와 결합할 수 있다고 할 수 있다. 따라서 (29)의 세 성분은 결합 제약이 있다는 것을 알 수 있다.

(29) 영이-가 나무-를 보았다.

(30)에서 보듯이, '보았다'가 '영이에게'나 '나무에'와 결합할 수 없다는 것을 보면, 이러한 사실을 쉽게 확인할 수 있을 것이다.

(30) ㄱ. *영이에게 나무를 보았다.
ㄴ. *영이가 나무에 보았다.

이상의 명사와 용언의 결합 제약은, 명사와 용언 어간의 어떤 특성에서 오는 것이 아니라, 체언토의 통사적 특성에서 오는 것이다.

용언토[어미]도 통사적 역할을 담당한다. 용언토는 맺음토[어말어미]와

안맺음토[선어말어미]로 나누어진다. 맺음토 가운데 종결형토는 하나의
용언과 명사들의 결합으로 성립된 문장의 범주를 결정한다. 한국어의 서
법은 '서술법, 의문법, 명령법, 청유법'이 있는데, 이것은 종결형토의 종류
에 의하여 결정된다.

(31) ㄱ. 영이는 나무를 보았-다.
ㄴ. 영이는 나무를 보았-느냐?
ㄷ. 영이는 무엇을 보았-느냐?
ㄹ. 영이는 나무를 보-아라.
ㅁ. 우리는 나무를 보-자.

용언의 명사형토와 접속형토는 절의 종류를 결정한다. 관형사절과 명사
절, 접속절은 관형사형토와 명사형토, 접속형토에 의하여 결정된다.

(32) ㄱ. 나는 나무를 보-ㄴ 사람을 안다.
ㄴ. 나는 영이가 철수와 결혼하-ㄴ 사실을 안다.
ㄷ. 나는 영이가 철수가 결혼했-음-을 안다.
ㄹ. 철수는 나무를 보-고, 영이는 꽃을 보았다.

(31)과 (32)의 통사적 구성들이, 영어와 같은 다른 유형의 언어에서는,
다른 통사론 장치[문법 원리나 규칙]에 의하여 실현된다는 것을 유의하라.
그리고 맺음토는 용언의 끝에 와서, 다른 통사적 성분과의 결합에 제약
을 보여 준다.

(33) ㄱ. {갔-기, *갔-음}을/를 바란다.
ㄴ. {*갔-기, 갔-음}을/를 알았다.

(34) ㄱ. {가-지-는, *가-기-는} 않는다.
ㄴ. {*가-지-는, 가-기-는} 한다.

안맺음토는 용언과 결합하여, 명사들과 **일치**나 **공기 관계**를 형성하거나, 통사적·의미적 제약 관계를 형성한다.

(35) ㄱ. 아버지께서는 학교에 {*가-ㄴ다, 가-시-ㄴ다}.
ㄴ. 영이는 어제 철수를 {*만나-ㄴ다, 만나-았-다}.

(36) ㄱ. *나는 공부를 하-더-라.
ㄴ. {너는, 영이는} 공부를 하-더-라.

(37) ㄱ. 나는 공부를 하-겠-다.
ㄴ. 영이는 공부를 하-겠-다.

이렇게 한국어의 굴절 접사는 통사적 기능을 분명하게 가지고 있는데, 이를 문법에 어떻게 반영하는가 하는 것은 문법 이론에 따라 다르다.

■ 토의 형태론과 통사론(1) : 변형 문법

앞에서 체언토와 용언토를 통사론의 한 성분으로 분석할 수 있음을 보인 바가 있다. 사실 체언토와 용언토를 통사론의 한 성분으로 분석하는 것이, 한국어의 사실적인 특징에서 비롯된 것인지, 아니면 이론적인 설명을 위하여 그렇게 분석한 것인지 분명하지 않다.

최근의 변형 문법에서는 체언토와 용언토를 각각 통사론의 성분으로 다루었다. 그런데 이렇게 분석하게 되면, 형태론의 최대 단위가 통사론의 최소 단위에 1 대 1로 대응하지 않는다. 예컨대, 체언토 '-에게'나 용언토 '-는'은 형태론에서는 어절의 성분이면서, 통사론에서는 토씨구나 절의 성분[**절 표지**]이 된다. 그래서 이렇게 분석하면, 통사적 구조는 잘 기술되지만, 형태론과 통사론의 관계가 잘 대응되지 않는 문제점이 야기된다. 변형 문법에서 통사론은 통사적 접사를 통사론의 성분으로 분석하고, 형태론과 통사론의 관계의 문제는 다른 방식으로 해결한다.

변형 문법에서는, 통사적 접사의 이러한 이중적인 특성을 처리하기 위해서는, 통사론 이후에 '핵 이동'이라는 변형이 필요하게 된다. 이렇게 되면, 변형 문법에서 형태론은 어휘적 접사를 처리하는 '통사론 이전의 형태론'[형태론1]과 통사적 접사를 처리하는 '통사론 이후의 형태론'[형태론2]으로 나누어지게 된다. 그리고 형태론과 통사론의 순서를 보면, '형태론1 → 통사론 → 형태론2'의 순서로 될 것이다. 곧, 변형 문법에서는 **통사론과 형태론의 불일치**의 문제는 변형을 통하여 해결할 수 있었지만, 형태론이 분열되는 결과를 낳게 되었다.

■ 토의 형태론과 통사론(2) : 어휘주의와 비어휘주의

앞에서는 통사적 접사를 통사론의 한 성분으로 분석한 까닭은 통사적 접사의 통사적 특성을 분명하게 보여줄 수 있기 때문이다. 그러나 통사적 접사를 반드시 그렇게 분석해야 하는 것은 아니다.

굴절 접사의 통사적 정보는 통사론에 명시적으로 반영되어야 한다. 그런데 문법 이론에 따라 체언토와 용언토(맺음토와 안맺음토)를 통사론의 최소 성분(**통사소**)로 분석하지 않기도 하고, 분석하기도 한다. 앞의 관점을 **어휘주의**라고 하고, 뒤의 관점을 **비어휘주의**라고 한다. 전통 문법이나 구조 문법, HPSG 등은 대개 어휘주의 관점을 선택하고, 변형 문법은 대개 비어휘주의 관점을 선택한다(한국의 전통 문법의 분석적 체계는 비어휘주의의 관점과 꽤 일치하는데, 토를 단어로 보았기 때문이다).

비어휘주의의 관점은 토를 통사적 구성의 성분으로 표시함으로써 토의 통사적 기능을 명시적으로 보여 준다. 어휘주의의 관점은 토의 통사적 기능을 체언과 용언에 부여함으로써 통사적 구성의 성분 구조로 보여주지는 않지만 체언과 용언의 일부인 토의 문법 정보를 **중심어 자질 원리**에 따라 용언구/문장에 투사하는 것으로 처리한다.

보충 통사적 파생 접사의 통사론

통사적 파생 접사도, 통사적 굴절 접사와 마찬가지로, 어휘주의적 관점 또는 비어휘주의적 관점으로 다룰 수 있다. 예컨대 '같이, 없이'의 '-이'를 (1)ㄱ처럼 통사적 성분으로 분석할 수도 있고, (1)ㄴ처럼 그렇게 하지 않을 수도 있다.

 (1) ㄱ. [[우산도 없]이], [[달과 같]이]
  ㄴ. [우산도 [없이]], [달과 [같이]]

 (1)ㄴ은 '없이, 같이' 등의 부사가 주어 또는 부사어를 논항으로 취하는 것으로 분석한 것이다.

6.3. 형태론과 음운론의 관계

■ 구조 문법의 음운론과 형태론의 관계

새독(1991)은 미국의 구조 문법에서 문법의 층위 사이의 관계에 대하여 다음과 같이 논의했다.

 미국의 언어학 전통의 주류는 50년 이상 동안 언어의 조직적인 차원을 "층위"로 간주하고, 각 층위들은 서로서로 어떤 고정된 순서가 있다고 보았다. 문법 기술을 일관된 작업의 열로 비유하고, 이에 따라 표시들이 더 높은 부문에서 더 낮은 부문으로 옮겨지고, 각 부문이 그 표시들을 변화시켜서 그 결과들을 다른 부문에 넘겨주는 것으로 기술하는 것은, Zelling Harris의 연구에서 꽃을 피운 구조주의자의 전통의 직접적인 세습이다. 미국의 구조주의자들의 생각에는, 어떤 다른 방법으로 문법에 대해 생각하는 것은 아주 비과학적이었다. 그들에게 과학은 바로 관찰에 기반을 두어야 했고, 언어학에서 관찰될 수 있는 것은 음성 부호였으며, 따라서 언어의 모든 과학적 기술은 음성 부호에 의존해야 했다. 언어학은 소리 그 자체를 기술하고 분류하는 것부터 시작해서, 소리의 분포의 규칙성을 발견하는 것으로 나아갈 수 있었고, 그 규칙성은 음운적 기술에 의하여 포착할 수 있었다. 그 때 그리고 그 때에만, 언어학은 음소, 나아가 형태 음소, 형태소, 구, 문장의 분포를 포함하는 일반화를 구하는 것을 허용할 수 있었다. 각 단계에서는, 더 낮은 층위의 성분과 다음의 더 높은 층위의 성분 사이의 관계가 유일하고 모호하지 않다는 것과 같은 엄격한 방법이 요구되었다(Harris 1951).

구조주의자들에게 있어서는, 분석을 엄격하게 계층적인 방식으로 진행하여, 각 단계에서 앞 단계의 결과만 사용한 것은, 단순히 실제적인 요구였을 뿐만이 아니라, 과학적인 명예의 문제였다. Hockett(1942 : 107)는 그것을 다음과 같이 나타냈다 : "순환성이 없어야 한다. 음운론적 분석은 문법적 분석을 위해 가정되지만, 그것은 후자의 어떤 부분도 가정해서는 안 된다." 그런 방법론적인 언명에 의해 제약되지 않는 태도로 행동하는 것은 구조주의자들에게는 형이상학적이고 비과학적인 생각과 동의어인 유심론적 죄이다.

이상의 논의는 다음과 같은 **양방향 유일성 조건**으로 요약할 수 있다 (스펜스 1991 : 54).

(38) 음소 분석은 형태론적 분석에, 형태론적 분석은 통사론적 분석에 반드시 앞서야 한다.

그러나 '음운론 → 형태론'의 순서는 문법 체계에서 어떤 문제점을 야기한다. 예컨대 허웅(1981 : 148-149)의 다음과 같은 진술은 이러한 순서를 어긴 것으로, 구조 문법에서 가정한 층위의 순서에 문제가 있음을 드러낸다.

국어의 '입#'과 '잎#'의 /ㅂ/과 /ㅍ/은 음절의 끝소리(종성)로 날 때는 다 같이 [p']로 나게 된다. 이 경우에 [ip'#]의 [p']를 한 편으로는 /ㅂ/의 실현으로 해석하고, 한 편으로는 /ㅍ/의 실현으로 해석하게 되는데, 그 선택은 이 말의 뜻에 의해서다. 음소 해석이 말의 뜻에 기대는 드문 예이다.

허웅(1981)의 이 말은, (그의 본래 뜻과는 달리) 한국어 중화를 제대로 해석하기 위해서는, 형태론이 음운론에 앞서야 한다는 것을 암시한다. '음소 해석이 말의 뜻에 기댄다'는 것은 정확히 말하자면, [이피]의 형태소 분석에서 [잎]과 [이]를 분석하는 작업을 전제하기 때문이다.

이러한 문제가 발생한 근본적인 원인은 **음소 분석에서 독립된 환경에서 사용되는 한 형태소의 음운 구조를 대상으로 관찰했기** 때문이다.

한국어 형태소의 종성은 한국어의 음절 구조 제약 때문에 'ㅂ, ㄷ, ㄱ, ㅁ, ㄴ, ㄹ, ㅇ'의 7개의 자음밖에 실현되지 않는다. 그리하여 한국어에서는 'ㅅ, ㅈ, ㅎ; ㅍ, ㅌ, ㅋ, ㅊ; ㅃ, ㄸ, ㄲ, ㅆ, ㅉ' 들이 한 형태소의 음절 말 위치에서는 나타나지 않기 때문에, 이것들이 음절 말에 나타나는 형태인 [잎]과 [꽃], [옷], [부엌]이 실현되지 않는다. 따라서 이것들을 음운론적으로는 관찰할 수 없으며, 자음으로 끝난 형태들 가운데, 우리가 실제로 들을 수 있는 것은 앞에 제시한 음성들로 끝나지 않은 [입], [꼳], [부억], [임], [꼰], [부엉] 들이다. 따라서 구조 문법의 방법론을 엄격히 지킨다면, 음절 끝에서 보이는 중화되는 음소들(이나 변이음)에 대한 논의에서, 'ㅅ, ㅈ, ㅎ; ㅍ, ㅌ, ㅋ, ㅊ; ㅃ, ㄸ, ㄲ, ㅆ, ㅉ'을 제외할 수밖에 없다. 그리고 음절들의 연접에 대한 논의에서도, 음절의 종성에서 이것들을 제외하고 논의해야 한다.

그러나 한국어의 중화나 음절들의 연접에서, 음절 말에 나타나지 않는 음소들을 제외하고 올바로 설명하기는 어려울 것이다. 그런데 양방향 유일성 조건을 버리고, '형태론 → 음운론'의 방향을 선택한다면, 그러한 문제는 더 이상 발생하지 않는다.

■변형 문법의 음운론과 형태론의 관계

변형 문법이 등장하면서 문법의 체계가 '형태론 → 음운론'으로 바뀌게 되자, 음운론의 체계나 기술의 내용도 바뀌었다.

먼저, **형태 음소론**의 기술에서, 음운 규칙의 성격이 바뀐다. 구조 문법에서는 형태소에서 변이형태를 이끌어 내는 규칙을 **변동 규칙**이라 하고, (변이형태를 구성하는) 음소에서 변이음을 이끌어 내는 규칙을 **음운 규칙**이라 하여 구별하였다. 그런데 생성 문법에서는 변동 규칙과 음운 규칙이란 두 규칙을 동일한 차원에서 다루었다.

다음에, 음소의 성격과 목록에 변화가 있었다. 생성 음운론에서는 형태소의 변동을 보편적인 규칙으로 설명할 수 있는가 하는 것을 기준으로 음소 목록을 설정하였다. 예컨대, 형태소 /잡-/과 /돕-/의 변동을 보자. 이것들은 둘 다 /ㅂ/를 종성으로 가지지만, 변동에서는 다른 모습을 보인다. /돕-/은 /top~tom~tow/의 변이형태로 변동하지만, /잡-/은 /čap~čam/의 변이형태로 변동한다.[9] 이 두 형태소의 변이형태 가운데 대표 형태를 선정하는 방식을 고려한다면, 그것들의 기저형을 각각 /top/와 /čap/으로 설정할 수 있다. 그렇다면 /top/에서 /tow/를 이끌어 내기 위하여 (39)의 규칙을 설정해야 하는데, 이 규칙은 /čap/에도 적용되어 /*čaw/를 이끌어 낼 수 있기 때문에, 한정적이다.

(39) p → w / ___V

이러한 한정적인 규칙을 피하려면 /*čap/에 적용되지 않은 다른 규칙을 만들 필요가 있다. 만일 /돕-/의 기저형을 /tob/으로 하고, (40)ㄱ의 규칙을

---

9) '돕고'의 '돕-'이나 '잡고'의 '잡-'이 표면적으로는 [p]라는 음성으로 끝나지만, 모음 앞에서 달리 변동하는 것으로 미루어 보아, 기저에서는 다른 소리라는 것을 짐작할 수 있다.

설정하면, /tob/에서 /tow/를 이끌어 낼 수 있다. 이 규칙은 /čap/에는 적용되지 않기 때문에, 보편적이다. 물론 이렇게 하면, /tob/에서 /top/를 이끌어 내기 위하여 (40)ㄴ의 규칙이 필요하게 된다.

> (40) ㄱ. b → w / ___ V
> ㄴ. b → p / ___ C

여기서 음소의 목록에 대하여 생각해 보자. 앞에서 변동을 보편적인 규칙으로 설명하기 위하여, [p]와 함께 [b]를 음소로 설정하였다. 그리고 이런 방식으로 음운 규칙을 설명하자면, [d]와 [g]도 음소로 설정해야 한다.

그런데 분포를 기준으로 음소를 설정하는 구조 문법에서 보면, 한국어에서 [p]와 [b]는 분포가 상보적이기 때문에, 하나의 음소 /p, b/로 간주된다. 따라서 [p]와 [b]를 각각 하나의 음소로 볼 수 없다. 그러나 생성 음운론에서는 형태 음소의 교체를 보편적인 규칙으로 설명할 수 있는 음소 목록을 세우기만 하면 되기 때문에, 그런 것은 문제되지 않는다.

6.4. 어휘부의 문법 정보

■ 문법의 하위 부문

우리가 무엇인가를 표현하거나 전달하고자 할 때, 그것을 언어 형식으로 나타낸 것을 담화 또는 텍스트라 한다. 담화 또는 텍스트의 기본적인 단위는 문장이다. 문법은 보통 문장을 대상으로, 문장의 구조와 기능을 연구한다. 우리가 어떤 문장을 말하고 듣고 이해[해석]한다는 것은, 문장의 구조를 이루는 성분들의 종류와 그것들이 결합하는 어떤 규칙이나 제약 따위를 이해하고 있다는 것을 전제한다.

그런데 문장을 구성하는 어떤 언어 형식이라도, 곧, 형태소와 단어(나 어절), 구, 절/문장 따위의 어떤 성분이라도, 음성과 의미의 두 측면을 가진다. 이러한 음성과 의미의 측면들을 다루는 분야를 각각 **음운론, 의미론**10)이라고 한다. 다른 한편, 언어 형식들은 다른 언어 형식들과 통합하여 더 큰 어떤 언어 형식을 이루는데, 이러한 언어 형식들이 통합되는 방법을 다루는 부문을 **문법론**이라 한다. 문법론은 다시 어절의 구조를 다루는 **형태론**과 구나 절/문장의 구조를 다루는 **통사론**으로 나뉜다.

■ 문법의 구성과 어휘부

어떤 언어 형식의 구조에 대한 기술은 기본적으로 다음과 같은 과정을 포함한다.

(41) ㄱ. 어떤 언어 형식을 선택한다.
　　　ㄴ. 언어 형식들을 통합하여 더 큰 언어 형식을 구성한다.

(42) 언어 형식들을 통합하는 데는 어떤 규칙이나 제약이 있다.

이를 보면, 문법은 어떤 '언어 형식'과 그것들을 통합하는 '규칙'이나 '제약'으로 구성된다는 것을 알 수 있다. 여기서 규칙은 어떤 단위들의 구조를 기술하는 것이다.

문법에서는 어떤 언어 형식의 재료가 되는 언어 형식들을 담은 문법의 한 부문이 필요한데, 그것을 **어휘부**(lexicon)라 한다. 단순하게 말하자면, 어휘부는 어떤 언어 형식들의 **어휘 목록**(list)이다. 이 어휘부에는 어떤 언어

---

10) 의미론은 보통 단어와 문장의 의미를 다룬다. 형태소의 의미는 보통 형태론에서 다루어진다. 구의 의미는 단어의 의미의 합성으로 해석되는 경우는 단어의 의미에서 쉽게 예측되기 때문에 문제될 것이 없으나, 관용적인 것으로 쓰인 경우에는 문제가 된다.

형식들을 포함[등재]해야 할까? 보통의 경우, 어휘부에 구나 문장을 포함할 필요는 없는데, 그러한 것들은 통사 규칙으로 설명할 수 있기 때문이다. 그러면 어떤 종류의 언어 형식을 제시해야 할까?

문법의 궁극적인 목표가 문장의 구조와 기능을 설명하는데 있다면, 어휘부는 문장 구조의 가장 작은 단위를 기본적으로 포함해야 할 것이다. 문장 구조의 가장 작은 단위를 **통사소**라고 가정한다면,[11] 어휘부는 최소한 **'통사소의 범주에 대응하는 언어 형식의 문법적 정보'**를 포함해야 하는데, 이것들은 문장의 구조에서 중요한 기능을 담당하기 때문이다. 통사소의 범주에 대응하는 언어 형식은, 최근의 변형 문법의 문장의 구조를 받아들인다면, 어간(늑어휘소)와 통사적 접사이다. 물론 어간은 파생어와 합성어의 어간을 포함한다. 통사적 접사는 굴절 접사[문법적 형태소]와 '-답-', '-이'와 같은 파생 접사를 가리킨다.

어휘부에는 어근 형태소와 파생 접사도 실어야 한다. 합성어를 구성하는 어근, 파생어를 구성하는 어근과 (통사적 접사를 제외한) 파생 접사는 문장의 구성과 관련이 없고 어간의 형성에 관여한다. 따라서 이것들에는 통사론 정보를 부여할 필요가 없다. 다만, 단일어의 어근은 그 자체로 어간이 되므로, 통사론 정보를 가진다.

이상을 정리하면, 어휘부의 목록은 다음과 같은 내용으로 구성된다.

(43) 어휘 목록
　　ㄱ. +통사론 정보 : 어간, 통사적 접사
　　ㄴ. -통사론 정보 : 합성어와 파생어의 어근, 어휘적 파생 접사

---

11) 문법에서 어떠한 하위 부문이든지 간에, 가장 작은 단위를 설정할 필요가 있다. 이러한 가장 작은 단위를, 음운론에서는 '음(운)소'라 하고, 의미론에서는 '의(미)소', 통사론에서는 '통사소', 형태론에서는 '형태소'라 할 수 있을 것이다. 'X소'라는 용어는 'X 구조 형성소'의 준말로 사용하였다.

어휘부는, 이러한 목록들과 함께, 합성어와 파생어를 형성하는 다음과 같은 별도의 **어휘 형성 규칙**이 필요하다.

(44) 어휘 형성 규칙 (예)
ㄱ. 파생어 형성 규칙
V[0] + -기 → N[0]　　　(보기)
ㄴ. 합성어 형성 규칙
V[0] + V[0] → V[0]　　　(검붉-)
V[1] + N[0] → N[0]　　　(작은아버지)
V[1] + V[0] → V[0]　　　(찾아보-)

보충　복합어와 그것의 성분인 어간의 관계

복합어와 그것의 성분인 어간의 관계를 생각해 보자. 예컨대 합성어와 그것의 성분인 어간이 각각 통사적 구성의 성분으로 사용되었을 때, 합성어는 그것의 성분인 어간과는 다른 논항 구조를 가지게 된다. 파생어도 파생어의 성분인 어간과 다른 논항 구조를 가지게 된다. 이러한 현상에 대하여, 형태론과 통사론에서 어떻게 다룰 수 있는지를 생각해 보자. 물론 이러한 논의에서 4장에서 제시한 복합서의 성분에 대한 통사적 제약을 고려해야 한다.

(1) 복합어의 성분에 대한 통사적 제약
복합어의 성분인 어근이나 파생 접사는 그 복합어와 결합하는 언어 형식과 통사적 관계를 형성하지 못한다.

■**어휘부의 정보**

어휘부의 목록들은 당연히 음운론과 의미론, 형태론, 통사론과 관련된 정보를 명시해야 한다. 여기서는 형태론과 통사론의 정보에 한정하여, 목록 몇 가지를 간략히 제시한다. 이 글에서는 변형 문법의 하나에서 채택

한 통사론을 선택하기로 한다.[12]

어간과 통사적 접사는 품사 범주와 하위 범주화 따위의 통사론 정보를 가지는데, 어간의 성분으로 쓰인 어근과 어휘적 접사는 아무런 통사론 정보를 갖지 않는다. 여기서는 통사적 접사와 어휘적 접사에 대한 형태론과 통사론의 정보를 간략히 제시해 두기로 한다.

(45) -에게 (통사적 접사)
　ㄱ. 형태론 : suffix, $[_N[N\_\_\_]]$
　ㄴ. 통사론 : P, $[_{PP}[NP\_\_\_]]$

(46) -답- (통사적 접사)
　ㄱ. 형태론 : suffix, $[_V[N\_\_\_]]$
　ㄴ. 통사론 : V, $[_{VP}[NP\_\_\_]]$

(47) -히- (어휘적 접사)
　ㄱ. 형태론 : suffix, $[_{Vi}[Vt\_\_\_]]$
　ㄴ. 통사론 : null

(48) -스럽- (어휘적 접사)
　ㄱ. 형태론 : suffix, $[_V[N\_\_\_]]$
　ㄴ. 통사론 : null

■어휘부와 문법 이론

어휘부는 특정한 문법 이론 안에서만 의의가 있다. 문법의 체계나 내용이 달라지면, 어휘부의 모습도 당연히 달라진다. 따라서 어휘부는 **이론 사전**이라고 할 수 있다.

---

12) 물론 앞서도 지적했듯이, 통사론의 최소 단위[통사소]를 어절로 분석할 수도 있다. 만일 그렇게 분석한다면 어휘부의 모습도 당연히 달라질 것이다.

우리가 특정한 언어를 배우기 위하여 사용하는 사전은 실용적인 목적을 위해 만들어진 것인데, **실용 사전**이라고 할 수 있을 것이다. 실용 사전도 언어 이론이나 학습 이론이 발달함에 따라, 그 영향을 받을 수밖에 없다. 그래서 보통 실용 사전은 언어 이론이 일구어 낸 성과를 사전의 내용에 반영하게 된다. 그러나 실용 사전에 특정한 문법 이론의 영향을 너무 많이 받게 되면, 어떤 문제가 생길 수도 있을 것이다.

1. 한국어의 접어화를 설명하시오.
2. 한국어의 융합을 설명하시오.
3. 어휘화와 문법화의 개념을 설명하시오.
4. 형태론과 통사론의 관계를 설명하시오.
5. 어휘부의 역할과 내용을 설명하시오.

|더 생각할 문제|

1. 문법은 음운론과 형태론, 통사론, 의미론, 화용론 등의 여러 하위 부문들이 있는데, 이 하위 부문들의 관계를 어떻게 설정하는가는 문법 이론에 따라 다르다. 이에 대하여 생각해 보시오.

2. 한국어의 의존 명사와 의존 용언은 보통 어절로서의 구조를 가지지만, 실제로는 의존 형식이다. 이것들에 대한 형태론과 통사론에서 논의되는 다양한 주장들은 바로 이러한 성질에서 비롯된 측면이 있다. 이에 대하여 생각해 보시오.

3. 한국어의 체언토와 용언토를 문법 이론에 따라 통사론의 한 성분으로 설정하기도 하고, 그렇지 않기도 한다. 토를 통사론의 성분으로 설정하는가 그렇지 않은가 하는 것의 문제의 본질에 대하여 생각해 보시오.

단어의 분류

1. 다음의 문장을 단어로 분석해 보시오.

  (1) ㄱ. 우리의 소원은 통일이다.
    ㄴ. 그는 바다를 본다.

2. 위의 단어의 개념을 통사론의 단위와 관련지어 생각해 보시오.

형태론의 최대 단위는 어절이다. 따라서 형태론에서는 원칙적으로 어절의 유형을 분류하는 것이 중요하다. 문법에서는 전통적으로 단어를 설정하고 분류해 왔다. 그러나 단어관에 따라 단어의 외연에 관하여 다양하게 주장되어 왔기 때문에, 단어를 분류하는 데 어려운 점이 있다. 이 장에서는 단어 분류의 다양한 주장들과 그 주장들에 대한 몇 가지 문제를 살핀다.

7.1. 단어의 분류

■형태와 기능, 의미

단어의 분류 기준은 형태와 기능, 의미이다. **형태**는 토를 한 개의 단어로 인정하는가 그렇지 않은가에 따라 조금 다르지만, 토가 실현되는가 그렇지 않은가를 말한다. **기능**은 다른 어절과의 문법적 관계를 말하고, **의미**는 단어와 사물과의 관계를 말한다.

■김두봉(1916)/김윤경(1932) : 분석적 체계

김두봉(1916)/김윤경(1932)에서는 체언토와 용언토를 하나의 단어로 설정하였다. 상위의 분류와 토씨 및 모임씨는 기능을 기준으로, 으뜸씨는 의미를 기준으로 하위분류하였다.

(1) 김두봉(1916)/김윤경(1932)의 품사 분류

	임씨(명 사)
으뜸씨/	엇씨(형용사)
생각씨(實辭, 槪念語), 으뜸씨(元語)	움씨(동 사)
토씨/	겻씨(조 사)
토씨(虛辭, 形式語), 붙음씨(從屬語)	잇씨(접속사)
	맺씨(종지사)
모임씨/	언씨(관 사)
모임씨(實辭, 虛辭結合語), 꾸밈씨(修飾語)	억씨(부 사)
	늑씨(감탄사)

■ 최현배(1937) : 절충적 체계

최현배(1937)에서는 형태를 고려하지 않고, 기능과 의미를 기준으로 분류하였다. 대체로 기능을 기준으로 하위분류하고, 임자씨와 풀이씨는 의미를 기준으로 하위분류하였다.

(2) 최현배(1937)의 단어의 분류

			바탕		이름씨
생각씨	으뜸씨	임자씨	꼴	주관적	대이름씨
				객관적	셈씨
		풀이씨	바탕	주관적	움직씨
				객관적	어떻씨
			꼴		잡음씨
	꾸밈씨	씨 꾸밈	임자씨 꾸밈		어떤씨
			풀이씨 꾸밈		어찌씨
		마디 꾸밈			느낌씨
걸림씨					토씨

■ 정렬모(1946) : 종합적 체계

정렬모(1946)에서는 단어를 의미를 기준으로 분류하였다.

(3) 정렬모(1946)의 단어 분류

		외연말		명사
개념말	내포말	서술말		동사
		서술아닌말	연체말	관형사
		(속성)	연용말	부사
주관말				감동사

그리고 각 품사의 하위분류나 동사의 하위분류에서도 대개 의미를 기준으로 분류하였다.

(4) 정렬모(1946)의 각 품사의 하위 분류

본정적(本定的)	늘 일정한 실질적 뜻이 있음
대지적(代指的)	임시로 실질적 뜻이 정하여짐
미정적(未定的)	미정한 실질적 뜻이 있음
형식적(形式的)	실질적 뜻이 없음

(5) 정렬모(1946)의 동사의 하위 분류

동작동사	운동성		가다, 울다, 살다
	정지성	존재	있다, 없다
		지정	이다
형용동사			멀다, 가깝다, 좋다

■ **이숭녕(1956) : 종합적 체계**

이숭녕(1956)에서는 체언토와 용언토를 모두 '어미'라 하고, 어미 변화의 유무를 기준으로 다음과 같이 분류하였다. 1차적인 분류 기준은 온전히 형태인 셈이다.

(6) 이숭녕(1956)의 단어 분류

어미 변화 있음	제1형 체언	명사, 대명사, 수사
	제2형 용언	동사, 형용사
어미 변화 없음	제3형	관형사, 부사
특수품사	제4형	감탄사

■ 허웅(1983) : 절충적 체계

허웅(1983)에서는, 먼저 형태를 기준으로 어근을 포함하는 것과 어근을
포함하지 않는 토씨로 나누고, 어근을 포함하는 것을 굴절이 없는 것과
굴절이 있는 것으로 나누었다. 그리고 기능을 기준으로 여러 기능을 하는
임자씨와 한 기능을 하는 꾸밈씨와 홀로씨로 나누었다. 그리고 의미를 기
준으로 임자씨와 풀이씨를 각각 하위분류하였다.

(7) 허웅(1983)의 단어 분류

+ 어근 포함	-굴곡	여러 기능	임자씨	이름씨
				대이름씨
				셈씨
		한 기능	꾸밈씨	매김씨
				어찌씨
			홀로씨	이음씨
				느낌씨
	+굴곡		풀이씨	움직씨
				그림씨
				잡음씨
-				토씨

■ 품사의 목록 비교

분석적 체계는 체언토와 용언토를 모두 한 개의 단어로 인정하기 때문
에, 이것을 절충적 체계나 종합적 체계와 직접 비교하기는 어렵다. 이에
분석적 체계를 제외하고 절충적 체계와 종합적 체계를 중심으로 품사 분
류를 비교하면 다음과 같다.

(8) 품사의 목록 비교

	정렬모	이숭녕	최현배	허웅	학교문법
명 사	명사	○	○	○	○
대명사		○	○	○	○
수 사		○	○	○	○
동 사	동사	○	○	○	○
형용사		○	○	○	○
지정사		×	○	○	×
관형사	관형사	○	○	○	○
부 사	부사	○	○	○	○
접속사		×	×	○	×
감탄사	감탄사	○	○	○	○
조 사	×	×	○	○	○

7.2. 품사 분류의 몇 가지 문제

위의 표에서 알 수 있듯이, 한국어 품사 분류에서는 조사의 설정, 동사와 형용사의 구별, 지정사의 설정, 접속사의 설정 등이 문제가 된다. 그리고 체언토의 조사 설정 문제와 함께 용언토의 품사 설정의 문제도 살펴야한다.

7.2.1. 용언토의 품사 설정 문제

통사적 구조에서 보면, 용언토의 분포와 기능도 체언토와 그리 큰 차이가 없다. 체언토와 다른 점은 용언토를 제외한 나머지 요소들이 한 어절로 쓰이지 못한다는 점이다.

변형 문법에서는 절을 S' 또는 CP(보충어 절)로 분석하면서 맺음토의 종결형토와 전성형토를 통사론의 한 성분으로 다루었다. 그리고 접속형토도 통사론의 한 성분으로 다루었으며, 나중에 그 앞의 말과 결합하여 형성된 ConjP(접속사 구)의 한 성분으로 다루었다.[1] 나아가 (CP의 직접 성분인) 문 장을 IP(굴절소구)로 분석하면서 안맺음토도 I(굴절소)라는 성분으로 다루었 다. 최근에 와서는 I(굴절소)를 구성하는 안맺음토 각각을 주어 일치소, 시 제 일치소 등으로 분리하였다.

통사적 구조에서 보면, 용언토는 체언토와 마찬가지로, 그 앞의 단어와 결합하는 것이 아니라, 어떤 통사적 단위와 결합한다. 그러나 형태적으로 는 그 앞의 말과 결합하여 한 어절을 이룬다. 용언토의 이러한 문법적 이 중성을 형태론과 통사론에서 어떻게 다루어야 하는지는 문법 이론에 따 라 조금씩 다르다.

7.2.2. 체언토의 품사 설정 문제

체언토를 조사로 설정하는 까닭 가운데 가장 주요한 것은 체언이 조사 없이도 단독으로 한 어절로 쓰일 수 있기 때문이다. 곧 체언과의 분리성 때문이다.

언어 유형적으로 보면, 체언토는 인도 유럽어의 전치사와 거의 비슷한 기능을 담당한다. 이런 점에서 한국어의 체언토를 **후치사**(postposition)라고 하기도 한다. 최근의 변형 문법에서 보면, 체언토의 격토 가운데 주격토와 대격토, 속격토를 **구조격** 조사라 하고, 그밖의 격토를 **어휘격** 조사라 하 여 구별하고 구조격 조사는 체언의 일부로 보고, 어휘격 조사는 후치사로 보아 독립된 단어로 처리하기도 한다.

인도 유럽어에서 보면, 체언으로 된 주어와 목적어, 관형어는 전치사

---

1) 주시경(1910)에서도, 체언토와 마찬가지로, 이러한 사실을 정확히 인식하고 있었으며, 형 태론과 통사론의 구조 분석에 반영했다.

없이 체언의 주격과 대격, 속격으로만 실현되고, 그 밖의 성분들은 체언과 전치사로 실현된다. 이에 비하여 한국어는 체언으로 된 모든 성분들이 체언토로 실현된다. 따라서 인도 유럽어와 달리 한국어는 성분의 표지가 주격과 대격, 속격과 그 밖의 성분이 형식적으로는 구별되지 않는다. 따라서 한국어에서 체언토를 군이 구조격 조사와 어휘격 조사로 나누어야 하는지에 대해서는 충분한 논증이 필요할 것이라 판단된다.

통사적 구조에서 보면, 체언토는 그 앞의 단어와 결합하는 것이 아니라, 구(나 절이나 문장)이라는 통사적 단위와 결합한다.[2] 그러나 형태적으로는 그 앞의 말과 결합하여 한 어절을 이룬다. 체언토의 이러한 문법적 이중성을 형태론과 통사론에서 어떻게 다루어야 하는지는 문법 이론에 따라 조금씩 다르다.

7.2.3. 동사와 형용사의 구별 문제

형태적 특성으로 보면, 한국어의 동사와 형용사는 거의 구별되지 않는다. 동사와 결합하는 거의 모든 굴절 접사가 형용사와도 결합한다. 동사와 형용사는 보통 '-는다, -는'과 결합할 수 있는가 그렇지 않은가에 따라 구별한다.[3] 통사적 특성으로 보더라도, 한국어의 동사와 형용사는 거의 구별되지 않는다.

따라서 형태론이나 통사론에서 동사와 형용사를 군이 구별할 필요가 없다고 할 수 있다. 정렬모(1946)에서는 이 둘을 구별하지 않고, 동사라는 한 품사로 묶었다.[4]

---

2) 주시경(1910)에서도 이러한 사실을 정확히 인식하고 있었으며, 형태론과 통사론의 구조 분석에 반영했다.
3) 형용사에는 명령형토가 결합할 수 없는데, 이것은 형태적 제약과 통사적 제약이라기보다 의미적 제약으로 해석하는 것이 바람직할 것이라 판단된다.
4) 그리고 동사와 형용사를 각각 동작동사, 형용동사라 하였다.

7.2.4. 지정사의 설정 문제

'-이다'의 범주에 관한 문제는 다음과 같이 정리할 수 있다.

(9) '-이다'의 '-이-'의 문제
ㄱ. 어근(어간)인가 접사인가?
ㄴ. 어근(어간)이라면 어떤 종류의 품사인가?
ㄷ. 접사라면 파생 접사인가, 굴절 접사(토)인가?

■ **'-이-'를 어근이라고 하는 주장에 대하여**[5]

먼저, '-이-'가 어근인지 접사인지의 문제를 살펴보자. 앞에서 어근과 접사를 다음과 같이 구별하였다.

(10) ㄱ. 어근은 한 어절을 형성할 가능성이 있는 형태소이다.
ㄴ. 접사는 한 어절을 형성할 가능성이 없는 형태소이다.

이 정의를 충실히 따르자면, '-이-'는 단독으로 한 어절을 형성할 가능성이 없으므로, 접사로 볼 수밖에 없다. 그런데 의존 용언도 단독으로 어절을 형성하지 못한다. 의존 명사와 결합하는 '-이-'는 의존 명사와 결합하는 '하-'와 분포가 같다.

(11) ㄱ. 사람은 배워야 하는 것**이다**.
ㄴ. 신부는 예쁜 법**이다**.

(12) ㄱ. 비가 올 듯**하다**.
ㄴ. 지금쯤이면 꽃이 필 법**하다**.

---

5) '-이-'를 용언의 어간으로 보는 견해는 최현배(1937)에서 비롯되어, 허웅(1975), 김광해(1983), 엄정호(1989) 따위가 있다.

'이다'는 '것'과 '법' 따위의 의존 명사 뒤에 놓여서 양태적인 의미를 나타내는데, 이것은 의존 용언 '하다'가 그러한 것과 같은 문법 현상이다. 더구나, '법'의 경우를 보면, 문맥에 따라 '이다'나 '하다'와 결합한다. 이러한 것을 보면, '이다'를 '하다'와 같은 범주로 묶어서 논의해야 한다는 것을 알 수 있다.

따라서 양태성 의존 명사 뒤에 놓이는 '하다'를 의존 용언으로 볼 수밖에 없다면, 이와 같은 분포를 보이는 '이다'도 마땅히 의존 용언으로 보아야 한다. 그리고 자립 명사 뒤에 놓이는 '이다'도 의존 용언으로 보아야 한다. 이렇게 '-이-'를 의존 용언으로 본다면, 그것은 '-는다, -는'과 결합할 수 없으므로, **의존 형용사**일 수밖에 없다.[6]

■ '-이-'를 접사라고 하는 주장에 대하여

시정곤(1993)에서는 다음과 같은 문제를 검토하여, '-이-'를 용언의 어간(어근)이 아니라, 접사임을 주장하였다.

> (13) ㄱ. 왜 '-이-'의 선행 명사구가 격 표지를 갖지 못하는가?
> ㄴ. 왜 '-이-'와 선행 명사구 사이에 어떠한 요소도 삽입될 수 없는가?
> ㄷ. 왜 '-이-'는 구개음화의 환경이 되는가?
> ㄹ. 왜 '-이-'는 음운론적 환경에 의해 생략 가능한가?

[문제1] 왜 '-이-'의 선행 명사구가 격 표지를 갖지 못하는가?

이러한 문제의 제기에는 다음과 같은 주장을 가정하고 있다.

---

6) '이다'를 한 단어로 본다면, '이다'와 '아니다'라는 두 개의 단어를 위하여 특정한 품사를 설정해야 하는 문제점이 있다고 하는 논의가 있는데, '-이다'를 의존 형용사로 본다면 그런 문제는 생기지 않는다. 이러한 논의는 최현배(1937)이나 허웅(1983)의 품사 체계와도 충분히 양립한다.

(14) 용언의 모든 논항은 반드시 격 표지가 실현되어야 한다.

여기서는 한국어의 다른 자료들을 고려할 때, (14)의 진술이 항상 참인 것으로 가정할 수 없다.[7] 만일 이 진술이 참이 아니라면, 어떤 종류의 용언의 논항에는 격이 배당되지 않는 경우가 있을 수 있고, 만일 그렇다면 (14)의 문제 제기 자체가 문제가 될 수 있기 때문이다.

한국어 체언이나 용언의 논항 가운데는 격이 실현되지 않거나, 임의로 실현되는 경우가 있다. 다음에서 '대회'의 논항인 '맥주 마시기'에는 '-의'가 실현될 수 있으나, 실현되지 않은 것이 자연스럽다. 그리고 '싫다'의 논항인 '학교에 가기'에는 '-가'가 실현될 수 있는데, 실현되는 것이 자연스러운지 그렇지 않는 것이 자연스러운지 결정하기 어렵다. 그리고 '있다'의 논항인 '수'에도 '-가'가 실현될 수 있으나, 역시 '-가'가 실현되는 것이 자연스러운지 그렇지 않은 것이 자연스러운지 결정하기 어렵다.[8]

(15) ㄱ. [맥주 마시기] 대회.
ㄴ. 나는 [학교에 가기] 싫다.
ㄷ. 나는 [그것을 할 수] 있다.

의존 용언의 논항으로 쓰이는 의존 명사나 절에는 보통은 격 표지가 실현되지 않는데,[9] 이들 예에서 실현될 수 있는 어떤 격 표지도 가정하기

---

7) 물론 위의 주장은 변형 문법의 이론적 가정에서 기인한다. 그런데 언어자료들을 설명하기 위하여 이론이 존재하는 것이기 때문에, 특정한 이론이 명백해 보이는 특정한 언어자료를 제약할 수는 없다고 생각한다. 굳이 변형 문법적 방식으로 설명한다면, 격 실현의 매개변수로 설명되어야 할 성질의 것으로 생각된다.
8) 이러한 예들은 최재희(1999)에서 논의된, 격 표지들이 생략되어 실현되지 않는 것들과는 차이가 있다.
9) 최재희(1996 : 206-207)에서는 의존 명사가 격토 생략 형태로만 나타나는 까닭은 다음과 같이 설명하고 있다. "이러한 현상은 의존동사의 불완전성을 보충해 주는 기능으로서 통사론적 구성이 형태론적 구성으로 문법화되어 가는 특성에서 연유한다고 보고자 한다."

어렵다.

> (16) ㄱ. 동생이 [돌아온 성] 싶다.
> ㄴ. 그가 [떠난 듯] 하다.

> (17) ㄱ. 나도 [한 번 해 볼까] 싶다.
> ㄴ. 영이가 [시집을 가는가] 보다.

이상의 논의에서 보면, 한국어 용언의 논항이 격 표지를 취하지 않는 경우가 많기 때문에, 용언의 논항에는 반드시 격 표지가 실현되어야 한다는 가정은 받아들이기 어렵다는 것을 알 수 있다.

[문제2] 왜 '-이-'와 선행 명사구 사이에 어떠한 요소도 삽입될 수 없는가?

이 문제는 다음과 같은 구성이 있으므로 성립하기 어렵다.

> (18) ㄱ. 그녀를 처음 알게 된 것은 미술관**에서였다**.
> ㄴ. 모든 것의 시작은 열정**에서부터이다**.

(18)의 구조를 보면, 체언과 '-이-' 사이에, '-에서'가 끼어 있기 때문에, '문제2'의 논의는 문제가 있다. 물론 (18)ㄱ은 (19)와 관련된 의사 분열문으로서, 통어론에서는 '-이-'가 '미술관에서'와 직접 결합한 것이 아니라고 주장할 수도 있을 것이다.

> (19) 미술관에서 그녀를 처음 알게 되었다.

그러나 그러한 논의는 (18)ㄱ과 (19)가 동일한 기저 구조를 가졌다는 변형 문법의 관점에서는 성립하지만, 이 두 문장이 본디부터 다른 구조를 가졌다는 관점을 선택하는 문법에서는 성립하지 않는다. 그리고 변형 문법의 관점을 취한다 하더라도, 형태론에서 보면, 명사구와 '-이-' 사이에 '-에서'와 같은 체언토가 삽입되어 있다는 것을 부정할 수 없다.

보충 접사의 종류와 어절의 구조의 문제

시정곤(1993)에서는 '-이-'를 통사적 접사라고 했는데, 파생 접사인지 굴절 접사인지 불분명하다. 구조 문법의 형태소의 종류에서 보면, 시정곤(1994)의 통사적 어휘 가지는 파생 접사이다.

그러나 다음의 예에서 '-이-'가 파생 접사라고 한다면, (형태론에서) '-이-'가 체언이나 용언의 굴절 접사가 더한 형식과 결합되는 현상을 설명하기 어렵다.

(1) ㄱ. 다음 시합은 맥주를 빨리 [마시기]이다.
ㄴ. 문제는 죽느냐 [죽이느냐]이다.
ㄷ. 철수가 영이를 만난 것은 [마산에서]이다.

[문제3] 왜 '-이-'는 구개음화의 환경이 되는가?

이 문제는 '-이-'가 의존 형식이며, 구개음화에 민감한 단 한 개의 모음으로 구성된 형식이다. 이런 점에서, '-이-'는 어근이지만, 접사와 유사한 음운론적 특성을 가지는 것으로 볼 수 있다는 것이다.

[문제4] 왜 '-이-'는 음운론적 환경에 의해 생략 가능한가?

이 문제는 두 가지 문제점이 있다. 하나는 사실 음운론적 환경이 아니라, 형태론적 환경에 의하여 생략 가능하다는 것으로 바뀌어야 한다는 것이다. 간단히 말하자면, '-이-'의 탈락은 순수하게 음운론적 조건에 의하여 이루어지는 것이 아니다. (20)ㄷ의 '-였-'의 존재로부터 이것을 알 수 있다.

(20) ㄱ. 책이다.
    ㄴ. 바보{다, 고, 며, ...}.
    ㄷ. 바보{*았, *었, 였}다.

(20)ㄷ의 '-였-'의 변이는 '-이-'와 '-었-'의 축약형으로 설명된다. '바보' 다음에 '-이-'가 탈락되었다면, '-었-'이 '-이-'의 영향을 받아 '-였-'으로 바뀌고, '-이-'가 탈락되었다고 설명할 수 있다. 이를 보면, '-이-'의 탈락이 단순히 모음으로 끝나는 말의 뒤에서 탈락하는 것이 아니라, 뒤에 오는 형태소의 종류에 따라서 이루어진다는 것을 알 수 있다.

다음과 같은 예에서도 '-이-'의 탈락이 형태적인 조건에 따라 이루어진다는 것을 확인할 수 있다(이승재 1994의 논의를 참조하시오).

(21) ㄱ. 너무나도 {바보인, *바본} 당신
    ㄴ. 그 동물이 {소일, ??솔} 가능성은 없다.
    ㄷ. 그가 {천재임이, *천잼이} 밝혀졌다.

다른 하나는 접사의 생략 문제이다. 이 질문이 성립하려면, 어근과 접사에 대하여 다음의 주장이 전제되어야 한다.

(22) 생략되지 않으면 어근이고, 생략되면 접사이다.

그러나 (22)의 주장은 성립되기 어렵다. 만일 (22)에서 접사가 파생 접사를 가리키는 것이라면, 다음과 같은 문제가 발생한다. 파생 접사의 기능이 새로운 단어(의 어간)을 만들어 내는 것인데, 파생 접사가 생략된다는 것은 파생어 이전의 상태로 되돌린다는 것을 뜻하게 된다. 그런데 이러한 과정을 상상하기도 어렵다.

만일 (22)에서 접사가 굴절 접사를 가리키는 것이라면, 문제는 좀 복잡해진다. 우리는 흔히 체언토의 생략을 말하기 때문이다. 체언토가 생략되는가 그렇지 않은가 하는 문제는 꽤 어려운 문제이다. 그러나 체언토가 생략된다고 하더라도, 체언토는 적어도 음운적 조건이나 형태적 조건에 의하여 생략되는 것이 아니기 때문에, '-이-'의 생략과는 성질이 본질적으로 다르다.

보충 어근과 접사의 생략 문제

한국어의 생략 현상을 어근과 파생 접사, 굴절 접사와 관련하여 살펴보자. 어근과 파생 접사의 생략은 다음과 같이 정리할 수 있다.

(1) ㄱ. 어근은 생략될 수 있다.
ㄴ. 파생 접사는 생략될 수 없다.

어근이 생략될 수 있다는 것은 '간다더구나'('←간다(고) 하더구나') 등의 접어화나 문법화에서 확인할 수 있다. 그러나 파생 접사가 생략된다는 것은 논리적으로 생각하기 어렵다.

굴절 접사의 경우는 용언토와 체언토의 경우를 나누어 생각해야 한다. 용언토가 생략된다는 것도 논리적으로 생각하기 어렵다.

(2) ㄱ. 용언토는 생략될 수 없다. (반드시 실현되어야 한다.)
ㄴ. 체언토는 생략될 수 있는가, 없는가?

체언토의 비실현이 생략인가? 이 문제도 상당히 복잡한데, 생략으로 처리하기 어려운 여러 가지 점이 있다. 이 문제를 생각해 보자.

■ '-이-'를 조사라고 하는 주장에 대하여[10]

이 주장은, 다른 조사들을 모두 굴절 접사로 본다면, '-이-'가 일단 굴절 접사라는 주장을 전제로 한다. 그런데 다른 조사들과는 달리 '-이-'에

---

10) 이숭녕(1956)에서 비롯되는데, 학교 문법에서도 채택하고 있다.

는 용언토가 결합한다. 이러한 '-이-'의 특성으로 말미암아, 조사 전체의 체계에 맞지 않는 문제가 발생한다. 그래서 조사를 굴절하는 조사와 그렇지 않은 조사로 나누어야 하는데, 이렇게 구분하게 되면, 조사의 정의에서부터 문제가 발생한다.

7.2.5. 접속사의 설정 문제

접속사의 '접속'은 어떤 무엇과 다른 어떤 무엇을 접속하는 단어라는 뜻이다. '그리고, 그러나, 및' 등은 명사구와 명사구를 잇거나 용언구와 용언구를 잇는데 사용되는데, 이것들을 접속사라 할 수 있겠다.

> (23) ㄱ. 도시 **그리고** 여자.
> ㄴ. 가정 **및** 지역 사회에 뿌리내리게 하여야 한다.

> (24) 잃어버린 **그러나** 잊을 수 없는 ...

문장의 맨 앞에 놓이는 '그리고, 그러나' 등은 접속사라 하기는 어려운 점이 있다. 왜냐하면 문장을 문법의 최대 단위로 볼 때, 이것들은 문장과 문장을 잇는 것이 아니라, 문장의 맨 앞에 놓이기 때문이다.

> (25) ㄱ. **그리고** 아무도 없었다.
> ㄴ. **그러나** 정의와 진리는 언젠가 승리한다.

그러나 문장의 앞에 놓이는 '그리고, 그러나'는 '그리-, 그러-'는 접속문의 앞 절을 대용한 것으로 분석할 수도 있다. 만일 그렇게 본다면, '그리고, 그러나' 등은 접속의 대상 가운데 하나를 그 안에 품고 있는, (특수한) 접속사로 볼 수도 있겠다.

> **보충** 접속사가 사용된 구의 성분 구조
>
> 명사구와 명사구를 잇는 접속사가 사용된 구의 구조를 보기로 한다. 만일 이 구조를 두 개의 직접 성분으로 분석한다면, [NP Conj]가 한 성분이고, 그것이 뒤의 NP를 꾸미는 구조로 분석된다. 곧 [[NP Conj] NP]로 분석된다는 것이다. ([NP [Conj NP]]로 분석할 수는 없는데, 그 까닭을 생각해 보자.)
>
> '그리고, 그러나, 및'을 접속 부사로 분석할 수도 있다. 그러면 문장의 앞에 놓이는 '그리고, 그러나' 등은 홀로 사용되는 부사로 분석된다. 그런데 명사구와 명사구를 잇는 접속 부사는, 홀로 사용되지 못하고, 그 앞의 명사구를 논항으로 취하는 부사로 분석해야 할 것이다.

7.3. 단어관과 문법 체계

■ 단어, 그리고 어간과 토

이제 다시 단어로 돌아가 보자. 통사적 짜임새에서 중요한 역할을 담당하는 형태소는 문법적 형태소인 토씨이다. 사실 첨가어[교착어]에서 어휘적 형태소는 재료일 뿐이고, 그 재료들 사이의 문법적 관계를 드러내어 주는 것은 문법적 형태소이다. 이것들은 다음과 같다.

(26) 체언토
　　ㄱ. 격토 : 이/가, 을/를, 에, 으로, …
　　ㄴ. 보조토 : 은/는, 도, 만, 부터, …
　　ㄷ. 접속토 : 와/과

(27) 용언토
　　가) 맺음토
　　　　ㄱ. 종결형 : -다, -느냐, -자, -라, …

　　　ㄴ. 전성형 : -음, -기; -은, -을 -던; -어, -게, -지, -고
　　　ㄷ. 접속형 : -으며, -으면서, -고, -으나, -지만, ...
　　나) 안맺음토
　　　ㄱ. 주체높임 : -시-
　　　ㄴ. 시제 : -었-, -더-
　　　ㄷ. 서법 : -겠-
　　　ㄹ. 상대높임 : -습-

　종합적 체계에서는 (26)의 체언토는 체언의 일부이고, (27)의 용언토는 용언의 일부이다. 절충적 체계에서는 체언토는 체언과는 독립된 단어들이고, 용언토는 용언의 일부이다. 분석적 체계에서는 체언토와 용언의 맺음토는 각각 단어들이다. 용언의 안맺음토는 분석적 체계에서도 하나의 단어로 인정하지 않고, 토씨의 일부로 보았다.

■ 단어관과 문법의 체계

　이들 체계 가운데, 어느 체계가 문법의 기술에 가장 잘 맞는지를 살펴보자. 사실 어떤 언어 형식을 단어로 보는가는 단어를 어떻게 정의하는가에 달려 있다. 그리고 단어를 어떻게 정의하는가는 어떻게 정의하는 것이 문법을 가장 잘 설명하는가에 따라 결정되어야 할 성질의 것이다. 곧, 어떻게 다루는 것이 문법을 설명하는데 무리가 덜 가는가, 문제점이 가장 적은가 하는 것이 어떤 체계를 선택하는 기준이 될 수 있다.

　이러한 문제와 관련된 하나의 문제점을 통사론과 관련하여 살펴보자. 종합적 체계에서는, 문장의 가장 작은 단위는 어절이 되기 때문에, 통사론에서는 체언토와 용언토들이 어떤 지위를 차지하지 못한다. 절충적 체계에서도, 체언토를 하나의 단어로 보았으나, 통사론의 분석에서는 역시 그것들이 어떤 지위를 차지하지 못한다. 그러나 분석적 체계에서는 문장의

가장 작은 단위로서 체언토와 용언의 맺음토들에 통사적 지위를 부여할 수 있었다.

물론, 종합적 체계에서나 절충적 체계에서도, 품사 분류의 체계와는 독립적으로, 토들에 통사적 지위를 부여할 수 있다. 그러나 이 경우에도 품사론의 단위와 통사론의 단위가 일치하지 않기 때문에, 이 문제를 어떤 방식으로 해결해야 하는 새로운 과제가 남는다. 최근의 문법 이론에서는 이러한 문제가 중요한 논의거리로 등장하고 있다.

■형태적 단어와 통사적 단어

여기서 단어란 무엇인가를 다시 생각해 볼 필요가 있다. 단어를 통사적 짜임새의 최소 단위라고 한다면, 단어는 통사적 짜임새를 어떻게 보는가에 따라 달리 설정될 수 있을 것이다. 종합적 체계에서 단어를 어절로 정의한 것은 통사적 짜임새를 자립 형식과 자립 형식이 결합한 것으로 보고, 어절이 그 짜임새의 최소 단위라고 보았기 때문일 것이다. 그러나 앞서 본 바와 같이, 통사적 짜임새의 최소 단위를 어절이 아니라 어간과 토로 분석할 수도 있다.

그렇다면, 단어는 통사적 짜임새의 최소의 자립 형식이란 측면과 통사적 기능에 따른 분석의 최소 단위라는 측면을 나누어 생각해 볼 수도 있겠다. 앞의 의미로서의 단어를 '**형태적 단어**', 뒤의 의미로서의 단어를 '**통사적 단어**'라 하자. 그러면 형태적 단어는 어절이 되고, 통사적 단어는 통사 구조의 최소 단위가 될 것이다. 통사적 단어는 통사 이론에 따라 달리 설정될 수 있지만, 토를 통사적 단어로 보면, 체언토와 용언토의 목록은 모두 통사적 단어가 된다.

국어학 연구사에서의 문법의 세 유형을 이런 관점에서 보면, 종합적 체계는 형태론에 치중한 체계이고, 분석적 체계는 통사론에 치중한 체계라고 볼 수도 있다.

■ 안맺음토의 문법적 지위

전통 문법에서는 용언의 안맺음토들은 문법의 어느 체계에서도 독립된 단어로 보지 않았다. 이것들은 체언토와 용언의 맺음토들과는 문법적 기능이 조금 다르다. 체언토와 용언의 맺음토들은 한국어 문법에서 언어 형식들 사이의 문법적 관계를 나타내는데 없어서는 안 될 중요한 표지들로 기능하지만, 용언의 안맺음토는 그렇지 않다. 이 토들은 그것이 덧붙은 용언에 일정한 성분들이 결합하여 된 문장의 성분들과 어떤 제약 관계를 형성하는 것들이다. 따라서 이 토들을 용언의 일부로 분석해야 할지, 토의 일부로 분석해야 할지, 그렇지 않으면 용언이나 토의 일부가 아닌 독립된 단위로 분석해야 할지를 검토해야 할 것이다.

보충 안맺음토의 지위와 기능

1. 최현배(1937)에서는 안맺음토를 '도움줄기'라 하였고, 학교 문법에서는 '보조어간'이라 하였다. 이러한 논의를 바탕으로 용언의 구조에서 안맺음토가 차지하는 지위에 대하여 생각해 보자.

2. 변형 문법에서는 안맺음토들을 통사론에서 어떤 구들의 중심어가 되는 성분들로 분석하였는데, 그것들이 결합하는 성분들과 어떤 통사적 관계를 형성하는지를 생각해 보자.

3. 안맺음토들의 의미가 상황에 의존한다는 것을 고려하면 본질적으로 화용론에서 중요한 역할을 담당한다는 것을 알 수 있는데, 이에 대해서도 생각해 보자.

1. 단어관에 따른 품사 설정의 차이점을 설명하시오.
2. 단어관에 따른 단어의 분류와 통사론의 관계에 대하여 설명하시오.
3. '이다'의 '-이-'의 형태 범주에 대하여 설명하시오.

|더 생각할 문제|

1. 단어 정의의 문제는 통사론의 최소 단위와 형태론의 최대 단위의 관계를 어떻게 설정하는
   가 하는 문제와 관련되어 있다. 이러한 문제를 어떻게 처리할 수 있을지에 대하여 생각해
   보시오.

2. 기능에 따른 형태소의 종류와 형태소의 생략의 관계에 대하여 생각해 보시오.

우리가 무엇을 안다는 것은
무엇들이 어떻게 같고 다른지를
이해하는 것이다.

용언의 구조와 기능

1. 한국어에서 용언 형식의 수가 몇 개인지를 생각해 보시오. 안맺음토는 '-시-'와 '-었-', '-겠-', '-더-'의 4종류가 있는데, 그것들은 각각 실현되지 않는 것과 짝을 이룬다. 그러므로 용언의 어간과 안맺음토의 결합체는 모두 2*2*2*2=16개다. 이러한 안맺음토의 결합체들은 다시 4종류의 맺음토와 결합하는데, 4종류의 맺음토 각각에는 많은 형태소들이 있다. 맺음토와 안맺음토의 가능한 결합체는 과연 몇 개나 될까.

2. 한국어의 용언 형식의 수와 영어의 용언 형식의 수를 비교해 보고, 그러한 차이가 문법에서 어떤 의의가 있는지를 생각해 보시오.

이 장에서는 용언의 일반적인 구조와 용언의 어간과 토가 통사론에서 담당하는 역할을 개관한다.

8.1. 용언의 일반적 구조

■용언의 성분과 구조

용언은 동사와 형용사가 있는데, 동사의 굴절법은 '는' 때문에 복잡한 문제가 있다. 따라서 먼저 형용사를 대상으로 용언의 구조를 보기로 한다. 용언의 구조는 일반적으로 다음과 같이 나타낼 수 있다.

(1) 용언 → 어간 + 안맺음토 + 맺음토

한국어의 안맺음토는 '-시-', '-었-', '-겠-', '-더-'가 있고, 맺음토는 '-다, -느냐, -을까, -어(라), -자' 따위의 **종결형토**와 '-은, -는, -을' 따위의 **관형사형토**와 '-음, -기' 따위의 **명사형토**, 그리고 '-고, -으며, -으면, -으니, -으니까' 따위의 **접속형토**가 있다.[1]

용언의 굴절법을 구성하는 모든 종류의 안맺음토가 모두 실현된 예를 들면 다음과 같다.[2]

(2) 예쁘-시-었-겠-더-다/라

그런데 여기서 용언의 성분들의 결합에 다음과 같은 제약이 있다는 것을 유의해야 한다.

(3) 용언의 성분들의 결합 제약
　ㄱ. 용언의 성분들은 순서가 있다.
　ㄴ. 안맺음토가 수의적으로 실현되는 것처럼 보인다.

---

1) 부사형토도 설정할 수 있으나, 접속형토와 구별하기 어렵기 때문에 일단 제외하였다.
2) '-다'와 '-라'는 형태적 조건으로 교체되는 변이형태이다.

용언의 성분은 어간, 안맺음토, 맺음토의 세 성분이 있는데, 이들 세 성분 사이에도 순서를 지켜야 하며, 또 안맺음토끼리도 순서를 지켜야 한다.

(4) ㄱ. *었-다-예쁘
  ㄴ. *예쁘-었-시-다
  ㄷ. *예쁘-겠-었-다
  ㄹ. *예쁘-더-겠-다
  ㅁ. *예쁘-다-시

이러한 순서는 한국인의 처지에서 보면 당연한 것으로 여겨질지 모르나, 한국어를 처음 접하는 외국인의 처지에서 보면 그렇지 않다. 한국어는 여러 종류의 토가 겹쳐날 수 있고, 또 반드시 어간의 뒤에 붙으며, 그것들 사이에는 엄격한 순서가 있다는 것은 한국어 문법에서 중요한 한 요소가 된다. 따라서 이것은 문법에 분명하게 명시할 필요가 있다.

■ 안맺음토의 필수성

한편, 맺음토는 반드시 실현되어야 하는데 비하여, 안맺음토는 수의적으로 실현되는 것처럼 보인다.

(5) ㄱ. *예뻤
  ㄴ. 예쁘-(었)-다

그러나 이것은 사실이 아닌데, 이에 대하여 '-었-'의 경우를 들어 살펴보기로 하자. '예뻤다'와 '예쁘다'를 비교해 보면, '-었-'이 있고 없음에 따라 의미가 대립된다. '-었-'이 있으면 [+과거]의 기능을 가지고 '-었-'이 없으면 [-과거]의 기능을 가진다.

(6) ㄱ. 전에는 참 {*예쁜데, 예뻤는데}.
    ㄴ. 지금도 {예쁜데, *예뻤는데}.

(7) ㄱ. 예뻤다 : [+과거 형식], 예쁘-었-다
    ㄴ. 예쁘다 : [-과거 형식], 예쁘-∅-다

'-시-'와 '-겠-', '-더-'도 마찬가지이다. 이것들이 나타나면 각각 [+높임], [+추정], [+회상]을 나타내지만, 이것들이 나타나지 않으면 [-높임], [+추정], [-회상]을 나타낸다. 이를 보면, 이들 형태소가 나타나지 않는 것 자체가, 곧 영형태소가 하나의 형태소의 기능을 하고 있는 것을 알 수 있다.

이러한 것을 고려한다면, 한국어 용언의 구조는 다음과 같이 가정할 수 있다.

(8) 용언의 구조 (형판3))

I	II	III	IV	V	VI

$$\text{어간} + \begin{Bmatrix} \text{시} \\ \varnothing \end{Bmatrix} + \begin{Bmatrix} \text{었} \\ \varnothing \end{Bmatrix} + \begin{Bmatrix} \text{겠} \\ \varnothing \end{Bmatrix} + \begin{Bmatrix} \text{더} \\ \varnothing \end{Bmatrix} + \begin{Bmatrix} \text{종결형토} \\ \text{관형사형토} \\ \text{명사형토} \\ \text{접속형토} \end{Bmatrix}$$

(8)의 용언의 구조를 각 안맺음토에 대응하는 기능의 값을 중심으로 표시하면 다음과 같이 나타낼 수 있다.

---

3) 형판(template)은 플라스틱이나 아크릴로 만든 얇은 판에 여러 가지 크기의 원 또는 타원 등과 같은 기본 도형이나 각종 문자 기호 등을 그리는 제도 용구를 가리킨다 (출처 : 네이버 백과사전). 한국어와 같은 첨가어의 어절의 구조를 한 개의 덩어리(성분)로 파악하는 데 유용한 도구가 된다.

(9) 용언의 구조 (기능적)

I	II	III	IV	V	VI

$$어간 + \begin{Bmatrix} +높임 \\ -높임 \end{Bmatrix} + \begin{Bmatrix} +과거 \\ -과거 \end{Bmatrix} + \begin{Bmatrix} +추정 \\ -추정 \end{Bmatrix} + \begin{Bmatrix} +회상 \\ -회상 \end{Bmatrix} + \begin{Bmatrix} 종결형토 \\ 관형사형토 \\ 명사형토 \\ 접속형토 \end{Bmatrix}$$

■ 다른 분석의 예

위와 같이 '-시-', '-었-', '-겠-', '-더-'와 각각 대립하는 영형태소를 설정하지 않는다면 다음과 같은 구조를 가정해야 한다.

(10) $어간 + (시) + (었) + (겠) + (더) + \begin{Bmatrix} 종결형토 \\ 관형사형토 \\ 명사형토 \\ 접속형토 \end{Bmatrix}$

만일 위와 같은 구조를 가정한다면, 나타나는 형태소를 중심으로 말할 수밖에 없다. 그러나 이 구조는 첫째 안맺음토들이 실현되지 않을 때 가지는 기능의 값 [-α]를 설명하기 어렵다. 둘째, 이것들이 나타나거나 나타나지 않는 경우들을 모두 고려한다면, 용언의 구조는 엄청나게 다양하게 되며, 결국은 용언의 성분인 형태소들에 일정한 자리를 부여할 수 없다. 그 결과, 한국어 용언의 **일반적인 단 하나의 형판**을 설정할 수 없게 된다. 따라서 (10)과 같은 용언의 구조는 받아들이기 어렵다.

8.2. 용언토 분석의 기준

■한 개의 토인가, 토의 겹침인가

용언 어절에서 어간과 토들은 비교적 분리해 내기가 쉽다. 그렇지만 토들의 결합체의 내적 구성들은 분리해 내기가 조금 어려운 경우도 있다. 아래에서는 이러한 문제를 검토하기로 한다.

■ '-을게'와 '-을까'의 '을'

한국어에는 두 개 이상의 용언토가 융합되어 형성된 맺음토들이 많이 있다. '-을게'와 '-을까'를 보기로 한다.

> (11) ㄱ. 혼자서도 열심히 할게.
> ㄴ. 자, 그럼, 시작해 볼까?

'-을게'는 '-을 것-x'에서 온 것이기 때문에, '을'은 본래 맺음토[관형사형토]로 사용되던 것이다. '-을 것-x'가 (12), (13)과 같은 접어화 과정을 거쳐, 한 개의 맺음토로 융합된 것이다.

> (12) ㄱ. 더 이상 <u>할 것이</u> 없다.
> ㄴ. 배신자들, 다 <u>복수할 것이야</u>.

> (13) ㄱ. 더 이상 <u>할 게</u> 없다.
> ㄴ. 배신자들, 다 <u>복수할 게야</u>.

'-을까'의 '을'도 본래는 맺음토[관형사형토]로 사용되던 것이다. 역사적으로 본다면, 명사형토로 전용된 '-을'에 의문의 체언토 '-가'가 결합하여 형성된 것인데, 한 개의 맺음토로 융합된 것이다.

그런데 '-을게'와 '-을까'의 '을'은 안맺음토 '-겠-'과 동일한 의미를 가진다.

> (14) ㄱ. 혼자서도 열심히 <u>하겠어.</u>
> ㄴ. 자, 그럼, 시작해 <u>보겠어?</u>

그런데 이와 같이 '을'이 안맺음토 '-겠-'의 의미를 가진다고 해서 '을'을 안맺음토로 보기는 어렵다. '-시-'와 '-었-', '-겠-', '-더-' 등의 안맺음토는 그것이 실현되거나 실현되지 않거나 간에 문법성에 변화가 생기지 않는데, '을'은 그렇지 않기 때문이다.

> (11)' ㄱ. 혼자서도 열심히 <u>하게.</u>   ((11)ㄱ과 다른 유형)
> ㄴ. *자, 그럼, 시작해 <u>보까?</u>

이상의 논의를 바탕으로, 어떤 언어 형식이 안맺음토임을 확인하는 기준을 다음과 같이 정리할 수 있다.

> (15) 용언토 분석의 기준
> 용언의 맺음토 앞에 놓인 분리 가능한 어떤 언어 형식은 다음의 조건을 충족시키면 안맺음토이다.
> (i) 문제의 형식은 그것과 계열 관계를 형성하는 어떤 형식과 문법 자질의 값이 대립한다.
> (ii) 문제의 형식이 실현된 용언형은 그것과 계열 관계를 형성하는 어떤 형식이 실현된 용언형과 동일한 유형의 문법 자질을 공유한다.

■ '-리라'의 '리'

'-리라'의 '리'도 '-을게'와 '-을까'의 '을'과 마찬가지로 안맺음토로
분석할 수 없다. (15)의 기준에 따라, '리'가 실현되지 않으면 다른 유형의
문장이 형성될 수 있기 때문이다.

> (16) ㄱ. 꽃이 필 때 맞춰 꼭 가 <u>보리라</u>.
>   ㄴ. 그 사람이 <u>도둑이리라</u>.

> (16)' ㄱ. 꽃이 필 때 맞춰 꼭 가 <u>보라</u>.
>   ㄴ. 그 사람이 <u>도둑이라</u>.

더구나 '리' 뒤의 언어 형식이 실현되지 않으면, '리'가 안맺음토처럼
사용될 때와 꼭 같은 의미를 유지하면서도, 맺음토로 사용된다. 따라서
'-리라'의 '리'는 맺음토의 일부로 분석하는 것이 나을 것이다.

■ '-는다'와 '-ㄴ다'의 '는'과 'ㄴ'

'-는다'와 '-ㄴ다'의 '는'과 'ㄴ'도, 용언토 분석의 기준(2)에 의거하여,
안맺음토로 볼 수 없고, 맺음토 '-는다'와 '-ㄴ다'의 일부로 보아야 한다.

> (17) ㄱ. 아침 꽃을 저녁에 <u>줍는다</u>.
>   ㄴ. 돌을 <u>던진다</u>.

> (17)' ㄱ. 아침 꽃을 저녁에 <u>줍다</u>.
>   ㄴ. 돌을 <u>던지다</u>.

'-는다'와 '-ㄴ다'를 맺음토로 분석하면, 이것들은 '-다' 및 '-라'와 함

께 한 개의 형태소로 묶인다. 이것들의 분포를 보면, 다음과 같다.

(18) ㄱ. 잡는다, 본다; 검다, 희다
ㄴ. 잡았다, 보았다; 검었다, 희었다
ㄷ. 잡겠다, 보겠다; 검겠다, 희겠다
ㄹ. 잡더라, 보더라; 검더라, 희더라

'-는다'와 '-ㄴ다'는 동사 어간과 결합한다. '-다'는 형용사 어간과 '-었-', '-겠-'과 결합하고, '-라'는 '-더-'와 결합한다. '-는다'와 '-ㄴ 다'는 음성적 변이형태이고, '-는다/ㄴ다'와 '-다'와 '-라'는 형태적 변이 형태이다.

■ '-는가'와 '-은가/-ㄴ가'의 '는'과 '은/ㄴ'

'-는가'와 '-은가/-ㄴ가'의 '는'과 '은/ㄴ'도 용언토 분석의 기준(2)에 의거하여, 안맺음토로 볼 수 없고, 맺음토 '-는가'와 '-ㄴ가'의 일부로 보 아야 한다.

(19) ㄱ. 앞으로 간다고 앞만 <u>보는가</u>?
ㄴ. 모든 까마귀는 <u>검은가</u>?
ㄷ. 하늘이 왜 <u>푸른가</u>?

(19)' ㄱ. *앞으로 간다고 앞만 <u>보가</u>?
ㄴ. *모든 까마귀는 <u>검가</u>?
ㄷ. *하늘이 왜 <u>푸르가</u>?

'-는가'와 '-은가', '-ㄴ가'를 맺음토로 분석하면, 이것들은 한 개의 형 태소로 묶인다. 이것들의 분포를 보면, 다음과 같다.

(20) ㄱ. 잡는가, 가는가, 젊은가, 예쁜가
　　 ㄴ. 잡았는가, 갔는가, 젊었는가, 예뻤는가
　　 ㄷ. 잡겠는가, 가겠는가, 젊겠는가, 예쁘겠는가
　　 ㄹ. 잡던가, 가던가, 젊던가, 예쁘던가

'-는가'는 동사 어간과 '-었-', '-겠-'의 뒤에 나타나며, '-은가/ㄴ가'는 형용사 어간과 '-더-' 뒤에 나타난다. '-은가'와 '-ㄴ가'는 음성적 변이형 태이고, '-는가'와 '-은가/ㄴ가'는 형태적 변이형태이다.

■ '-느냐'의 '느'

'-느냐'의 '느'도 용언토 분석의 기준(2)에 의거하여, 안맺음토로 볼 수 없고, 맺음토 '-느냐'의 일부로 보아야 한다.

(21) ㄱ. 너희가 물을 물로 <u>보느냐</u>.
　　 ㄴ. 대검에서 조사할 사안이 <u>아니겠느냐?</u>

(21)' ㄱ. 너희가 물을 물로 <u>보냐</u>.
　　 ㄴ. 대검에서 조사할 사안이 <u>아니겠냐?</u>

그런데 '-느냐'는 '-는다, -ㄴ다' 및 '-는가, -은가/ㄴ가'와 조금 다르다. '-느냐'에서 '느'가 실현되지 않아도 비문법적 문장이 되거나 다른 유형의 문장이 되지 않는다. 오히려 동일한 문장 유형이 유지되면서, 거의 의미의 변화도 없다. 따라서 '-느냐'는 '-냐'와 수의적으로 교체되는 것으로 보인다.

'-느냐'를 맺음토로 분석하면, 이것은 '-으냐'와 한 개의 형태소로 묶인다. 이것들의 분포를 보면, 다음과 같다.

(22) ㄱ. 잡느냐, 보느냐, 검으냐, 희냐
　　　ㄴ. 잡았느냐, 보았느냐, 검었느냐, 희었느냐
　　　ㄷ. 잡겠느냐, 보겠느냐, 검었느냐, 희었느냐
　　　ㄹ. 잡더냐, 보더냐, 검더냐, 희더냐

'-느냐'는 동사 어간과 '-었-', '-겠-'의 뒤에 나타나며, '-으냐'는 형용사 어간과 '-더-' 뒤에 나타난다. '-느냐'와 '-으냐'는 형태적 변이형태이지만, '-으냐'는 '-느냐'와 수의적으로 교체되어 사용되기도 한다.

■ '-는구나'의 '는'

'-는구나'의 '는'도 용언토 분석의 기준(2)에 의거하여, 안맺음토로 볼 수 없고, 맺음토 '-는구나'의 일부로 보아야 한다.

(23) ㄱ. 꽃잎처럼 현자는 그렇게 <u>가는구나</u>.
　　　ㄴ. 정치인, 이들이 백성들을 우습게 <u>보는구나</u>.

(23)' ㄱ. *꽃잎처럼 현자는 그렇게 <u>가구나</u>.
　　　ㄴ. *정치인, 이들이 백성들을 우습게 <u>보구나</u>.

'-는구나'를 맺음토로 분석하면, 이것은 '-구나'와 한 개의 형태소로 묶인다. 이것들의 분포를 보면, 다음과 같다.

(24) ㄱ. 잡는구나, 가는구나, 검구나, 예쁘구나
　　　ㄴ. 잡았구나, 갔구나, 검었구나, 예뻤구나
　　　ㄷ. 잡겠구나, 가겠구나, 검겠구나, 예쁘겠구나
　　　ㄹ. 잡더구나, 가더구나, 검더구나, 예쁘더구나

'-는구나'는 동사 어간과 결합하고, '-구나'는 형용사 어간과 '-었-', '-겠-', '-더-'와 결합한다. '-는구나'와 '-구나'는 형태적 변이형태이다.

■ '-습니다'와 '-습디다'

'-습니다'와 '-습디다'는 상대높임이 실현된 언어 형식인데, 상대높임의 토를 분석해 낼 수 있는지에 대하여 살펴보기로 한다.

(25) ㄱ. 질문이 연달아 터져 나왔<u>습니다</u>.
ㄴ. 질문이 연달아 터져 나왔<u>습디다</u>.

먼저 '-습니다'와 '-습디다'는 '니'와 '디'의 차이로 볼 수 있는데, 이렇게 분석하면 이것들은 각각 '-습-니-다'와 '-습-디-다'로 분석된다. 이러한 분석에서 '-디-'는 [+회상]으로, 이에 대립하는 '-니-'는 [-회상]의 기능을 가지는 것으로 분석된다. 그리고 '-습-'도 안맺음토로 분석해야 하는데, 그 기능은 [+상대 높임]이다.

그런데 이러한 분석은 다음과 같은 문제가 있다. 첫째, 안맺음토로서의 '-습-'의 지위에 관한 것이다. '-습-'이 안맺음토라 한다면, 앞의 용언토 분석의 기준을 충족시켜야 하는데, 그렇지 않다.

(25)' ㄱ. *질문이 연달아 터져 나왔<u>니다</u>.
ㄴ. *질문이 연달아 터져 나왔<u>디다</u>.

둘째, '-니-'와 '-디-'가 '-습-' 뒤에만 또는 '-습'과 결합한 형태로만 사용된다는 것이다. 안맺음토의 실현이 다른 안맺음토의 실현에 제약을 받는다는 것은 '-었-, -겠-, -더-'와 같은 안맺음토가 실현되는 환경에 비추어 이례적이라 하겠다. 셋째, 한국어의 상대 높임은 기본적으로 맺음토로 실현되는 데, '-습-'은 안맺음토로 실현된다는 것이다. 이와 관련하여 '-습-'이 [+상대 높임]인데, 이것과 결합한 '-다'는 [-상대 높임]의 형식이라는 것도 문제가 될 수 있다.

'-습니-다'와 '-습디-다'로 분석해 볼 수도 있겠다. 이러한 분석은 위의 첫째와 둘째의 문제는 생기지 않는다. 이러한 분석에서 '-습니-'와 '-습디-'의 문법 기능은 복합적으로 표시된다. 그러나 셋째의 문제는 여전히 남는다.

(26) ㄱ. '-습니-' : [+상대 높임, -회상]
    ㄴ. '-습디-' : [+상대 높임, +회상]

이러한 문제를 해소하려면, '-습니다'와 '-습디다'를 한 개의 형태소로 분석하면 된다. 이렇게 분석하면 이 형태소의 문법 기능은 다음과 같이 복합적으로 표시된다.

(27) ㄱ. '-습니다' : [+상대 높임, -회상, 서술]
    ㄴ. '-습디다' : [+상대 높임, +회상, 서술]

이상에서 논의한 문제되는 몇몇 형식들을 맺음토로 분석한다면, 이것들을 포함한 용언의 구조는 다음과 같이 나타낼 수 있다.

(28) 어간 + $\begin{Bmatrix} 시 \\ \varnothing \end{Bmatrix}$ + $\begin{Bmatrix} 었 \\ \varnothing \end{Bmatrix}$ + $\begin{Bmatrix} 겠 \\ \varnothing \end{Bmatrix}$ + $\begin{Bmatrix} 더 \\ \varnothing \end{Bmatrix}$ + $\begin{Bmatrix} 는다/ㄴ다/다/라 \\ 는구나/구나 \\ 는가/은가/ㄴ가 \\ 느냐/으냐/냐 \\ 습니다 \\ 습디다 \end{Bmatrix}$

보충 '는'과 '은'(과 '느') 등을 안맺음토로 분석한다면?

'-는다/ㄴ다'와 '-다/라'의 논의에서 (18)과 (24)의 ㄱ과 ㄴ의 자료만 고려한다면, '-는다/ㄴ다'의 '는/ㄴ'이 용언의 종류에 따라 변별력이 있는 것 같이 보인다. (그리고 '는/ㄴ'은 동사의 어떤 특징[동작상]을 가지는 것이 아닐까 생각해 볼 수도 있겠다.) 그리고 ㄷ, ㄹ의 자료를 함께 고려한다면, 형태 '는'이 '-었-', '-겠-', '-더-'와 동시에 대립하는 것이 아닐까 생각해 볼 수도 있겠다. '-는구나'도 '-는다'와 마찬가지로 생각할 수 있다. 만일 그렇게 가정한다면, 다음과 같은 구조를 설정할 수 있다.

(1) ㄱ. 동사 어간 + $\left\{ \begin{array}{c} (었) + (겠) + (더) \\ 는/ㄴ \end{array} \right\}$ + 다/라

ㄴ. 동사 어간 + $\left\{ \begin{array}{c} (었) + (겠) + (더) \\ 는 \end{array} \right\}$ + 구나

그러나 (1)의 구조는 두 가지 문제가 있다. 하나의 문제는 '-는가/은가'의 '는'과 '은'과 관련된 문제이다. 동사에 한정해 보더라도, '는'과 '은'의 의미적 변별성이 없다. 그런데도 '-는가/은가'의 '는/은'은 '-는다/ㄴ다'와 '-는구나'의 '는'과 평행적인 지위를 차지하지 못한다.

(2) ㄷ. *동사 어간 + $\left\{ \begin{array}{c} (었) + (겠) + (더) \\ 는/은 \end{array} \right\}$ + 가

다른 하나의 문제는, '-는가/은가'의 '는'은 동사와 형용사에 동시에 나타난다는 것이다. 동사에서든 형용사에서든 간에 의문법의 '-는가'의 '는'은 서술법의 '-는다'의 '는'과 비교해 보면, 하나는 서술형토에 쓰이고, 다른 하나는 의문형토에 쓰였을 뿐, '는'은 의미적 변별성이 거의 없다고 할 수 있다.

따라서, '-는다/-은다'와 '-는구나'의 '는'이, 어떤 우연한 까닭으로[4] 동사에 나타났을 뿐, 동사와 관련된 어떤 독립된 기능을 담당한다고 보기는 어렵다고 생각된다. 따라서 '는'이 없다고 동사성이 없어지거나, 있다고 하여 상과 같은 특별한 다른 기능이 부여되는 것도 아니다. 분포상으로 보아, 시제[비과거]를 표시하는 것으로 보기도 어렵다고 생각된다.[5]

만일 이러한 분석에서 더 나아가 '느'를 안맺음토로 분석하고자 한다면, 안맺음토와 맺음토의 결합 방식은 더욱 복잡해 질 수밖에 없을 것이다.

간추린다면, (1)의 구조는 용언의 아주 한정된 자료를 바탕으로 구성한 것이기 때문에, 일반성을 얻지 못한다고 할 수 있다.

---

4) 아마 역사적 변천 과정에서 문법화와 관련되어 그러한 형태들의 독특한 분포가 비롯된

8.3. 안맺음토와 맺음토의 통합

■ 안맺음토와 맺음토의 결합 제약의 설명 방식

용언의 구조를 위와 같이 보게 되면, 안맺음토와 맺음토의 결합 제약은 다음과 같이 설명할 수 있다.

안맺음토와 맺음토의 결합 제약이 있다고 하는 경우는 특정한 맺음토에 특정한 안맺음토들이 아예 실현될 수 없는 경우이다. 이러한 현상을 설명하는 방식은 두 가지 방식이 있을 수 있다. 하나의 방식은 안맺음토들의 기능의 값이 [+a]이든지 [−a]이든지 애초에 실현되지 않는 것으로 보는 것이다. 다른 하나의 방식은 특정한 안맺음토들의 기능이 값이 항상 [−a]로 실현되는 것으로 보는 것이다. 경험적으로는 둘 다 가능한 분석으로 보이지만, 맺음토의 종류에 따라 달리 분석하는 것이 바람직하다고 생각된다.[6]

■ 융합적 구성으로 된 맺음토의 기능

앞의 논의에서 '-ㄴ다/는다, -을까, -은가/는가, -습디다' 등은 모두 융합으로 형성된 것으로 처리하였다. 그런데 융합되기 이전의 형태소의 기능이 융합된 구성에 거의 사라진 경우도 있고, 어느 정도 남아 있는 경우도 있고, 그대로 남아 있는 경우도 있다. '-을까'의 '-을'과 '-습디다'의 '디'와 같은 것들은 그 기능이 온전히 남아 있는 경우이다. 따라서 어떤 경우이든지 간에, 융합적 구성인 맺음토는 안맺음토의 기능을 가진 것으

것으로 생각된다.
5) 비과거 형식임을 도와주는 요소 정도로 생각해 볼 수는 있을는지 모르겠다.
6) 이에 대해서는 11장에서 다시 논의된다.

로 처리해야 할 것이다. 곧, '-을까'와 '-습디다'는 각각 [+추정]과 [+회상]의 기능을 가진 것으로 처리한다는 것이다. 곧 '-을까'와 '-습디다'의 기능은 다음과 같이 표시될 수 있다.

(28) ㄱ. -을까[+추정, 의문]
　　 ㄴ. -습디다[+회상, 서술]

마찬가지의 방식으로, '-는가'가 진행의 의미를 가진다는 것을 다음과 같이 표시할 수 있다.

(29) -는가[+진행, 의문]

맺음토의 기능을 이상과 같이 표시하게 되면, '-는다/ㄴ다'와 '-을까', '-습디다'의 '는'이나 '을', '디' 등을 안맺음토로 분석하지 않고도 그것의 기능을 적정하게 표시할 수 있다.

8.4. 용언토의 기능

■명제적 내용과 양상

말할이가 어떤 일을 인식하고 그것을 문장으로 표현하여 전달하고, 들을이가 그 문장을 해석하고 이해하는 의사소통의 과정을 대강 다음과 같은 그림으로 나타낼 수 있다.

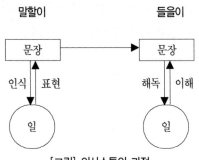

[그림] 의사소통의 과정

그런데 말할이가 일을 인식하여 문장으로 표현할 때, 일에 관한 내용과 그 일에 대한 말할이의 심적인 태도와 관련된 여러 가지 요소를 함께 표현한다. 이러한 문장의 내용에서, 앞의 내용을 **명제적 내용**(propositional content)이라 하고, 뒤의 내용을 **양상**(modality)이라고 할 수 있다. 따라서 문장은 의미적으로 보면 다음과 같이 구성된 것으로 볼 수 있다.

(30) 문장의 내용 → 명제적 내용, 양상

명제적 내용은 개체들의 관계로 드러나는 일 자체와 그 일을 둘러싼 시간과 공간 등의 상황적 요소로 나누어 생각할 수 있다. 예컨대 다음 문장에서, '어제'와 '광복동에서'는 '영이가 술을 마시다'라는 일이 일어난 시간과 공간을 나타낸다.

(31) 어제 광복동에서 영이가 술을 마셨다.

■어휘 범주로 실현되는 양상

양상은 의존 용언과 의존 명사로 실현되기도 하고, 부사로 실현되기도 한다. (32)의 의존 용언이나 의존 명사는 말할이의 희망과 추정, 당위나 의무를 나타내고 (33)의 부사는 확실성의 정도와 가정을 나타낸다.

> (32) ㄱ. 나는 나무처럼 살고 **싶다**.
>   ㄴ. 판도라의 상자를 연 **듯하다**.
>   ㄷ. 뿌린 만큼 거두는 **법이다**.
>   ㄹ. 작은 하천들부터 되살려야 **한다**.

> (33) ㄱ. {**반드시, 꼭, 절대로, 결단코**} 해 내어야 한다.
>   ㄴ. {**결코, 전혀**} 부끄럽지 않다.
>   ㄷ. **만일** 학교에 가지 싫으면, 집에 오지도 말아라.

그런데 이것들은 어휘적 요소로서, 문장에서 서술어나 부사어 등의 성분으로 사용된다. 따라서 이것들은 어휘 범주로 실현된 것이다.

■ 문법 범주로 실현되는 양상

양상은 다음과 같이 **문법 범주**로도 실현되는데, 한국어의 용언토가 그것이다.

> (34) 영이는 술을 잘 마-**시겠더라**.

용언의 안맺음토와 맺음토의 종결형토는 양상을 나타낸다. 용언의 맺음토 가운데 전성형토와 접속형토는 기본적으로 다른 문장 성분과의 관계를 나타내는 표지로 사용된다. 그러나 그것들이 안맺음토와 융합된 형식인 경우에는 양상을 포함한다.

8.5. 용언토의 통사적 정보

8.5.1. 맺음토의 통사적 정보

용언토는 언어 형식으로는 용언과 결합하여 어절을 이룬다. 그렇지만 그 기능으로 보면, 용언이 결합하여 형성된 문장 또는 절 전체와 관련된다. 따라서 최근의 변형 문법에서는 용언토를 통사론에서 독립적인 성분으로 다루는 일도 있다. 그런데 용언토를 용언의 일부로 다룬다 하더라도, 용언이 문장의 궁극적인 중심어이기 때문에, 용언토의 정보는 문장 또는 절에까지 전달된다.

맺음토도 그 뒤에 오는 통사론의 성분과 제약 관계를 형성하면서, 동시에 그것이 붙는 용언이 결합하여 형성하는 문장/절의 범주를 결정한다.

(35) 맺음토
$$\begin{cases} \text{종결형토} \\ \text{전성형토} \begin{cases} \text{관형사형토} \\ \text{명사형토} \end{cases} \\ \text{접속형토} \end{cases}$$

이러한 맺음토의 통사적 정보를 문법에 어떻게 반영할 것인가는 문법 이론에 따라 다르다. 맺음토를 용언의 어간과 분리하여 구(나 절)의 표지로 분석하는 문법 이론도 있고, 용언의 한 성분으로 분석하는 문법 이론도 있다. 바로 다음에 서술하는 안맺음토의 통사적 정보를 다루는 방식도 마찬가지이다. 그런데 통사론의 통사적 정보를 문법에 충분히 반영할 수 있다면, 맺음토와 안맺음토를 통사론에서 어떻게 분석하든지, 적어도 이론적으로는, 전혀 문제가 될 것이 없다. 다만 어떤 분석 방법이 한국어의 특징에 잘 부합하는지, 한국어 토박이 말할이의 직관에 더 부합하는지에 대해 검토해 보아야 할 것이다.

8.5.2. 안맺음토와 관련된 제약들

한국어 용언의 안맺음토는 문장의 다른 성분과 통합할 때 다음과 같은 많은 제약들이 있다. 따라서 '-시-'와 '-었-', '-겠-', '-더-' 등의 안맺음토의 기능을 살필 때도 항상 이러한 통합 제약들을 고려해야 한다.

(36) ㄱ. 주어와의 통합 제약
ㄴ. 용언 어간과의 통합 제약
ㄷ. 시간위치어와의 통합 제약
ㄹ. 접속문의 앞 절에서의 제약7)

■ '-시-'의 통합 제약

한국어에서는 주어의 표지로 '-께서'와 '-이/가'가 있는데, 이것들은 각각 'V-시-'와 'V-∅-'의 형식과 통합된다.

(37) ㄱ. 선생님께서는 더 이상 아무 말씀이 {*없었다, **없으셨다**}.
ㄴ. 영이는 더 이상 아무 말이 {**없었다**, *없으셨다}.

'-시-'는 어떤 종류의 용언 어간이나 시간위치어와 아무런 제약 없이 통합할 수 있다. 그리고 '-시-'는 접속문의 앞 절에서는 접속형토의 종류에 따라 조금씩 달리 실현된다. 예컨대 '-면서'에는 실현되기도 하고 실현되지 않기도 하지만, '-어'에는 실현되지 않는다. 접속문의 앞 절에서 '-시-'가 실현되지 않았더라도, 뒤 절의 '-시-'와 관련하여 해석된다.

---

7) 일반적인 논의를 위해서는, 내포문의 내포절과 접속문의 앞 절에서의 안맺음토의 제약을 살펴야 한다. 그런데 이 절에서는 일단 접속문의 앞 절에서의 안맺음토의 제약 관계에 한정하여 살핀다.

(38) ㄱ. 선생님께서 노래를 {하면서, 하시면서} 산보를 **하신다**.
　　ㄴ. 도둑을 {잡아, *잡으시어} 경찰서로 데리고 **가신다**.

■ **'-었-'의 통합 제약**

'-었-'은 주어의 형식이나 인칭과 아무런 통합 제약이 없다. 그리고 용
언 어간과의 통합에도 제약이 없다. '-었-'은 기본적으로는 과거를 나타
내는 시간위치어와 통합한다. 그런데 특별한 경우에는 미래를 나타내는
시간위치어와 통합하여 사용되기도 한다.

(39) ㄱ. 영이는 {*어제, 지금, 내일} **간다**.
　　ㄴ. 영이는 {어제, *지금, *내일} **갔다**.

(40) 너는 내일 **죽었다**.

'-었-'은 접속문의 앞 절에서는 접속형토의 종류에 따라 조금씩 달리
실현된다. 예컨대 '-었-'은 '-고'에는 실현되기도 하고 실현되지 않기도
하지만, '-어'에는 실현되지 않는다. 그리고 접속문의 앞 절에서 '-었-'이
실현되지 않았더라도, 뒤 절의 '-었-'과 관련하여 해석된다.

(41) ㄱ. 어제는 영이는 학교에 {가고, 갔고} 철수는 시장에 **갔다**.
　　ㄴ. 도둑을 {잡아, *잡았어} 경찰서로 데리고 {간다, 갔다}.

■ **'-겠-'과 관련된 제약**

'-겠-'은 용언의 종류에 따라 주어의 인칭과 통합 제약이 있으며, 인칭
에 따라 의미도 조금씩 달리 해석된다. 그러나 '-겠-'은 용언 어간과 통
합 제약을 보이지는 않는다.

(42) ㄱ. 나는 영화를 **보겠다.**   ([행위, 의지])

ㄴ. {너는, 영이는} 영화를 **보겠다.**   ([행위, 추정])

(43) ㄱ. 나는 영화를 **보게 되겠다.**   ([과정, *의지, 추정])

ㄴ. {너는, 영이는} 영화를 **보게 되겠다.**   ([과정, 추정])

(44) ㄱ. 나는 영이에게 **잡히겠다.**   ([행위, 의지]∨[과정, 추정])

ㄴ. {너는, 영수는} 영이에게 **잡히겠다.**   ([과정, 추정])

(45) ㄱ. ??나는 손이 **가늘겠다.**   ([-감각상태, *의지, ?추정])

ㄴ. {너는, 영이는} 손이 **가늘겠다.**   ([-감각상태, 추정])

(46) ㄱ. ??나는 머리가 **아프겠다.**   ([+감각상태, *의지, ?추정])

ㄴ. {너는, 영이는} 배가 **아프겠다.**   ([+감각상태, 추정])

'-겠-'과 시간위치어와의 관계에서, (47)ㄱ을 보면 미래를 나타내는 '내일'이 '-겠-'과 통합되는 것으로 보인다. 그러나 (47)ㄴ을 보면, '내일'이 '-겠-'과 통합되는 것이 아님을 알 수 있다. 곧 '-겠-'은 시간위치어와 통합 제약을 보이지 않는다는 것이다.

(47) ㄱ. 영이는 {*어제, 내일} **가겠다.**

ㄴ. 영이는 {어제, *내일} **갔겠다.**

'-겠-'은 접속문의 앞 절에서는 접속형토의 종류에 따라 조금씩 달리 실현된다. 예컨대 '-겠-'은 '-고'에는 실현되기도 하고 실현되지 않기도 하지만, '-어'에는 실현되지 않는다. 그리고 접속문의 앞 절에서 '-겠-'이 실현되지 않았더라도, 뒤 절의 '-겠-'과 관련하여 해석된다.

(48) ㄱ. 도둑을 {**잡고, 잡겠고**} 물건도 **찾겠다.**

ㄴ. 도둑을 {잡아, *잡겠어} 경찰서로 데리고 {간다, 가겠다}

보충 딕(1978)의 의미적 기준에 따른 용언 분류

	동작성	통제성
행위동사	+	+
과정동사	+	−
위치동사	−	+
상태동사	−	−

(2) ㄱ. 가다, 주다, 잡다, …
ㄴ. 흐르다, (비가) 오다, 타다, 녹다, …
ㄷ. 있다, 없다, 살다, …
ㄹ. -이다, 붉다, 예쁘다, 적합하다, …

■ **'-더-'의 통합 제약**

'-더-'는, 보통의 경우에는, 말할이 자신이 주어일 경우에는 사용되지 않는다. 그러나 '-더-'는 어떤 종류의 용언 어간과도 자유로이 통합할 수 있다.

(49) ㄱ. {*나는, 너는, 그는} **예쁘더라**.
ㄴ. {*나는, 너는, 그는} 키가 **크더라**.
ㄷ. {*나는, 너는, 그는} 담배를 **피우더라**.
ㄹ. {*나는, 너는, 그는} 운동장을 **뛰더라**.

'-더-'는 단독으로 사용되면, '어제'와 통합하고 '내일'과는 통합하지 않는다.

(50) ㄱ. 영이가 {어제, *내일} **떠나더라.**

　　ㄴ. {어제, *내일} 그 사람 참 **멋있더라.**

그러나 (51)ㄱ에서 볼 수 있듯이, '-겠-'과 함께 사용되면 '내일'과 통합할 수 있기 때문에, '-더-'가 시간위치어와 제약이 없는 것처럼 보인다. 그런데 (51)ㄴ에서 보면, '-더-'가 '내일'이 아니라 '어제'와 관련하여 해석된다는 것을 알 수 있다. 따라서 '-더-'는 시간위치어와 통합 제약이 있다는 것을 알 수 있다.

(51) ㄱ. 그 죄수는 {*어제, 내일} **죽겠더라.**

　　ㄴ. 어제 보니까, 그 죄수는 내일 **죽겠더라.**

'-더-'는 접속문에서 접속형토의 종류에 따라 조금씩 달리 실현된다. 예컨대 '-으니'에는 실현되기도 하고 실현되지 않기도 하지만, '-어'에는 실현되지 않는다. 그리고 접속문의 앞 절에서 '-더-'가 실현되지 않았더라도, 뒤 절의 '-더-'와 관련하여 해석된다.

(52) ㄱ. 도둑을 {**잡으니, 잡더니**} 경찰서로 데리고 **가더라.**

　　ㄴ. 도둑을 {**잡아, *잡더어**} 경찰서로 데리고 **가더라.**

■정리

이상에서 논의한 바를 다음과 같이 정리할 수 있다.

(53) ㄱ. 모든 안맺음토는 용언의 어간과 통합 제약이 없다.

　　ㄴ. '-시-', '-겠-', '-더-'는 주어의 통합 제약이 있다.

　　ㄷ. '-었-', '-더-'는 시간위치어와 통합 제약이 있다.

　　ㄹ. 모든 안맺음토는 접속문의 앞 절에서 동일한 방식으로 실현되거

08. 용언의 구조와 기능 195

나 실현되지 않으며, 실현되지 않는 경우에는 뒤 절의 '-시-'와 '-었-', '-겠-', '-더-'와 관련하여 해석된다.

안맺음토의 기능을 제대로 설명하기 위해서는 앞에서 논의한 여러 통합 제약들을 고려해야 한다. 곧 안맺음토의 기능이 무엇이라고 규정하기 위해서는 위의 제약들에 기초해야 하며, 거꾸로 말하자면 안맺음토의 기능을 어떻게 설명하든지 간에, 위에서 말한 모든 제약들을 무리 없이 설명할 수 있어야 한다.

연습
문제

1. 용언의 성분 구조에 대하여 설명하시오.
2. 용언의 안맺음토와 융합된 맺음토를 설명하시오.
3. '-겠-'의 통합 제약을 설명하시오.
4. '-더-'의 통합 제약을 설명하시오.

| 더, 생각할 문제 |

1. 토의 통사적 기능을 고려하여, 이것을 형태론과 통사론에서 어떻게 다루어야 할지 생각해
   보시오.

2. 안맺음토의 통사적 지위에 대하여 생각해 보시오.

용언의 안맺음토

1. '어제'는 과거를 나타내고, '내일'은 미래를 나타낸다. '오늘'은 어떤 시간을 나타내는가? '올해'는?

2. 역사는 보통은 과거에 일어난 일에 대한 기록을 가리킨다. 그러면 역사적 현재의 시제는 과거인가 아니면 현재인가?

용언의 안맺음토는 명제 내용의 전체 또는 부분과 관련되어 있다. 이 장에서는 안맺음토로 실현되는 시제와 상, 서법 등의 기능에 관하여 살핀다.

9.1. 상과 시제, 법과 안맺음토

9.1.1. 상과 시제, 법의 체계

■ 문제의 초점

'-시-'가 '주체 높임'을 나타낸다고 하는 데는 그리 큰 이견이 없다. 다만 세부적으로 조금씩 다른 쓰임이 있으나, 적어도 어떤 범주를 나타내는 것인가 하는 것은 문제가 되지 않는다.

그런데 '-었-'과 '-겠-', '-더-'의 범주가 구체적으로 어떤 양상 범주를 나타내는 것인가 하는 데는 다양한 주장들이 있다. 시제라는 주장도 있고, 상이라는 주장도 있고, 법이라는 주장도 있다. 또 이들을 함께 묶어 시상이라는 범주를 설정해야 한다는 주장도 있다.

이 문제를 해결하기 위해서는, 먼저 시제와 상, 법의 개념과 특징을 명시하고, 그것들이 위에서 논의한 제약들을 어느 정도로 충족시키는가를 기준으로 삼아, 그것들이 용언의 어떤 굴절 접사에 정확하게 부합하는지를 살펴야 할 것이다. 그리고 이러한 논의에서, 앞 장에서 말한 바와 같이, 시제와 상, 법 등의 양상은 어휘 범주로 실현될 수도 있고, 문법 범주로 실현될 수도 있다는 것을 유의해야 한다.

(1) 양상의 실현 방식

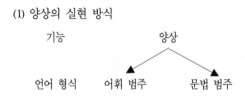

여기서 한국어에서 양상이 어떤 방식으로 실현되는지에 관한 논의와 '-었-'과 '-겠-', '-더-'라는 안맺음토가 어떤 양상을 나타내는지에 대한

논의를 구별해야 한다. 뒤의 논의는 안맺음토의 문법 범주에 관한 논의인데, 이 글에서 논의하고자 하는 것이다.

■상과 시제, 법의 개념

시제(tense)는 어떤 일이 일어나는 시간의 앞뒤 관계를 드러내는 문법 범주이고, **상**(aspect)은 어떤 일의 진행 과정에서 시작이나 중간, 끝을 나타내는 문법 범주이다. 시제와 상은 기본적으로 다음과 같은 도식으로 나타낼 수 있다.

(2) 시제의 기본 도식

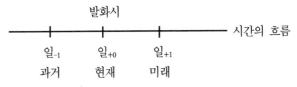

(3) 상의 기본 도식

시제는 일이 일어나는 시간의 흐름과 밀접한 관계에 있다. 그러나 상은 시간의 흐름과 관련되는 것이 아니라, 특정한 시간에 일어나는 일의 과정의 내적 구성과 관련된다. 그리고 상은 일의 종류에 따라 제약이 있는 데 비하여, 시제는 일의 종류와는 관련이 없다. 예컨대 상은 [+동작]의 자질을 가진 일에만 실현되고, [-동작]의 자질을 가진 일에는 실현되지 않는다. [-동작]의 일에는 '시작-중간-끝'을 구별하기 어렵기 때문이다.

법(mood)은 명제적 내용에 대한 말할이의 의지나 추정 등을 나타내는 문법 범주이다.

■상과 시제, 법의 체계

어떤 언어의 상과 시제, 법의 체계를 논의할 때, 논의를 엄밀하게 하기 위하여, 다음과 같은 것을 가정할 수 있을 것이다.

(4) 시제와 상, 법의 체계
시제와 상, 법의 체계는 각각 대립적인 항으로 구성된다.

(4)의 가정에 따라, 상과 시제, 법의 체계는 다음과 같다. 상과 시제, 법의 내용을 구성하는 자질을 각각 α와 β, γ라고 한다면, 상과 시제, 법의 체계는 다음과 같은 여덟 가지 경우가 있다.

(5) 상과 시제, 법의 체계

	상	시제	법
1	$+\alpha$	$+\beta$	$+\gamma$
2	$+\alpha$	$+\beta$	$-\gamma$
3	$+\alpha$	$-\beta$	$+\gamma$
4	$+\alpha$	$-\beta$	$-\gamma$
5	$-\alpha$	$+\beta$	$+\gamma$
6	$-\alpha$	$+\beta$	$-\gamma$
7	$-\alpha$	$-\beta$	$+\gamma$
8	$-\alpha$	$-\beta$	$-\gamma$

따라서 만일 어떤 언어에 과거, 비과거(현재와 미래)의 시제와 완료와 미완료(진행)의 상이 존재한다면, 그 언어의 시제와 상의 체계는 다음과 같을

것이라 가정할 수 있다.

(6) 시제와 상의 체계(가정된 언어)

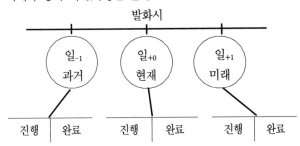

(6)의 체계는 다음과 같이 바꾸어 쓸 수 있다.

(7) 시제와 상의 체계 (가정된 언어)

상＼시제	과거	현재	미래
완료	과거완료	현재완료	미래완료
진행	과거진행	현재진행	미래진행

■상과 시제, 법의 실현 방식

이상의 체계를 가진 상과 시제, 법은 어휘 범주로 실현될 수도 있고, 문법 범주로 실현될 수도 있다. 이렇게 어떤 언어에서 상과 시제, 법이 실현되는 과정을 다음과 같이 가정한다.

(8) 시제와 상, 법의 실현 방식
　어떤 양상이 어휘 범주로 실현되면 어휘들끼리 계열 관계를 형성하고, 문법 범주로 실현되면 용언토들끼리 계열 관계를 형성한다.

이러한 가정이 뜻하는 바는 시제나 상의 체계의 실현에서, 문법 범주와 어휘 범주가 뒤섞여 실현되지 않는다는 것이다. 예컨대 상의 체계에서, [+완료]가 용언토로 실현되고 [-완료]가 어휘로 실현되거나, [+완료]가 어휘로 실현되고 [-완료]가 용언토로 실현되는 경우는 생각하기 어렵다는 것이다. 또 시제나 법의 체계의 실현에서도 마찬가지이다.

■ 한국어의 상과 시제, 법

먼저 앞에서 살핀, '-었-', '-겠-', '-더-'와 다른 성분의 제약 관계를 다음과 같이 정리할 수 있다. 이 글에서는 이러한 제약을 바탕으로, 안맺음토들의 기능을 추정해 보기로 한다.

(9) '-었-', '-겠-', '-더-'의 다른 성분의 제약 관계

	주어의 인칭	시간위치어	용언의 어간
-었-	×	O	×
-겠-	O	×	×
-더-	O	O	×

'-었-'은 시간위치어와 제약을 보이기 때문에 시제[과거]를 나타내는 것으로 볼 수 있지만, 문맥에 따라 상[완료]로 해석되는 경우도 있다. 이 문제에 대해서는 다시 논의하기로 한다.

'-겠-'은 용언의 어간이나 시간위치어와는 제약이 없기 때문에, 시제나 상의 특징을 가지지 않는다. 그리고 주어의 인칭과 제약이 있다는 것은 말할이의 어떤 인식 태도와 관련이 있다는 것을 뜻하기 때문에, 법의 특징을 가진다.

'-겠-'의 의미는 인칭과 동사의 의미적 특성에 따라 달리 해석된다. 행위동사인 경우, 1인칭 주어와 함께 쓰이면 의지를 나타내고, 2, 3인칭 주

어와 함께 쓰이면 추정을 나타낸다. 그런데 [-의지]의 특징을 가진 과정
이나 상태를 표현하는 동사에 1인칭 주어와 함께 쓰일 때는, 의지가 아니
라, 추정을 나타낸다. 그리고 상태동사 가운데서도 감각을 나타내는 동사
에 1인칭 주어와 함께 쓰일 때는 의미적으로 수용하기 어려운 문장이 된
다. 그 까닭은 그러한 문장은 말할이가 자신이 직접 느끼는 감각을 추정
하는 것으로 해석해야 하는데, 그러한 해석은 보통 세계에서는 받아들이
기 어렵기 때문이다.[1)

'-더-'는 시간위치어어와 제약을 보이기 때문에 시제를 나타내는 것으
로 보이지만, 주어의 인칭과도 제약을 보인다(8.5.2. 참조)는 점에서는 법을
나타내는 것으로 보이기도 한다. 그런데 어떤 문맥이 주어지면, '-더-'가
1인칭 주어와 결합할 수 있다. 이를 보면, '-더-'의 인칭 제약은 통사론의
문제가 아니라, 화용론의 문제인 것 같다.

> (10) ㄱ. 모인 사람 중에서, 내가 제일 **예쁘더라**.
> ㄴ. 알고 보니, 나도 키가 **크더라**.
> ㄷ. 주위를 둘러 보니, 나만 담배를 **피우고 있더라**.
> ㄹ. 정신을 차려 보니, 나도 운동장을 뛰고 **있더라**.

이 글에서는 '-더-'가 시간위치어와 강한 제약 관계를 보인다는 점을
중시하여, 시제로 다루기로 한다.

9.1.2. '-었-'은 상인가, 시제인가.

■ '-었₁-'과 '-었₂-'

'-었-'은 문맥에 따라 시제로 해석되는 경우도 있고, 상으로 해석되는

경우도 있다. 논의의 편의상, 시제로 해석되는 것을 '-었₁-'이라 하고, 상으로 해석되는 것을 '-었₂-'라 한다.

'-었₁-'과 '-었₂-'의 용법의 해석에서 유의해야 할 것이 있다. '-었-'이 어떤 문맥에서든지 '-었₁-'로 해석될 수도 있고 '-었₂-'로 해석될 수 있다는 것은 아니다. '-었-'은 어떤 문맥에서는 '-었₁-'로 해석되고, 어떤 문맥에서는 '-었₂-'로 해석될 수 있다는 것이다. 물론 어떤 동일한 문장에 사용된 '-었-'이 '-었₁-'으로 해석되거나 '-었₂-'로 해석되는 경우도 있을 수 있다. 그러나 이런 경우는 문맥이 중화된 경우로 해석되는 것이지, 여전히 동일한 문맥에서 '-었₁-'로 해석될 수도 있고 '-었₂-'로 해석될 수 있다는 것은 아니다.

■ '-었₁-'로 해석되는 경우

형용사(와 지정사)와 결합한 '-었-'은 상으로 해석될 수 없다. 동작이 없기 때문에, 동작의 시작과 중간, 끝도 있을 수 없기 때문이다.

> (11) ㄱ. 달이 무척이나 **밝았다**.
> ㄴ. 그것은 **책이었다**.

진행의 의미를 가진 것들과 결합한 '-었-'은 상으로 해석될 수 없다. 진행의 의미와 '-었-'의 완료의 의미가 양립할 수 없기 때문이다.

> (12) ㄱ. 영이는 영화를 **보고 있었다**.
> ㄴ. 영이는 영화를 보는 **중이었다**.

■ '-었₂-'로 해석되는 경우

첫째, 다음과 같은 동사가 특정한 문맥에서 비과거의 형식으로 대치하여 비과거를 나타낼 수 없는 경우가 있다.

> (13) ㄱ. 철수는 어머니를 **닮았다**.
> ㄴ. 이 참외가 잘 **익었다**.
> ㄷ. 그 아이는 퍽 귀엽게 **생겼다**.

만일 (13)의 '닮았다, 익었다, 생겼다'가 시제[과거]라고 한다면, 그것들에 대응하는 비과거 시제로 대치해도 문법성에 변화가 없을 것으로 기대할 수 있다. 그런데 (14)에서 보듯이, 그렇게 하면 의미적으로 받아들이기 어려운 문장이 된다.

> (14) ㄱ. '철수는 어머니를 **닮는다**.
> ㄴ. '이 참외가 잘 **익는다**.
> ㄷ. '그 아이는 퍽 귀엽게 **생긴다**.

만일 (13)의 '닮았다, 익었다, 생겼다'를 상[완료]로 보면, (14)의 비문성을 좀 더 잘 예측할 수 있다.

둘째, 동작의 과정과 관련된 의미를 가진 '다, 막' 등과 결합한 '-었-'은 '-었₂-'로 해석될 수 있다.

> (15) ㄱ. 아직 다 보지 **못했다**.
> ㄴ. 금방 막 **피었다**.

셋째, 상과 시제의 체계와 관련하여, 진행의 의미를 가진 '-고 있-'과만 결합하는 '먹다, 만들다, 때리다, 흐르다' 등의 동사와 결합한 '-었-'은

'-었₂-'로 해석될 수 있다. 이 경우에는 '-었-' 외에는 완료지속에 대립하는 다른 형태가 없기 때문이다.

'-었-'이 상[완료]으로 해석되는 이상과 같은 예들은 '-었-'의 역사와 관련이 있다. 과거의 국어가 현재의 국어로 바뀌면서 과거의 국어가 완전히 사라진 것이 아니라, 과거의 국어의 특정한 부분이 현재의 국어에 화석처럼 남아 있다. 그런 흔적들은 음운론이나 형태론, 통사론의 여기저기서 많이 찾아볼 수 있는데, 이것들이 해석에 영향을 준다.

다음 문장의 '피었다'는, 그 문장만 본다면, '피어 있다'와 같은 뜻으로 해석되어 완료로 볼 수 있다.

> (16) ㄱ. 우리 집 무궁화가 **피었다**.
> ㄴ. 우리 집 무궁화가 **피어 있다**.

(16)의 표현이 완료처럼 해석되는 것은 시제의 변천과 관련이 있는 것으로 보인다. '-었-'은 역사적으로 '-어 잇-/이시- > -엇- > -었-'으로 발달해 왔다. 그 때문에 '-었-'에 '-어 있-'이 가진 완료의 의미의 흔적이 남은 것으로 해석된다.

■ '-었-'의 핵심 기능은 시제(과거)이다.

이상에서 본 바와 같이, '-었-'이 '-었₁-'과 '-었₂-'로 해석되는 경우로 볼 수 있지만, 이 글에서는 '-었-'의 핵심적인 기능을 [+과거]를 나타내는 시제로 본다. 그 까닭은 다음과 같다.

첫째, '-었-'은 동사와 형용사, 지정사에 아무런 제약 없이 통합한다. 상은 본질적으로 형용사(와 지정사)에 통합할 수 없다.[2]

---

2) 혹시 동사에 통합하는 것은 상으로 해석하고, 형용사와 지정사에 통합하는 것은 시제로

둘째, '-었-'은 시간위치어와 제약 관계를 형성한다. 상은 본질적으로 시간위치어와 제약 관계를 형성하지 않는다.

셋째, '-었-'은 상적인 성질을 가진 다음의 부사와 자유로이 결합할 수 있다. 만일 '-었-'이 상이라면, 이들 부사와 어떤 제약 관계를 형성할 것이라 기대되는데, 전혀 그렇지 않다.

(17) 항상, 늘, 종종, 가끔, 점점, 끝내, 결국, 마침내, 비로소, 아직, 여태, 미처

넷째, 용언의 전성형이나 접속형에서 '-었-'(과 '-∅-')의 기능을 잘 설명할 수 있다. 만일 '-었-'이 상이라고 한다면, 그것이 덧붙는 용언(동사)의 완료와 미완료를 나타낼 것인데, 용언의 전성형이나 접속형에서 '-었-'이 내포문의 주절이나 접속문의 뒤 절의 용언형의 '-었-'에 따라 해석된다는 것은 생각하기 어렵기 때문이다.

다섯째, 담화에서의 '-었-'(과 '-∅-')의 용법을 잘 설명할 수 있다. '-었-'이 담화 전체의 시간의 구성과 해석에 영향을 미친다. 상은 한 문장의 용언에 작용하는 것이지, 담화 전체의 시간의 구성과 해석에 어떤 영향을 미치는 것은 아니기 때문이다. 물론 담화의 유형에 따라, 용언이 나타내는 일의 흐름이 담화의 구성에서 중요할 때도 있을 것이다. 그러나 그런 경우에 상이 담당하는 역할은 시간의 흐름과 관계되는 시제의 역할과는 본질적으로 그 성격이 다르다.

■ '-었-'이 상이라는 주장의 문제점

한국어 연구에서 '-었-'이 시제가 아니라 상이라는 주장이 많이 제기

해석하는 방법도 생각할 수는 있으나, 이는 받아들이기 어렵다.

되었는데, 이러한 주장은 다음과 같은 문제점이 있다고 생각된다.

첫째, **논리의 문제**이다. '-었-'의 기능을 시간상황과의 대응 관계로 충분히 설명할 수 있다면 그것은 시제라 할 수 있고, 그렇지 않다면 시제라하기 어려울 것이다. 물론 어떤 형태소가 상황에 따라 시제를 나타내는지상을 나타내는지 모호한 경우도 있을 수 있다. 이런 경우는 다음과 같은방식으로 처리할 수 있다.

시제나 상의 범주는 각각 어떤 범주적 속성들을 가지는데, '-었-'이 시제와 상의 범주적 특성 가운데 어느 범주의 특성을 더 많이 가지느냐를기준으로 '-었-'의 범주를 결정한다. 거꾸로 말하면, '-었-'을 시제 또는상으로 다루었을 때 생기는 문제점을 비교하여, 어느 범주로 다루는 것이덜 비싼 값을 치르는지를 검토하여 '-었-'의 범주를 결정한다.

한 가지 유의할 것은, 어떻게 보든지 간에 적극적인 증거가 필요하다는것이다. '-었-'을 시제로 설명하기 어렵기 때문에 상이라고 한다든지, 상으로 설명하기 어렵기 때문에 시제라고 한다든지 하는 논의는 받아들이기 어렵다는 것이다. 가령 다음의 문장들이 과거로 해석되기 어렵다고 한다면, 이것을 완료로 해석하면 자연스럽게 해석되는가 하는 것을 고려해야 한다는 것이다.

둘째, **언어 자료의 문제**이다. '-었-'의 기능을 정확히 살피자면, 그것이 결합한 동사, 형용사, 지정사와 같은 모든 용언에 나타나는 '-었-'을검토하고, 또 용언의 종결형, 관형사형, 명사형, 접속형과 결합하는 '-었-'을 검토해야 한다. 그런 다음에 그 모든 자료로부터 얻어지는 결과를 가지고 어떤 결론을 내려야 한다. 그런데 앞선 연구에서는 (극히) 한정된 자료에 의거하여 결론을 내리고 있는 경향도 있었다. 그러나 한정된 자료에의거한 관찰의 결과들이 다른 더 큰 자료들에 의거한 관찰을 뒤엎을 수는없는 일이다.

셋째, **언어의 역사성의 문제**이다. '-었-'과 '-어 있-'의 의미적 관련성은 15세기 한국어와 현재의 한국어에서 차지하는 위치가 다르다. '-어 잇-'이 '-었-'으로 바뀌면서, '-어 잇-/이시-'가 사라진 것이 아니라, '-었-'과는 별도로 존재하면서 '-고 있-'과 대립하는 체계로 바뀌었다는 것이다. 언어의 변화는 개별 항목이 바뀌는 것이 아니라, 체계가 바뀌는 것이다. 따라서 어떤 문법 항목이 역사적으로 관련되어 있다 하여, 20세기의 언어 체계를 15세기의 언어 체계를 바탕으로 해석할 수는 없다. 다음을 보면 '-었-'과 '-어 있-'이 전혀 다른 체계에 속한다는 것을 잘 알 수 있다.

> (18) ㄱ. 무궁화 꽃이 **피어 있었다**.
> ㄴ. 무궁화 꽃이 **피고 있었다**.

물론 언어 체계가 바뀌었다 하여 앞선 체계와 완전히 단절되는 것이 아니라, 어느 정도의 관련성이 유지되는 경우도 있다. 앞의 예들에서 '-었-'이 '-어 있-'과 관련되어 해석될 수 있는 것도 아마 그런 것에서 비롯되는 것일 것이다. 그러나 그것은 역사의 흔적일 뿐이다. 그러한 예들은 현대의 언어 체계에서 보면 변두리에 속하기 때문이다.

9.2. 시간과 시제

■시제의 개념

시간을 나타내는 말들에는 '시간위치어, 시간양상어, 시제' 등의 여러 가지가 있다. 시간위치어는 '1987년 6월, 어제, 아까, 지금, 이따가, 내일' 등과 같이 어떤 일에 대한 시간적 위치를 나타내는 말이다. 시간양상어는 '항상, 늘, 종종, 가끔, 점점, 끝내, 결국, 마침내, 비로소, 아직, 여태, 미처'

등과 같이 어떤 일이 일어나는 시간적 양상을 나타내는 말이다.

시제는 시간을 나타내는 말의 한 종류로서, 시간의 관념이 용언의 토로 실현된 것을 가리킨다.

(19) 갔다, 간다, 가더라; 가는, 갔던; 가고, 갔고, 갔더니, ...

■시간을 나타내는 말과 시제의 관계

어떤 언어에 시제가 없다고 해서, 그 언어에 시간의 관념이 없다는 것을 의미하는 것은 아니다. 시간의 관념은 시간위치어로 표현되기도 하고, 실제로 시간과 관련된 아무런 표현이 없다고 하더라도 상황이나 문맥 등을 통하여 시간의 관념을 이해할 수 있기 때문이다.

■담화의 시간상황과 문장의 시간상황

이 세상에서 일어나는 모든 일은 어떤 시간상황 속에서 일어난다. 그러나 시간상황을 나타내는 시간위치어가 문장의 성분으로 항상 실현되는 것은 아니다.

(20) ㄱ. 나는 **어제 저녁에** 영이를 만났다.
　　　ㄴ. 나는 영이를 만났다.

(20)에서 ㄱ은 '어제 저녁에'라는 시간위치어와 '만났다'라는 용언의 시간형이 나타나 있다. 그런데 ㄴ에서는 시간위치어가 쓰이지 않고 용언의 시간형만 나타나 있다. 여기서 ㄴ의 경우, 시간위치어는 담화 속에서 찾을 수 있다. 예컨대, 다음의 담화에서 ②의 시간은 ①의 시간을 나타내는 '어제 저녁'이다.

(21) ① **어제 저녁**이었다. ② 나는 영이를 만났다.

이렇게 보면, 시간상황은 담화의 시간상황과 문장의 시간상황으로 나누어 생각해 볼 수 있다. 담화는 한 개 이상의 문장들로 구성되는데, 담화를 구성하는 문장들 가운데 일정한 문장들은 동일한 담화의 시간상황에 속한 것들로 한데 묶인다. 이러한 담화의 시간상황과 문장의 시간상황의 관계를 그림으로 간략히 나타내면, 다음과 같다.

(22) 담화의 시간상황과 문장의 시간상황

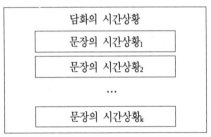

(22)에서 문장들의 시간상황은 동시적일 수도 계기적일 수도 있다. 그러나 동시적이든 계기적이든 간에, 그것들은 담화의 시간상황에서 보면 일정한 시간대별로 묶어서 생각할 수 있다.

한편, 담화의 시간상황과 문장의 시간상황의 관계는 담화의 유형에 따라 다를 수 있다. 담화에 담긴 일을 기술하면서, 일의 시간의 거리와 범위를 조정한다. 이러한 조정 과정이 담화의 시간상황과 문장의 시간상황의 표현에 영향을 미칠 수 있을 것이다. 예컨대 현장성이 강조되는 등산일지와 비교적 객관적인 시간이 중요한 신문기사나 일관된 시점을 요구하는 설명문은 시제의 실현 방식이 다를 수밖에 없다. 따라서 시제의 실현은 담화의 유형에 따른 분석이 필요할 것이다.

■실제 세계와 담화 세계의 관계

여기서 담화의 시간상황은 어떤 일이 실제로 일어난 시간상황과 구별해야 한다. 시제는 기본적으로 사건시와 발화시의 앞뒤 관계로 논의되는데, 여기서 발화시와 사건시의 관계는 생각보다는 조금 복잡하다. 어떤 일에 대한 지식은 직접 경험한 것도 있지만, 다른 사람의 말을 통해 전해 듣거나 학습 등을 통한 간접 경험으로 얻어진 것도 있다. 또 상상력으로 만들어진 일도 있다.

여기서 직접 경험한 일에 한정하여 발화시와 사건시의 관계를 생각해 보자. 발화시와 사건시의 관계가 단순하게 해석되는 경우는 다음과 같은 경우이다. 직접 경험한 일을, 그 일을 경험하는 순간에, 바로 언어로 표현하는 경우에는 현재[-과거] 시제로 표현할 것인데, 기준시는 발화하는 순간인 발화시이다. 그리고 직접 경험한 과거의 일이나 간접 경험한 과거의 일을 언어로 표현하면 보통 과거 시제로 표현하는데, 기준시는 역시 발화시이다.

그런데 직접 경험한 과거의 일이나 역사적 사건처럼 간접 경험한 과거의 일을 현재 시제로 표현할 수도 있다. 이 경우에는, 발화시를 발화하는 순간이라고 정의한다면, 기준시가 발화시라고 하기 어렵다. 그 까닭은 사건시가 발화시 이전에 일어난 일인데도 불구하고 과거 시제가 아니라 현재 시제로 표현하고 있기 때문이다.

따라서 (23)로 표시된 담화의 시간상황은 어떤 일이 실제로 일어난 시간상황과 1 대 1로 대응하는 것이 아님을 알 수 있다. 이를 설명하기 위해서, 실제 세계와 담화 세계를 구별할 필요가 있다. 사실 직접 경험한 과거의 일이든 간접 경험한 과거의 일이든 간에, 과거의 일은 기억과 상상력에 의하여 재구성된 일이다. 그리고 그러한 과정에서, 시간상황뿐만 아니라, 시점의 작용에 따라 인칭이나 공간 상황 등의 일에 참여하는 모든 요

소들이 재구성될 것이다. 이러한 실제 세계와 담화의 세계의 관계를 다음
과 같이 나타낼 수 있다.

(23) 실제 세계와 담화 세계의 관계

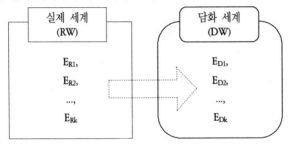

시제의 해석도 실제 세계와 담화 세계의 관계 속에서 논의되어야 할 것
이다. 시제는, 실제 세계의 일이 일어난 시간과 발화시의 앞뒤 관계를 나
타내는 것이 아니라, 담화 세계의 일이 일어난 시간과 발화시의 앞뒤 관
계를 말하는 것이다. 시제와 실제 세계의 시간상황과의 관계는 시제의 사
용의 문제라 할 수 있다.3)

■**기준 시점**

시제의 논의에서 어떤 일의 시간적 위치를 정하는 기준을 명확히 해야
한다. 여기서는 다음과 같은 다섯 가지 기준을 제시한다. 이것들은 다음과
같이 정의되는데, 상세한 것은 뒤에 논의된다.

---

3) 그런데 시제 범주는 문장의 범주이지 담화의 범주는 아님을 분명히 해 둘 필요가 있다.
곧 시제는 담화 세계 속에서 해석되는 문장의 범주라는 것이다. 그리고 문숙영(2008)에서
는 시제 형식의 의미와 시제 형식의 사용을 구별했는데, 이 글의 입장에서는 시제의 사
용은 실제 세계에서의 시간과 담화 속에서의 다양한 해석을 포괄하는 것으로 해석할 수
있다.

(24) 기준 시점

발화시	어떤 일에 대한 표현을 발화한 시간의 위치
사건시	어떤 일이 실제로 일어난 시간의 위치
가정시	발화시에는 일어나지 않은 어떤 일을 관찰할 수 있는 시간이라고 가정된 시간의 위치
인식시	발화시에 앞서 일어난 어떤 일을 직접 인식할 수 있는 시간이라고 가정된 시간의 위치
담화시	담화를 구성하는 문장들이 나타내는 일들이 일어나는 주된 시간의 위치

이러한 기준 시점들에 따라 '-었-'과 '-더-'가 다양한 시간적 양상들로 해석된다는 것을 살필 수 있다.

9.3. '-었-'

■ **과거와 비과거**

시제는 이러한 과거와 현재와 미래에 관한 시간 관념이 용언토로 반영된 문법 범주를 가리킨다. 그런데 '-었-'은 분명히 [+과거]의 시간위치어와 제약 관계를 형성한다.

> (25) ㄱ. {*어제, 내일} 영화를 본다.
> ㄴ. {어제, *내일} 영화를 보았다.

이렇게 본다면, 한국어에서 '-었-'을 [+과거]의 시제를 표시하는 언어형식으로 볼 수 있다. 그리고 '-었-'이 실현되지 않을 경우에는 현재와 미래의 시간위치어가 쓰인다. 따라서 현재와 미래를 묶은 [-과거]를 나타

내는 '-∅-'를 설정할 필요가 있다.[4]

(26) ㄱ. 영이는 {*어제, 지금, 내일} 간다.
　　ㄴ. 영이는 {어제, *지금, *내일} 갔다.

■시제의 도식(1) : 발화시(U) 기준

이상의 논의에 따라, 한국어의 시제는 발화시와 사건시의 관계에 따라
다음과 같은 도식으로 나타낼 수 있을 것이다.

(27)

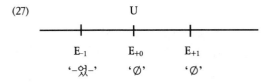

■가정시(S) : [-과거]와 공기하는 '-었-'

'-었-'은 [-과거]의 시간위치어와 공기하는 경우도 있는데, 이 경우는
조금 다른 해석이 필요하다.

(28) 나는 내일 죽었다.

먼저, "내일 죽었다"라는 표현의 의미가 "어제 죽었다"라는 표현의 의미
와 바로 대응하는 것이 아니라고 생각된다. "내일 죽었다"라는 표현은 명
시적으로 표현되든지 그렇지 않든지 간에, 조건을 필요로 한다. 예컨대,
다음과 같은 문장으로 쓰일 수 있는 것이다.

---

4) '-는다/ㄴ다'의 '는/ㄴ'은 현재를 나타내는 표지로 보기 어렵다. '보았는가, 예뻤는가' 등
　에서 보면 '는'이 과거의 형식과 함께 쓰일 수 있기 때문이다.

(29) ㄱ. 이 숙제를 하지 못하면, 나는 내일 죽었다.
　　　 ㄴ. 이 일을 끝내지 못하면, 너는 내일 죽었다.

(29)의 문장은 간단하게 이렇게 말할 수 있겠다. 앞의 문장의 일을 '내일' 일어날 것을 예상하고, 그 '내일'의 시점으로 옮겨가서, 뒤의 문장의 일이 과거에 이미 일어난 것처럼 기술한 것이다.

(30)과 같은 표현도 마찬가지인데, 이 문장은 (31)과 같은 상황에서 쓰일 수 있을 것이다.

(30) 내일 소풍을 갔으면, 좋았을 텐데.

(31) [오늘 소풍을 갔는데, 비가 와서 소풍을 망쳤다. 그런데 일기예보를 보니, 내일은 맑은 날씨라고 한다. 그래서 '소풍을 가는' 일이 내일로 예정되어 있었으면 좋겠다고 생각한다. 그리고는 내일의 일을 가정하여 상상하면서, 위와 같이 말한다.]

(30)과 (31)에서 '내일'은, 발화시를 기준으로 하면 [-과거]이다. 그런데 위의 해석으로 보면, 말할이의 상상 속에서 예정된 시간이기도 한데, 이러한 시간의 위치를 **가정시**라고 하자. 그러면 위 문장의 '-었-'은 가정시를 기준으로 한 [+과거]로 해석될 수 있다.[5]

---

5) 이러한 '가정시' 기준으로 한 시제의 해석은 [-과거]의 'Ø'의 경우도 그대로 유지된다. 이러한 표현은 일종의 가정법이라고 할 수 있는데, 이러한 현상을 문법에 어떻게 반영해야 할지에 대해서는 더 이상 논의하지 않는다.
(28)' ㄱ. 이 숙제를 하지 못하면, 나는 내일 죽는다.
　　　　 ㄴ. 이 일을 끝내지 못하면, 너는 내일 죽는다.
(29)' 내일 소풍을 가면, 좋을 텐데.

■시제의 도식(2) : 가정시(S) 기준

이상과 같은 [−과거]의 시간위치어와 공기하는 '−었−'의 해석을 다음의
도식으로 나타낼 수 있다.

(32)

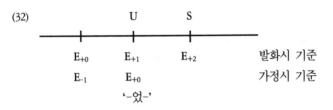

한편 '−었−'이 [−과거]의 시간위치어와 공기하는 다음의 문장들에서도
'−었−'을 가정시를 기준으로 한 [+과거]로 해석할 수 있다.

    (33) ㄱ. (목표 지점을 눈앞에 두고) 이제 다 왔다.
        ㄴ. (어떤 어려운 일을 해결하고) 이제 살았다.

(33)의 표현들은 원하는 바가 바로 눈 앞에 이루어질 것이라는 것을 확
신하면서 안도하는 마음을 표현한 것인데, 이것들도 일종의 가정법처럼
쓰인 것으로 볼 수 있다. 역시 시점이 미래에 가 있다.

9.4. '−더−'

■'−더−'와 시간위치어

'−더−'는, [+과거]의 시간위치어인 '어제'와 공기하는 것을 보면, 발화
시를 기준으로 한 [+과거]로 해석되는 것처럼 보인다. 그러나 '−더−'가

'-겠-'과 통합하여 쓰일 경우에 [-과거]의 시간위치어인 '내일'과도 공기하는 것을 보면 그렇지 않다는 것을 알 수 있다.

(34) ㄱ. 영이가 어제 떠나더라.
ㄴ. 어제 그 사람 참 멋있더라.

(35) ㄱ. 내일 아침에 가겠더라.
ㄴ. 그 죄수는 내일 죽겠더라.

이렇게 '-더-'가 시간위치어 '어제'와 '내일'과 자유로이 결합되는 것으로 볼 때, '-더-'는 발화시와 관련하여 해석되는 것이 아니라는 것을 알 수 있다. 곧 발화시를 기준으로 보면, (34)은 [+과거]이고, (35)는 [-과거]이다. 따라서 '-더-'는 발화시와 사건시의 앞뒤 관계를 나타내는 시제와 직접 관련되는 것은 아니라고 할 수 있다.

그런데 (34)와 (35)는 다음과 같은 표현으로 바꾸어 볼 수 있다.

(36) ㄱ. (어제 보니까) 영이가 어제 떠나더라.
ㄴ. (어제 보니까) 어제 그 사람 참 멋있더라.

(37) ㄱ. (어제 보니까) 내일 아침에 가겠더라.
ㄴ. (어제 보니까) 그 죄수는 내일 죽겠더라.

(36)과 (37)에서 괄호 안의 '어제'는 말할이가 어떤 일을 관찰한 시간을 가리킨다. 그리고 괄호 밖의 시간위치어는 사건이 일어난 시간(사건시)을 가리키는데, (36)의 '어제'는 [+과거]이고, (37)의 '내일'은 [-과거]이다. 여기서 '-더-'가 사건시 [+과거]로도 쓰였고, [-과거]로도 쓰인 현상을 설명해야 한다.

■ '-더-'의 의미

사실 '-더-'는 말할이가 직접 인식한 일을 현재 눈 앞에 일어나고 있는 것처럼 기술하는 것을 나타내는 것으로 보인다. 이것을 제대로 해석하기 위해서는, 시제 기술을 위하여 설정한 사건시와 발화시 외에, 말할이가 어떤 일을 인식한 시간을 가리키는 **인식시**를 설정할 필요가 있다(한동완 1996 : 72 참조). 인식시는, 항상 발화시보다 앞서기 때문에, [+과거]이다. 그러면 '-더-'는 어떤 일을 인식시[+과거]를 기준으로 하여 [-과거]로 인식하면서 표현한 것이다.

전통적으로 '-더-'는 '회상'의 기능을 가지는 것으로 기술했는데, 회상이라는 개념은 순수하게 시제의 개념이라 보기는 어렵다. 회상은 어떤 일이 일어나는 시간적 위치가 아니라, 그 일을 인식하는 시간적 위치를 나타내기 때문이다. 회상을 시제와 관련하여 다음과 같이 말할 수 있을 것이다. **'-더-'는 [+과거]에 일어난 일을 회상하는 시간[인식시]을 기준으로 그 일을 [-과거]로 인식하는 것을 나타낸다.**

■ 시제의 도식(3) : 인식시(C) 기준

이러한 [+과거]나 [-과거]의 시간위치어와 공기하는 '-더-'의 해석을 도식으로 나타내면 다음과 같다.

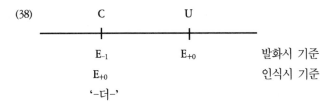

(38)

C	U
E$_{-1}$	E$_{+0}$	발화시 기준
E$_{+0}$		인식시 기준
'-더-'		

■ '-었더-'의 해석

물론 '-더-'가 '-었-'과 함께 나타나기도 한다.

(39) ㄱ. 지난 밤에 눈이 오더라.
   ㄴ. 지난 밤에 눈이 왔더라.

'-었더-'의 '-었-'은 발화시를 기준으로 한 [+과거]가 아니라, 인식시를 기준으로 한 [+과거]로 해석된다. 이를 도식으로 나타내면 다음과 같다.

(40)

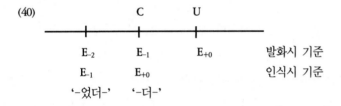

■ '-겠더-'의 해석

'-더-'와 시간위치어와의 결합에서, '-겠-'이 있고 없음에 따라 시간위치어와의 결합 제약이 다르다. '-더-'가 '-겠-' 없이 쓰이는 경우에는 [+과거]의 시간위치어와 결합하지만, '-겠-'과 함께 쓰이는 경우에는 [+과거]의 시간위치어와 결합하지 못한다.

(41) ㄱ. 영이가 {어제, *내일} 떠나더라.
   ㄴ. 영이가 {*어제, 내일} 떠나겠더라.

'-겠-'이 쓰인 (41)ㄴ의 문법성은 '-더-'가 쓰이지 않았을 때와 동일하다. 이런 점을 고려하면, '-더-'는 적어도 의미적으로는 '-겠-'과 통합한 앞 부분 전체와 관련하여 해석되는 듯하다. 곧 (41)의 '-겠더-'와 관련된 해석은 다음과 같이 나타낼 수 있다는 것이다.

(42) ㄱ. [영이가 어제 떠나]-더라.
ㄴ. [영이가 내일 떠나겠]-더라.

만일 그렇게 분석한다면 (41)ㄴ은 '영이가 내일 떠난다'고 추정한 발화시를 기준으로 한 [+과거]의 일을 인식시를 기준으로 한 [-과거]로 표현한 것으로 해석된다.

그러면 '-더-'가 쓰인 문장의 시간위치어는 '-겠-'이 있고 없음에 따라 달리 해석된다는 것을 알 수 있다. 곧 '-겠-'이 쓰이지 않은 (41)ㄱ에서는 '어제'가 '-더-'와 관련하여 해석되고, '-겠-'이 쓰인 (41)ㄴ에서는 '내일'이 '-겠-'과 관련하여 해석된다는 것이다.

■ '-더-'와 관련된 제약들

'-더-'는 어떤 일에 대한 말할이의 인식을 표현할 때 사용하는 것이기 때문에, 말할이 이외에 다른 사람들과 이미 공유된 어떤 일을 기술하는 데는 적합하지 않다.

(43) ㄱ. ?이순신 장군은 영웅이더라.
ㄴ. ?조금 전에 너도 보았듯이, 민기가 참 잘 싸우더라.

그래서 '-더-'는, 보통의 경우에는, 말할이 자신이 주어일 경우에는 사용되지 않는다.

(44) ㄱ. {*나는, 너는, 그는} 예쁘더라.

ㄴ. {*나는, 너는, 그는} 키가 크더라.
ㄷ. {*나는, 너는, 그는} 담배를 피우더라.
ㄹ. {*나는, 너는, 그는} 운동장을 뛰더라.

이러한 인칭 제약을 보면, '-더-'는 [+과거]인 인식시로 옮겨가, 그 인식시를 [-과거]로 인식하면서 그 일을 기술한다고 설명하는 것으로는 충분치 않다는 것을 알 수 있다. 사실 '-더-'의 인칭 제약은 통사론의 문제가 아니라, 화용론의 문제인 것 같다. 어떤 문맥이 주어지면, '-더-'가 1인칭 주어와 결합할 수 있기 때문이다.

(45) ㄱ. 모인 사람 중에서, 내가 제일 예쁘더라.
ㄴ. 알고 보니, 나도 키가 크더라.
ㄷ. 주위를 둘러 보니, 나만 담배를 피우더라.
ㄹ. 정신을 차려 보니, 나만 운동장을 뛰고 있더라.

(44)와 (45)를 대비하여 보면, (44)에서는 1인칭 주어와 공기하지 못하는데, (45)에서는 공기할 수 있는 까닭을 생각해 볼 수 있겠다. (44)는 말할이 자신이 어떤 일을 분명히 인식한다는 상황이 주어져 있는데 비하여, (45)는 그렇지 않다.

■ 복합문에서의 '-더-'

복합문에서 '-더-'는 관형사형토 '-은'과 결합할 수 있으며, 접속형토 '-은데, 으니'와 결합할 수 있다. 그런데, 관형사절이나 접속문의 앞 절에서는 '-더-'에 인칭의 제약이 없다.

(46) ㄱ. [내가 가끔 가던] 술집이 없어졌다.
ㄴ. 학교에 {가던, 갔던} 나는 영이를 만났다.

ㄷ. [그렇게 아름다웠던] 내가 이렇게 되다니, 믿을 수 없다.

(47) 내가 달려갔더니, 영이는 뺨을 갈겼다.

보충 종속절에서 왜 '-더-'와 인칭 사이에 제약이 없는가?

주절과 종속절의 의미 특성의 차이에 비롯된 것이라고 생각할 수도 있다. 주절에는 말할이의 판단이 강하게 작동하는데 비하여, 종속절에는 비교적 말할이의 판단이 덜 작동한다고 생각할 수 있다는 것이다. 곧 종속절은 주절에 비하여 상대적으로 객관적인 상황이기 때문에, '-더-'도 인칭과 제약이 없어진 것이라 생각할 수 있다는 것이다.

이유야 어쨌든 간에, 주절과 종속절에서의 이러한 쓰임을 고려하여, 주절에 사용된 '-더-'와 종속절에 쓰인 '-더-'를 구분할 수도 있겠다. 하나의 방법은 종속절의 '-더-'는 안맺음토의 자격을 더 이상 유지하지 못하고, 맺음토의 일부로 문법화된 것으로 볼 수도 있을 것이다.

9.5. 담화의 시제 : 시제의 교체와 '-었었-'의 용법

■담화의 시간과 시제

담화는 문장들이 결합하여 형성된 것이다. 그런데 담화를 형성하는 각 문장의 일들이 일어나는 일정한 시간 표현들이 결합하여 담화의 시간의 흐름을 형성하게 된다. 이때 담화의 일들이 일어나는 일정한 범위의 동일한 시간적 위치를 가정할 수 있다. 예컨대, 다음의 담화를 보자.

(48) ① **어제** 갑자기 우리 집엘 오지 않았겠니? ② 그가 우리 집엘 다 왔어. ③ 그 뿐인 줄 아니? ④ 같이 시내에 나가 '아담과 이브'라는 영화를 보았어.

(48)의 담화에서, 시간위치어는 ①에만 나타나고, ②-④에는 그러한 시간위치어가 쓰이지 않았다. 그러나 ①의 '어제'라는 시간위치어는, 시간위치어가 쓰이지 않은 ②-④의 문장에도 그대로 적용된다. 곧, (48)의 ①-④는 모두 '어제'라는 동일한 범위의 시간적 위치에서 일어나는 일로 묶여 있다. 여기서 어떤 일들이 묶여 있는 동일한 범위의 시간적 위치가 담화의 흐름에서 주된 시간적 위치를 차지할 때, 그 시간적 위치를 **담화시**라 하자. 담화시로 표지된 문장들은 보통 동일한 시제 표지로 나타나는데, (48)에서는 [+과거]인 '-었-'으로 실현되어 있다.

■시제의 교체

앞에서 '-었-'과 '-더-'의 시간적 양상이 발화시 또는 인식시, 또는 가정시를 기준으로 해석됨을 살폈다. 그런데 한국어 시간의 어떤 양상은 담화시를 기준으로 해석되기도 한다. 담화에서 '-었-'과 '-∅-'가 서로 교체되어 쓰이는 현상과 '-었었-'의 쓰임이 그것이다. 아래에서는 이러한 문제들을 살피기로 한다.

담화시는 보통 담화를 구성하는 모든 문장들이 동일한 시제로 표지된다. (49)와 (50)의 예를 보면, (49)는 담화시가 [+과거]이고, (50)에서는 담화시가 [-과거]인데, (49)의 모든 문장들은 '-었-'으로 표지되어 있고, (50)의 문장들은 '-∅-'로 표지되어 있다.

(49) ① 종이 찢는 소리가 이따금 **들렸다.** ② 나는 벌떡 일어나 문을 열고 밖으로 **나갔다.** ③ 아주머니가 먼저 나를 **보았다.** ④ 아무 표정도 **없었다.**

(50) ① 종이 찢는 소리가 이따금 **들린다.** ② 나는 벌떡 일어나 문을 열고 밖으로 **나간다.** ③ 아주머니가 먼저 나를 **본다.** ④ 아무 표정도

없다.

그런데, 가끔씩 동일한 담화시로 묶인 문장들인데도, 다른 시제로 표지되는 경우가 있다. 예컨대 (51)의 담화에서, 담화시는 [＋과거]인데도 ③의 문장에는 '-었-'이 아니라 '-∅-'가 실현되었다.

> (51) ① 종이 찢는 소리가 이따금 **들렸다**. ② 나는 벌떡 일어나 문을 열고 밖으로 **나갔다**. ③ 아주머니가 먼저 나를 **본다**. ④ 아무 표정도 **없었다**.

(50)-(51)의 담화는 글쓴이가 의도적으로 시제를 조작한 예이지만, 아래의 예는 어떤 소설에서 따온 것인데, 소설에서는 이러한 예들을 흔히 발견할 수 있다.

> (52) ① 그는 아리랑 한 개비를 윤희섭에게 **주었다**. ② 그리고 라이타의 불을 켜서 **내밀었다**. ③ 윤희섭은 순순히 담배를 **피우고 있다**.

이러한 '-었-'과 '-∅-'의 교체 현상은 담화를 구성하는 문장들의 시간적 위치를 발화시를 기준으로 해석한 것과 담화시를 기준으로 해석한 것을 혼용하여 표현한 것으로 해석할 수 있다.

■시제의 도식(4) : 담화시(D) 기준

이러한 '-었-'과 '-∅-'의 교체 현상을 다음과 같은 도식으로 나타낼 수 있다.

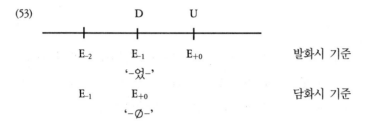

(53)

발화시 기준

담화시 기준

■ '-었었-'과 '-었-'

이제 '-었었-'에 대하여 살펴보자. 시간위치어와의 공기 관계를 보면, '-었-'은 '-었었-'과 쉽게 구별되지 않는다. '-었-'과 '-었었-'이 쓰인 하나의 문장만 보면, 직관적으로는 어떤 차이가 있음을 느낄 수 있으나, 그 차이의 구체적 내용을 입증하기는 어렵다. 그런데 담화에서의 쓰임을 관찰하면, '-었-'과 '-었었-'의 쓰임의 차이가 비교적 분명하게 드러난다.

물론 '-었었-'을 잘못 사용한 경우도 종종 눈에 띈다. 예컨대, '-었-'을 써도 되는 경우에도, '-었었-'을 사용한 경우도 있을 수 있다. 아래의 예가 그러하다. 이런 경우에는 '-었었-'을 잘못 사용했다고 할 수 있을 것이다.

(54) ① 황우석 교수 사건은 그야말로 티엔티급 충격이었다. ② 하지만 PD수첩 폐지는 티엔티급 우려와 **염려였었다.**

그러나 그러한 경우에조차도, '-었-'이 아니라 '-었었-'을 사용하려는 말할이의 의도를 엿볼 수는 있다고 판단된다. 다음의 예는 그러한 의도를 드러내기 위한 극단적인 경우이다.

(55) ① 갑신년 탄핵정국의 탄핵풍을 맞고, 당의 존립근거 마저도 흔들렸던 민주당. 그러나 끝까지 민주당 깃발을 부여잡고 버텨 온 인물들

에게 있어서 2007년은 희망의 해였다. ② 아니, **였었다!**

■ 담화시의 기준 : 과거 또는 비과거

이제 '-었었-'의 고유한 용법을 알기 위하여, 그것이 쓰인 문맥을 살펴보기로 한다.

먼저, '-었었-'이 쓰인 담화의 담화시는 '-었-'[+과거]인 경우도 있고, '-∅-'[−과거]인 경우도 있다.

(56) ① 아침을 먹는 중에 집사람이 물었다. ② 어제 세탁기를 다 돌린 후 수도를 잠갔느냐고. ③ 중고 세탁기와 건조기를 마련한 후 사실 어제가 처음으로 내가 세탁을 시작하고 끝냈던 날이다. ④ 한 달 전쯤 시작을 **시도했었으나** 사용법을 몰라 결국 집사람이 나머지를 다하고 **말았었다.** ⑤ 어제 스스로를 대견해 하며 잠자리에 들었는데 역시나 미진한 게 한두 가지가 아니었다.

(57) ① ○○○ 전대표님 지난 대선 때도 **탈당했었잖아요?** ② 나가려면 그분이 나가야 하지 않나요?

(58) ① 38수를 지나고 있다. ② 이창호 9단과 창하오 9단 모두 초반부터 많은 시간을 쓰고 있다. ③ 팽팽한 균형인데 절대 안 깨질 흐름이다. ④ 이창호 9단과 창하오 9단은 균형 감각이 매우 발달한 기사로 **소문났었다.** ⑤ 제한시간이 1시간이므로 본격적인 중반이 되면 초읽기에 몰릴 듯하다.

위의 예에서, (56)의 담화시는 '-었-'이고, (57)과 (58)의 담화시는 '-∅-'이다. 그리고 '-었었-'은, 담화시가 '-었-'이든 '-∅-'든 간에, 그 담화시를 기준으로 한 [+과거]를 나타낸다. 이를 도식으로 나타내면 다음과 같다.

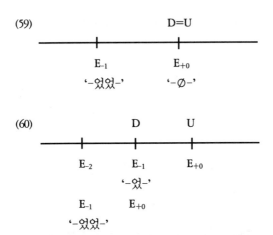

이렇게 보면, '-었었-'은 담화시를 기준으로 한 과거라고 할 수 있다. 앞선 연구에서, '-었었-'을 대과거 또는 과거의 과거라고 한 것은, 담화시가 과거인 경우, 곧 위의 (56)의 경우만 고려했기 때문이라 생각된다. 그러나 위의 (57), (58)과 같이 담화시가 비과거인 경우에도 '-었었-'이 쓰이는 경우가 아주 많다. 그런 경우에는, 발화시를 기준으로 한다면 '-었-'과 구별되지 않는다. 곧, '-었었-'과 '-었-'은 둘 다 과거이나, 그 기준이 다를 뿐이라는 것이다.

■ '-었었-'이 쓰인 텍스트의 시간대

실제로 '-었었-'이 쓰인 텍스트는, '-었었-'으로 표지된 문장의 시간대와 그 밖의 문장의 시간대의 두 시간대로 나누어짐을 알 수 있다. 그리고 '-었었-'으로 표지된 문장들은 그러한 분리된 시간대를 나타내는 '당시는, 그때는' 등의 시간위치어와 함께 쓰이기도 한다.

그리고 '-었었-'이 쓰인 문장들과 동일한 시간대를 나타내는 문장들에는 '한 바 있다' 등으로 표지되어 나타나기도 한다. 이에 대하여 이 글에서 상세히 논의하기는 어렵지만, '-었었-'의 용법을 좀 더 상세히 살피기 위해서는, '-었었-'이 쓰인 문장들 및 그 문장들과 동일한 시간대를 나타내는 문장들의 특징을 텍스트의 분포와 관련하여 살피는 것도 중요한 일이라 생각된다.

보충 '-었었-'의 오용?

때때로 '-었었-'은 본래 한국어에는 없는 것인데, 인도유럽어를 번역하는 과정에서 잘못 사용된 용법이라 말하기도 한다. 어느 시점인지 분명히 기억나지는 않지만, 한겨레신문에서 그런 취지의 논지를 밝힌 이후에 한겨레신문에서는 지금 '-었었-'을 사용하고 있지 않다. 그러나 그 이전에는 '-었었-'을 사용했는데, 그렇게 사용한 것은 그럴 만한 이유가 있어서일 것이다. 이에 대하여 다음과 같은 의견도 있다.

'~ 왔다'는 보조동사 '오다'에 과거시제 '았'을 더해 일정 기간 계속했음을 강조하려고 쓴 표현이다. 이는 '-했었다' '있었었다'에서 '-았었-, -었었-'처럼 어떤 시점에 끝난 일임을 분명히 하려고 과거형을 겹쳐 쓰는 경우와 함께 우리나라 사람들의 때매김 의식이 썩 분명해졌음을 보여주는 사례다. 최인호(한겨레말글연구소장), 때매김 '-해 왔다'.[6]

물론 앞에서도 지적한 바와 같이, '-었-'을 사용해도 될 곳에 '-었었-'을 사용하는 경우도 있는데, 이러한 것은 명백히 잘못 사용한 것이다. 그러나 어떤 말할이가 그렇게 잘못 사용한 경우에도 '-었었-'에 적합한 어떤 기능을 가진다는 의식이 잠재되어 있다고 할 수 있다.

---

6) http://www.hani.co.kr/arti/culture/book/109224.html

1. 시제의 기준 시점에 대하여 설명하시오.
2. '-었-'의 용법을 설명하시오.
3. '-더-'의 용법을 설명하시오.
4. 담화와 시제의 관계를 설명하시오.

│더 생각할 문제│

1. 법이란 용어에 대하여 생각해 보자.

2. 텍스트의 유형에 따른 구성 방식에 시간과 시제가 어떤 방식으로 관여되는지에 대하여 생각해 보자.

용언의 맺음토

1. 다음에 밑줄 친 '다른'들의 차이를 생각해 보시오.

   (1) ㄱ. 어제와 <u>다른</u> 오늘.
      ㄴ. 무게가 <u>다른</u> 구슬이 <u>다른</u> 구슬에 비해 무거운지 가벼운지 모른다.

2. 다음의 밑줄 친 '보기'들의 차이를 생각해 보시오.

   (2) ㄱ. 영화 오래 <u>보기</u> 대회를 개최한다.
      ㄴ. 달력 <u>보기</u>에서 일정을 작성한 후에 다른 여러 가지 형식의 <u>보기</u>
        로도 가능합니다.

용언의 맺음토에는 종결형토, 관형사형토, 명사형토, 접속형토가 있는데, 이 장에서는 이것들의 기능과 종류를 살핀다.

10.1. 맺음토 개관

■ 맺음토의 종류

한국어 맺음토는 다음과 같이 분류할 수 있다. 관형사형토와 명사형토[1]를 묶어 **전성형토**라는 상위 유형을 설정할 수도 있다.

> (1) ㄱ. 종결형토 : -다, -는다, -습니다; -느냐, -습니까; -어라, -으오,
>   -으십시오; -자
>   ㄴ. 관형사형토 : -은, -는, -을, -던
>   ㄷ. 명사형토 : -기, -음, {-은, -는, -을} 것
>   ㄹ. 접속형토 : -어, -게, -지, -고; -고, -으며, -으면, -으니, -는데,
>   -다가, -을수록

이러한 맺음토는 간접적 환경에서 분포가 상보적이며, 각기 다른 기능을 담당한다.[2]

> (2) ㄱ. 종결형토 :   / __ ## (S)
>   ㄴ. 관형사형토 :   /___N
>   ㄷ. 명사형토 :   /___P
>   ㄹ. 접속형토 :   /___{S, V}

■ 맺음토의 기능

이러한 맺음토들은 형태론에서는 용언 어간과 결합하여 어절을 형성하지만, 통사론에서 보면 용언이 형성하는 문장 또는 절의 통사적 성격을

---

[1] 부사형토도 설정할 수 있으나, 부사형토가 접속문의 앞 절과 쉽게 구별하기 어려운 점이 있기 때문에, 여기서는 일단 설정하지 않고 논의를 계속한다.
[2] ##는 상당한 쉼이 있다는 것을 나타낸다.

결정한다.

> (3) ㄱ. [영이가 영화를 본다].
> ㄴ. [영이가 본] 영화
> ㄷ. 영이는 [영화를 보기]를 좋아한다.
> ㄹ. 영이는 [영화를 보면서] 팝콘을 먹는다.
> ㅁ. 영이는 [영화를 보고] 있다.

'본다'와 같이 용언에 종결형토가 결합하면 완결된 문장을 형성하지만, '본, 보기, 보면서, 보고'와 같이 종결형토가 아닌 다른 맺음토가 결합하면 절을 형성한다. (3)에서 ㄴ의 내포절은 **관형사절**이며, ㄷ의 내포절은 **명사절**, ㄹ의 앞 절은 **접속문**의 앞절이다. ㅁ의 의존 용언 앞에 놓이는 절의 범주에 대해서는 다양한 주장이 있다.[3]

■ 전성형토의 특징

전성형토에 관하여 유의할 점 두 가지가 있다. 하나는 용언의 관형사형과 관형사의 차이고, 다른 하나는 용언의 명사형과 체언의 차이이다.

용언의 관형사형과 관형사의 차이를 보자. 관형사는 당연히 그 자체로 관형어가 된다. 그러나 용언의 관형사형은 그 자체로 관형어가 되지 않는다. (5)에서 '보는'은 그 자체로 관형어가 될 수 없다. '보는'은 용언으로서 반드시 서술어가 되고, 그 서술어가 다른 성분과 결합하여 절을 형성한 후에, 그 절을 관형사처럼 쓰이게 한다.

> (4) 새 옷

---

[3] '명사절이다, 부사절이다, 접속문의 앞 절이다' 따위의 여러 주장이 있다.

(5) ㄱ. *영화를 [[보는] 영이]
ㄴ. [[영화를 보는] 영이]

용언의 명사형과 체언의 차이도 이와 같다. 체언은 그 자체로 여러 성분으로 쓰일 수 있지만, 용언의 명사형은 그 자체로 여러 성분으로 쓰이지 못한다. (7)에서 '공부했음'은 그 자체로 여러 성분으로 쓰일 수 없다. '공부했음'은 용언으로서 반드시 서술어가 되고, 그 서술어가 다른 성분과 결합하여 절을 형성한 후에, 그 절을 체언처럼 쓰이게 한다.

(6) 영이가 학교에 갔다.

(7) ㄱ. *[열심히 [[공부했음(이)] 확실하다]]
ㄴ. [[열심히 공부했음(이)] 확실하다]

그리고 체언에 관형사가 결합한 것에 다시 관형사가 결합할 수 있지만, 체언에 관형사절이 결합한 것에는 다시 관형사가 결합할 수 없다.

(8) ㄱ. [그 [새 옷]]
ㄴ. *[그 [영화를 보는 영이]]

또, 명사절에 관형사가 결합할 수 없는데, 명사절의 궁극적인 중심어가 용언이고, 따라서 명사절은 용언의 성질을 가지기 때문이다.

(9) ㄱ. [그 옷]
ㄴ. *[그 [열심히 공부했음]]

다른 하나는 **두 기능법**이란 용어에 관한 것이다. 이 용어는 하나의 언어 형식이 두 가지 기능을 가진다는 뜻으로 붙여진 이름인데, 정확하게 붙여진 이름이 아니다. '보는'이나 '공부했음'에서, '-는'과 '-음'을 두 기능법이라 했는데, 사실 이것들이 두 기능을 가지는 것이 아니다. 엄밀히 말하자면 두 기능을 가지는 것은 '보는'이나 '공부했음'이다. '보는'은 서술어로 쓰이면서, 그것에 다른 성분이 결합하여 형성된 문장(이나 절)의 성분이 관형어임을 표지한다.

보충 **맺음토와 문장의 구조**

용언토가 통사론에서 어떻게 다루어지는지에 대해서는 앞에서 개괄적으로 살폈는데, 여기서 다시 간략히 정리해 두기로 한다. 전통 문법이나 구조 문법을 포함한 모든 문법에서 토의 통사적 기능에 대하여 잘 기술하고 있다. 그런데 토를 문장의 구조의 기술에 반영하는가, 반영한다면 어떤 방식으로 반영하는가 하는 문제에서는 조금씩 다르다.

전통 문법인 주시경(1910)에서는 맺음토를 문장의 성분으로 설정하였는데, 관형사형토와 일부의 접속형토를 '빗'으로, 대부분의 접속형토는 '잇'으로 분석하였다. 그러나 구조 문법에서는 통사론의 최소 단위를 어절로 보았기 때문에, 이 토들을 통사론의 구조에 반영하지 못했다. 최근의 변형 문법에서는 토를 문장의 성분으로 설정할 뿐만 아니라, 그것을 구(나 절)⁴⁾의 중심어로 보았다. 이러한 분석에서는 맺음토와 관형사형토, 명사형토는 **절 표지**(Complementizer, C)로 분석되고, 접속형토는 **접속 표지**(Conjunctive, Conj)로 분석된다.

그런데, 이렇게 맺음토가 통사론에서 일정한 기능을 담당한다고 하여 반드시 통사론의 성분으로 설정해야 하는 것은 아니다. 최근에 HPSG는 통사론의 최소 성분을 어절로 설정하면서도, 용언토의 통사적 기능을 문장의 구조 기술에 반영하는 방법을 개발하였다.

이 글에서는 최근의 변형 문법의 방법과 HPSG의 방법 가운데 어느 것이 더 나은지 하는 문제에 대해서는 논의하지 않는다. 다만 유의할 것은, 어느 방법을 선택하든지 간에, 그러한 분석의 장점과 단점을 이해하고, 그것에 바탕을 둔 일정한 기준에 따라 선택해야 한다는 것이다. 선택의 기준으로 생각할 수 있는 것은, 문법의 설명력, 문법 체계의 간결함, 토박이 말할이의 직관 등을 생각할 수 있는데, 요즘에 와서는 전산 처리의 용이함도 고려할 수 있겠다(최규수 2003 참조).

---

4) 절도 구의 한 종류인데, "영이가 가는"이나 "영이가 가기"(나 "영이가 간다"처럼 중심어

10.2. 종결형토

종결형토는 완결된 문장을 나타내는 표지이면서, 들을이에 대한 말할이의 태도를 드러내는 **서법**과 들을이와의 사회적 지위 관계를 나타내는 **상대높임법**이 실현되는 토이다.

서법에는 **서술법**과 **의문법**, **명령법**과 **청유법**이 있다.

> (10) ㄱ. 영이는 영화를 본다.
> ㄴ. 영이는 영화를 보느냐?
> ㄷ. 영이는 영화를 보아라.
> ㄹ. 영화를 보자.

상대높임법의 이름은 '하-'에 명령형토로 결합된 형식으로 표시하는데, '-하십시오, -하오, -하게, -해라; -해요, -해'의 여섯 등급이 있다.

> (11) ㄱ. 영화를 보십시오.
> ㄴ. 영화를 보오.
> ㄷ. 영화를 보게.
> ㄹ. 영화를 보아라.
> ㅁ. 영화를 보아요.
> ㅂ. 영화를 봐.

이 가운데, (11)의 ㄱ~ㄹ은 격식을 차릴 때 사용하는 표현이고, ㅁ과 ㅂ은 격식을 차리지 않고 말할 때 사용하는 표현이다.

가 용언인 구가 절이다. 그리고 문장은 절의 특수한 경우인데, 문장은 독립된 지위를 차지하는 절을 가리킨다.

10.3. 관형사형토

■ 관형사형토와 관형사절

관형사형토는 **관형사절**을 형성하는 것인데, 용언과 그것이 선택하는 성분이 결합하여 형성된 언어 형식을 관형사처럼 쓰이게 한다. '-은'과 '-는', '-을', '-던'이 있다.

■ 관형사절의 종류

관형사형토로 형성되는 관형사절은 **관계 관형사절**과 **명사의 보충어절**의 두 종류가 있다.

> (12) [영화를 보는] 영이.

> (13) ㄱ. 철수는 [영이가 시집을 갔다는] 사실을 알았다.
>   ㄴ. 철수는 [영이가 시집을 갔다는] 소문을 들었다.

> (14) ㄱ. 영이는 [어찌할] 바를 몰랐다.
>   ㄴ. 영이는 [철수와 사랑에 빠질] 줄은 꿈에도 몰랐다.

(12)의 내포절은 관계 관형사절이고, (13)과 (14)의 내포절은 명사의 보충어절이다. 이 두 절의 차이는 다음과 같다. 첫째, (12)의 관형사절은 **부가어**(나 **수식어**)인데 비하여, (13)과 (14)의 관형사절은 **보충어**라는 것이다. 둘째, (12)의 관형사절은 그 절의 어떤 성분이 그 관형사절이 수식하는 명사와 동지표되어야 하는데 비하여, (13)과 (14)의 관형사절은 그렇지 않다는 것이다. 이러한 내용을 (12)의 구조를 반영하면 다음과 같이 나타낼 수 있다.

(15) [Ø_i 영화를 보는] 영이_i

보충 종결형토와 관형싸형토의 겹침

종결형토와 관형사형토가 결합하여 한 관형사형토처럼 보이는 것들이 있다.

(1) ㄱ. 이 땅에 평화는 언제 오-ㄴ단 말인가.
ㄴ. 어디에 있었-느냐는 말을 몇 번씩이나 되묻는다
ㄷ. 함께 먼 길 가-자던 그리운 사람.
ㄹ. 길이 없을 때 보-라던 편지.

이것들을 종결형토와 관형사형토가 융합하여 형성된 한 개의 관형사형토로 보아야 할까? 아니면 두 종류의 토가 겹친 것으로 보아야 할까? 앞의 견해로 본다면, 관형형토 '-은, -는, -을, -던'이 다양한 종결형토와 결합한 형식들이 있는데, 그것들을 모두 관형사형토로 보아야 한다는 문제가 생긴다. 이러한 점을 고려하여, 이 글에서는 일단 이것들을 두 개의 형태소가 겹친 것으로 본다. (이렇게 보면, 관형사형토를 종결형에 붙은 접어로 볼 수 있다.) 그런데 어떻게 보든지 간에, 그것들이 결합한 전체 용언형이 관형사형이라는 것은 변하지 않는다.

10.4. 명사형토

■ 명사형토와 명사절

명사형토는 **명사절**을 형성하는 것인데, 용언과 그것이 선택하는 성분이 결합하여 형성된 언어 형식을 명사처럼 쓰이게 한다. 명사절을 형성하는 언어 형식에는 명사형토 '-음'과 '-기'가 있는데, 주장에 따라 '{-은, -는, -을} 것'을 포함시키기도 한다.

명사형토와 명사절을 둘러싼 문제들은 다음과 같이 정리할 수 있다.

(16) 명사형토와 관련된 몇 가지 문제

　ㄱ. 명사절과 용언(서술어)과의 통합 제약

　ㄴ. '-음'과 '-기'의 통사·의미적 차이

　ㄷ. 명사절 표지의 범위

■ 명사절과 용언(서술어)과의 통합 제약

　이것은 두 가지를 동시에 고려해야 한다. 하나는 용언을 (ⅰ) '-음'과만 결합하는 용언, (ⅱ) '-기'와만 결합하는 용언, (ⅲ) '-음'과 '-기' 둘 다와 결합하는 용언을 기준으로 살피는 것이고, 다른 하나는 어떤 성분을 취할 수 있는가를 기준으로 살피는 것이다. 이를 표로 정리하면 다음과 같다. 그런데 위치어, 방편어, 비교어는 용언과 기본적으로는 제약이 없으므로, 주어와 목적어만 고려하면 된다.

(17) '-음'과 '-기'와 용언과의 결합

		주절의 용언의 종류	의미
주어	'-음'	① 놀랍다, 옳다, 확실하다	감정
	'-기'	② 좋다, 나쁘다, 어렵다, 쉽다, 가능하다, 간단하다, 적합하다	판단
	둘다	③ 싫다, 두렵다, 괴롭다	감정
목적어	'-음'	④ 알리다, 진술하다, 단언하다, 선언하다, 고백하다, 나무라다, 꾸짖다, 평가하다, 비판하다, 비평하다	발화
		⑤ 알다, 모르다, 보다, 듣다, 느끼다, 잇다, 확인하다, 발견하다, 지각하다, 고려하다, 생각하다, 기억하다, 이해하다, 후회하다	인지/지각
	'-기'	⑥ 충고하다, 부탁하다, 명령하다, 제안하다, 주장하다, 약속하다, 맹세하다	명령/제안
		⑦ 믿다, 바라다, 기대하다, 요구하다, 강요	심리

	하다, 허락하다, 꺼리다, 머뭇거리다, 주저하다, 애쓰다, 시도하다, 설득하다, 결정하다, 계획하다, 결심하다	
둘다	-	

(18) ㄱ. 나는 영이가 집을 떠남이 싫다.
　　 ㄴ. 나는 학교에 가기가 싫다.

(19) ㄱ. 나는 홀로 남겨짐이 두렵다.
　　 ㄴ. 나는 어두운 길을 걸어가기가 두렵다.

(20) ㄱ. 나는 이것을 남에게 미루어야 함이 괴롭다.
　　 ㄴ. 나는 이 일을 하기가 괴롭다.

(21) ㄱ. 영이가 집에 갔음이 확실하다
　　 ㄴ. 영이에게로 감이 옳다.
　　 ㄷ. 영이가 결혼했음이 놀랍다.

(22) ㄱ. 나는 영이가 결혼함을 알렸다.
　　 ㄴ. 나는 그 영화를 보지 않았음을 고백했다.
　　 ㄷ. 할아버지께서 손자가 버릇없음을 나무라셨다.
　　 ㄹ. 영이는 아이가 물을 엎질렀음을 꾸짖었다.

(23) ㄱ. 나는 영이가 사랑에 빠졌음을 {알았다, 몰랐다, …}
　　 ㄴ. 영이가 엉뚱한 짓을 하고 있음을 {보았다, 느꼈다, …}
　　 ㄷ. 나는 영이가 결혼했음을 {기억했다, 잊었다, …}
　　 ㄹ. 나는 영이가 철수와 결혼함을 {이해했다, …}

(24) ㄱ. 아들에게 일을 열심히 하기를 {부탁했다, 명령했다, 제안했다, …}
　　 ㄴ. 영이가 그 책을 읽기를 {바랐다, 요구했다, …}
　　 ㄷ. 나는 밥을 먹기를 맹세했다.

■ '-음'과 '-기'의 의미적 차이

'-음'과 '-기'의 의미적 차이는 용언과의 통합 제약을 바탕으로 살펴볼 수 있을 것이다.

'-음'과 '-기'는 안맺음토와의 결합에 조금 차이가 있는데, 'V-었겠음' 이 잘 사용되지 않는데 비하여, 'V-었겠기'는 자연스럽게 사용된다. '-음' 이 결합하는 용언은, 들을이의 반응과 비교적 관련이 없이, 말할이의 감정 이나 인지/지각을 나타내는 것인 반면에, '-기'가 결합하는 용언은, 들을 이에 어떤 영향을 주고자 하는 말할이의 판단이나 행동, 의지를 나타내는 것들이 거의 대부분이다.

이를 바탕으로 '-음'과 '-기'의 의미적 차이를 다음과 같이 정리해 볼 수 있겠다.

(25) '-음'과 '-기'의 의미적 차이

	'-겠-'과 관련하여	용언과 관련하여
'-음'	+ 확정적 (+ 객관적)	말할이 지향 (- 상대적)
'-기'	- 확정적 (- 객관적)	들을이 지향 (+ 상대적)

■ '{-은, -는, -을} 것'의 문제

앞에서도 말했듯이, 명사절 표지로 명사형토 '-음'과 '-기' 이외에 '{-은, -는, -을} 것'을 포함시키기도 한다.

(26) ㄱ. 철수는 영이가 학교에 간 것을 알았다.
ㄴ. 영이는 철수가 놀고 있는 것을 알았다.
ㄷ. 영이는 철수가 학교에 갈 것을 요구했다.

그런데 이것들의 특성을 상세히 살피려면, '-음', '-기'와 통합되는 다른 언어 형식과의 통합 관계를 살핀 것과 꼭 같은 방식으로 살펴야 한다. 예컨대, 이 형식들과 주절의 용언과의 통합 관계를 살필 수 있을 것이다 (이 때, 이 형식들이 시제를 포함하고 있다는 것도 고려해야 한다).

여기서 이것들을 더 이상 논의하지는 않는다. 다만, 명사절 표지에 '{-은, -는, -을} 것'을 포함시키고자 할 때, 다음의 두 가지를 유의해야 한다. 하나는 '것'이 의존 명사라는 것이다. (27)과 같은 문장은 기본적으로 의존 명사 '것'이 쓰인 문장과 같은 통사 구조를 가진다. 그런데 '것'은 위와 같이 명사절 표지의 일부로 분석하고 '줄, 바' 따위는 다른 구조로 분석하는 것이 바람직한지를 생각해 볼 필요가 있을 것이다.

> (27) ㄱ. 영이는 어찌할 바를 모른다.
> ㄴ. 영이도 그 정도는 할 줄 안다.

만일 (26)과 (27)의 구조적 동일성을 문법에 반드시 반영해야 한다면, (28)과 (29)의 구조 가운데 하나를 선택해야 할 것이다.

> (28) ㄱ. 철수는 [[영이가 학교에 간] 것]을 알았다.
> ㄴ. 영이도 [[그 정도는 할] 줄] 안다.

> (29) ㄱ. 철수는 [[영이가 학교에 가-ㄴ 것]]을 알았다.
> ㄴ. 영이는 [[그 정도는 하-[ㄹ 줄]] 안다.

다른 하나는 '-이-'와 쓰인 '{-은, -는, -을} 것'은 다른 체언토와 결합하는 그것들과는 조금 다른 특성을 보인다는 것이다. (30)의 '{-은, -는, -을} 것이-'가 하나의 용언토와 유사한 기능을 하는 것으로 보인다.

> (30) ㄱ. 영이는 중국에 간 것이다. (→ 갔다)
> ㄴ. 어른이 가라면 가는 것이다. (→ 가야 한다)

ㄷ. 나는 곧 중국에 갈 것이다. (→ 간다, 가겠다)

(30)의 구조는 다음과 같은 세 가지 방식으로 분석해 볼 수 있겠다.

(31) ㄱ. 영이는 [[중국에 간] 것]이다.
    ㄴ. 어른이 가라면 [[가는] 것]이다.
    ㄷ. 나는 [곧 중국에 갈] 것이다.

(32) ㄱ. 영이는 [중국에 [가-[ㄴ 것]]]이다.
    ㄴ. 어른이 [가라면 [가-[는 것]]]이다.
    ㄷ. 나는 [곧 중국에 [가-[ㄹ 것]]]이다.

(33) ㄱ. 영이는 중국에 간-[ㄴ 것이]-다.
    ㄴ. 어른이 가라면 가-[는 것이]-다.
    ㄷ. 나는 곧 중국에 가-[ㄹ 것이]-다.

10.5. 접속형토

■접속형토와 접속문의 앞 절

용언의 접속형토는 절과 절, 또는 절과 용언을 이어주는 표지이다.[5] 이 것의 특징이라면, 명사형토와 관형사형토는 그것이 결합한 용언이 서술어 이면서, 그것이 결합하여 형성된 절이 어떤 기능적 성분으로 쓰인다. 그런 데 접속형토는 그것이 결합하여 형성된 절이 어떤 기능적 성분으로 쓰이 지 않는다는 것이다.

---

5) 접속형토에 대해서는 주로 이관규(1992), 강우원(1996), 윤평현(1992=1989)을 참고하였다.

■접속형토의 분류의 기준

접속형토를 분류하는 기준으로는 첫째, 통사적 특성에 따른 분류와 둘째, 선행절과 후행절의 의미 관계에 따른 분류가 있다. 이를 정리하면 다음과 같다.

(34) 통사적 특성에 따른 분류
   ㄱ. 동일 주어 관계
   ㄴ. 안맺음토와의 관계
   ㄷ. 부정과의 관계
   ㄹ. 이동 가능 여부

(35) 의미적 특성에 따른 분류
   ㄱ. 앞 절과 뒤 절 사이의 대칭성에 따른 분류
   ㄴ. 앞 절과 뒤 절 사이의 전제성에 따른 분류
   ㄷ. 앞 절과 뒤 절 사이의 주된 의미 기능에 따른 분류

(36) 의미적 특성에 따른 분류의 예(윤평현 1992)
   ㄱ. 조건 관계 : -면, -거든, -던들, -을진대
   ㄴ. 양보 관계 : -어도, -더라도, -을지라도, -은들, -을지, -언정, -을망정
   ㄷ. 대립 관계 : -나, -어도, -지만, -나마, -건만, -런만
   ㄹ. 목적 관계 : -러, -려고, -고자
   ㅁ. 결과 관계 : -게, -도록
   ㅂ. 인과 관계 : -어서, -으니까, -으므로, -느라고
   ㅅ. 나열 관계 : -고, -며, -면서
   ㅇ. 선택 관계 : -거나, -든지, -나
   ㅈ. 시간 관계 : -며, -면서, -고, -고서, -어서, -자, -자마자
   ㅊ. 상황 관계 : -는데, -되, -더니, -다시피
   ㅋ. 전환 관계 : -다가

어떤 방식으로 분류하든지 간에, 이 글에서 이 모든 접속형토를 다 다

룰 수는 없고, 생각해 볼 두어 가지만 지적해 두기로 한다.

■**접속형토의 대칭성에 따른 분류**

학교 문법에서는 접속형토를 (37)ㄱ의 대칭성에 따라, (i) 대등적으로 이어진 것과 (ii) 종속적으로 이어진 것의 두 종류로 나누고 있다.

> (37) ㄱ. 인생은 짧고, 예술은 길다.(나열)
> ㄴ. 낮말은 새가 듣고, 밤말은 쥐가 듣는다.(나열)
> ㄷ. 눈이 내리지만, 날씨가 춥지는 않다.(대조)
> ㄹ. 호랑이는 죽어서 가죽을 남기지만, 사람은 죽어서 이름을 남긴
> 다.(대조)

> (38) ㄱ. 비가 와서, 길이 질다.(원인)
> ㄴ. 기업이 없으면, 근로자도 없다.(조건)
> ㄷ. 봄이 오면, 꽃이 핀다.
> ㄹ. 한라산 등반을 하려고, 아침 일찍 일어났다.(의도)
> ㅁ. 집에 가는데, 저쪽에서는 누군가 달려왔다.(배경)
> ㅂ. 비가 올지라도, 우리는 어김없이 출발한다.(양보)
> ㅅ. 내가 먹을진대, 누가 뭐라 하겠는가?
> ㅇ. 저는 속을지언정, 남을 속여서는 못쓴다.
> ㅈ. 모든 것이 보면 볼수록, 기가 막힐 뿐이다.
> ㅊ. 그 누가 일을 한다 하더라도 난 전혀 상관 않고 싶다.

그런데 이 분류에서는 두 가지 문제가 있는데, 하나는 설정의 기준의 문제이고, 다른 하나는 접속문의 구조의 문제이다.

설정의 기준의 문제를 보자. 기준은 통사적인 특성에 둘 수도 있고, 의미적인 특성에 둘 수도 있다. 만일 대등과 종속을 의미적인 기준에 따라 정의한다면, 주관성을 피하기 어렵다. 통사적인 기준에 따라 정의한다면,

통사적인 특성을 제시하고 그것에 따라 분류해야 하는데, 접속형토들을 일관성 있게 분류할 수 있는 특성을 찾아내기 어렵다. 예컨대, 대등적 접속문은 통사적·의미적으로 대응하기 때문에, 선행절과 후행절의 순서를 바꿀 수 있어야 하지만, 반드시 그렇다는 보장이 없다.

(37)' ㄱ. 예술은 길고, 인생은 짧다.(나열)
ㄴ. 밤말은 쥐가 듣고, 낮말은 새가 듣는다.(나열)
ㄷ. 날씨가 춥지는 않지만, 눈이 내린다.(대조)
ㄹ. 사람은 죽어서 이름을 남기지만, 호랑이는 죽어서 가죽을 남긴다.(대조)

또 종속적 접속문은 이동이나 대치, 생략과 관련하여 문장의 구조를 바꾸어볼 수 있지만, 일반적인 것은 아니다.

(39) ㄱ. 길이, 비가 와서, 질다.(이동)
ㄴ. 미영을 자주 만나지만, (그녀를) 좋아하지는 않는다.(대치 또는 생략)

실제로 학자들에 따라 위의 두 종류로 분류된 접속형토의 목록이 들쭉날쭉한데, 이것은 이러한 현실에서 비롯된 것이다.

두 접속문의 구조를 보기로 하자. 대등적 접속문은 다음과 같은 간단한 구조로 분석할 수 있다.

(40)

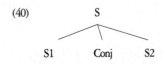

그런데 종속적 접속문의 구조는 분석하기가 그리 만만치 않다. 예컨대

(41)의 문장에서, '비가 와서'는 문장의 어느 성분에 종속되는 것일까? 만일 '길이 질다'라는 문장에 종속되는가, 아니면 '질다'라는 용언에 종속되는가?

> (41) ㄱ. 비가 와서, 길이 질다.
> ㄴ. 길이, 비가 와서, 질다.

그리고 '종속'된다는 것은 통사적으로 무엇을 의미하는 것일까? 종속되는 성분의 통사적 기능은 부사어의 통사적 기능과 어떤 관계에 있는가? 이러한 질문들은 바로, 부사절의 설정 여부의 문제와 관련된다.

■ **부사절의 설정**

학교 문법에서는 **부사절**을 설정하고, 다음과 같은 예를 들었다.

> (42) ㄱ. 그들은 우리가 입은 것과 똑같이 입고 있다.
> ㄴ. 그는 아는 것도 없이 잘난 척을 한다.
> ㄷ. 비가 소리도 없이 내린다.
> ㄹ. 그는 형과 같이 말을 잘한다.

> (43) ㄱ. 그곳은 그림이 아름답게 장식되었다.
> ㄴ. 그곳은 꽃이 아름답게 피었다.
> ㄷ. 철수는 발에 땀이 나도록 뛰었다.
> ㄹ. 우리는 그녀가 지나가도록 길을 비켜 주었다.
> ㅁ. 길이 비가 와서 질다.

여기서 (42)에서와 같이 '-이'가 결합한 절을 부사절로 보는 것은 그리 큰 문제가 없어 보인다. 그런데, (43)에서 '-게, -도록, -어서'가 결합한

절을 부사절로 보는 것은 문제가 있는데, 그것들을 부사절로 보는 근거가 분명치 않다는 것이다.

학자들에 따라, 부사절을 설정하기도 하고 설정하지 않기도 하며, 부사절을 만드는 표지의 목록도 일정치 않다. 심지어 학교 문법에서는 (43)ㅁ을, 내포문을 설명하는 자리에서는 부사절을 안은 것으로 보면서, 접속문을 설명하는 자리에서는 종속적 접속문으로 보고 있다. 또 용언의 체계를 설명하는 자리에서는 '-게'를 부사형 어미라고 하였는데, '-이, -도록, -어서'는 부사형 어미인지 어떤지에 대한 언급이 없다.

■ 의존 용언 앞에 쓰이는 용언토

이제 마지막으로, 의존 용언 앞에 쓰이는 용언토를 보기로 하자.

> (44) ㄱ. 놀부 집에는 낟가리가 산더미처럼 쌓여 있다.
> ㄴ. 그 일은 꼭 해 내어야 한다.
> ㄷ. 영이는 곧잘 웃어 주었다.
> ㄹ. 그 일은 옛날부터 우리가 해 오던 일이다.
>
> (45) ㄱ. 그 사람도 거기에 가게 하여라.
> ㄴ. 나는 이제 밥을 먹게 되었다.
>
> (46) ㄱ. 그는 가지 아니한다.
> ㄴ. 너는 가지 못한다.
> ㄷ. 너는 가지 말아라.
>
> (47) ㄱ. 그는 지금 새 옷을 입고 있다.
> ㄴ. 그는 지금 원고를 쓰고 있다.
> ㄷ. 나는 시골로 돌아가고 싶다.

이러한 용언토들은 앞에서도 말했지만, 명사절을 형성하는 표지로 보기도 하고, 부사절을 형성하는 표지로 보기도 하고, 절과 절 또는 절과 용언을 잇는 접속형토로 보기도 한다.

이 글에서는 그 절의 범주가 무엇인지에 대하여 논의하지 않을 것이지만, 그것의 통사적 기능은 **의존 용언의 보충어**로 보고자 한다. 이렇게 본다면, 이것들이 쓰인 문장의 구조는 대강 다음과 같이 나타낼 수 있다.

(48) ㄱ. [나는 [원고를 다 써] 버렸다]]
　　ㄴ. 너는 [[그 사람도 거기에 가게] 하여라]]
　　ㄷ. [그는 [[학교에 가지] 아니한다]]
　　ㄹ. [그는 [[원고를 쓰고] 있다]]
　　ㅁ. [나는 [[시골로 돌아가고] 싶다]]

참고로, 위의 내포절을 문장(이나 절)로 보고, (48)ㄱ을 나무 그림으로 나타내면 다음과 같다.

(49)

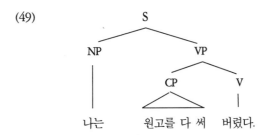

1. 용언의 맺음토를 분류하시오.
2. 관형사형토의 기능과 관형사절의 구조를 설명하시오.
3. 관형사형토의 기능과 종류를 설명하시오.
4. 접속형토와 부사형토의 관계를 설명하시오.

|더 생각할 문제|

1. 맺음토의 종류와 절의 종류의 관계에 대하여 생각해 보시오.

용언형의 문법 정보

1. '공부하자'라는 표현에 과거와 추정, 회상 등에 관한 문법 정보가 어떻게 표현되어 있는지를 생각해 보시오.

2. "선생님이 지키라면 지키는 것이다."라는 문장에서, '지키는 것이다'의 문법적 기능과 범주를 생각해 보시오

이 장에서는 용언의 종결형과 접속형, 전성형의 문법 정보를 표시하는 방법을 살피는데, 주로 안맺음토로 실현되는 문법 정보가 여러 용언형들에 어떻게 표시되는지를 중심으로 살핀다.

11.1. 용언형의 문법 정보 표시 방법

■ 용언형의 일반적 구조

8장에서, 한국어 용언형의 구조는 다음과 같이 가정하였다.

(1) 용언의 구조 (형판)

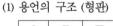

I	II	III	IV	V	VI

$$\text{어간} + \begin{Bmatrix} 시 \\ \varnothing \end{Bmatrix} + \begin{Bmatrix} 었 \\ \varnothing \end{Bmatrix} + \begin{Bmatrix} 겠 \\ \varnothing \end{Bmatrix} + \begin{Bmatrix} 더 \\ \varnothing \end{Bmatrix} + \begin{Bmatrix} 종결형토 \\ 관형사형토 \\ 명사형토 \\ 접속형토 \end{Bmatrix}$$

그리고 (1)의 용언의 구조를 각 안맺음토에 대응하는 기능의 값을 중심으로 표시하면 다음과 같이 나타내었다.

(2) 용언의 구조 (기능적)

I	II	III	IV	V	VI

$$\text{어간} + \begin{Bmatrix} +높임 \\ -높임 \end{Bmatrix} + \begin{Bmatrix} +과거 \\ -과거 \end{Bmatrix} + \begin{Bmatrix} +추정 \\ -추정 \end{Bmatrix} + \begin{Bmatrix} +회상 \\ -회상 \end{Bmatrix} + \begin{Bmatrix} 종결형토 \\ 관형사형토 \\ 명사형토 \\ 접속형토 \end{Bmatrix}$$

한국어 용언형을 (2)와 같은 방식으로 분석하는 것은 형태론과 통사론의 양면을 고려하면 타당성이 있다. 용언(이나 용언형)이 문장의 중심어이기 때문에, 용언형의 성분인 안맺음토나 맺음토가 가진 문법 정보가 문장에까지 전달되어야 한다. 그러자면 안맺음토들이 실현되었거나 실현되지 않았거나 간에, 안맺음토들과 관련된 정보가 용언형에 포함되어 있어야 한다. 그렇지 않으면, 특정한 용언형이 문장에서 다른 성분과 공기 관계를 형성하는 현상을 설명하기 어렵기 때문이다.

■ 안맺음토와 맺음토의 결합 양상

그런데 실제로 용언 맺음토의 종류에 따라서, 안맺음토와의 결합 방식이 조금씩 다르다.[1] 예컨대 종결형토를 보면, 서술형토 '-다/라'는 '-었-', '-겠-', '-더-'와 자유로이 결합하지만, '-네'는 '-었-', '-겠-'과만 결합하고, '-을까'는 '-었-'과만 결합한다. 또 청유형토와 명령형토는 '-었-', '-겠-', '-더-' 어느 것과도 결합하지 않는다. 이러한 현상은 접속형토에서도 마찬가지로 나타난다. 접속형 '-고'는 '-었-', '-겠-', '-더-'와 결합하지만, '-지만'은 '-었-', '-겠-'과만 결합하고, '-을지라도'는 '-었-'과만 결합하고, '-어'는 어떠한 안맺음토와도 결합하지 않는다. 관형사형토에서, '-는'은 어떤 안맺음토와도 결합하지 않고, '-던'은 '-었-', '-겠-'과 결합하고, '-을'은 '-었-'과만 결합한다. 명사형토는 '-더-'와 결합하는 일이 없다.

■ 문제점

이제 이상의 자료를 바탕으로 한국어 용언 접속형이 가지는 문법 정보를 기술하는 경우를 생각해 보자. 만일 접속형토와 결합하는 안맺음토만 고려하여 기술한다면, 한국어의 용언 접속형의 문법 정보는, 접속형토의 부류에 따라, 네 가지의 다른 내용으로 기술하게 될 것이다. 그런데 이러한 기술의 내용은 각 종류의 문법 정보에 관한 양이 달라진다는 것을 의미한다. 예컨대 접속형 '-지만'은 '-더-'에 관한 정보가 없고, '-어'는 '-었-'과 '-겠-', '-더-'에 관한 정보가 없게 된다. 그리하여 안맺음토와의 결합 가능성만 본다면, 이러한 접속형들은 안맺음토와 관련된 문법 정

---

[1] '-시-'는 어떤 맺음토와도 아무런 제약없이 결합하기 때문에, 특별히 달리 기술할 것도 없다. 따라서 이하의 논의에서는 '-시-'는 고려하지 않는다.

보의 양과 질이 모두 다른 것으로 간주될 수밖에 없다. 그렇다면 한국어 접속형의 문법 정보를 일반적으로 기술할 수 없게 된다. 이런 일들은 종결형과 명사형, 관형사형의 문법 정보를 기술할 때도 마찬가지이다. 용언형의 문법 정보를 표시할 때 나타날 수 있는 이런 문제점을 해결하지 않으면, 당연하게도, 한국어 용언의 문법에서 내용의 논리성과 체계의 간결성에 상당한 부담이 될 것이다.

■ 용언형의 문법 정보 표시 방법

사실 용언의 용언형의 기술에서, 어떤 종류의 용언형이라 하더라도, 동일한 양의 문법 정보를 포함하는 것이 바람직할 것이다. 이 글에서는 이러한 점에 유의하여, 용언과 안맺음토와 맺음토가 다양한 방식으로 통합되어 실현되는 용언형들의 문법 정보를 체계적이고 명시적으로 표시할 수 있는 방법을 제시하고자 한다.[2]

이를 위하여, 모든 용언형들이 안맺음토 '-었-'과 '-겠-', '-더-'와 관련된 기능을 모두 가지는 것으로 가정한다. 이를 다음과 같이 표현할 수 있다.

> (3) 용언형에 문법 정보가 실현되는 조건
> 한국어의 모든 용언형은, 안맺음토가 실현되든지 실현되지 않든지 간에, 안맺음토가 가지는 모든 문법 정보를 가져야 한다.

이런 방식으로 용언형의 문법 정보를 기술한다면, 모든 용언형들은 모두 동일한 종류와 양의 문법 정보를 포함하지만, 각각의 용언형들은 안맺

---

2) 여기에서는 용언형에서 안맺음토의 문법 정보를 어떻게 표시하는가에 관심의 초점이 있기 때문에, 아래의 논의에서는 용언 어간과 맺음토의 문법 정보는 표시하지 않기로 한다. 또 용언형의 문법 정보라 하면, 용언형의 안맺음토에 대한 문법 정보를 가리킨다.

음토의 기능에 대한 값들이 달리 실현된 것으로 간주된다.

이제 용언형의 문법 정보를 표시하는 방법을 살펴보자. 용언형에서 안맺음토가 실현되는 방식에는 두 가지가 있다. 첫째는 안맺음토가 맺음토와 결합할 수 있으나 실현되지 않은 경우이고, 둘째는 안맺음토가 애초에 맺음토와 결합할 수 없는 경우이다.3)

■안맺음토가 맺음토와 결합하지만 비실현된 경우

첫째의 경우의 예로서 맺음토 '-다'의 경우를 보자. 형용사 '느리-'와 결합하는 경우에, 어떤 안맺음토와도 결합한다. 그러면 '느리다'의 안맺음토에 관한 문법 정보는, '느렸다'에 대해서는 [+과거], '느리겠다'에 대해서는 [+추정], '느리더라'에 대해서는 [+회상]으로 표시된다. 이런 방식으로, '과거'에 대한 문법 정보를 중심으로 보면, '느렸다, 느렸겠다, 느렸더라'는 [+과거]로, '느리다, 느리겠다, 느리더라'의 문법 정보는 [-과거]로 표시된다. 또 '추정'에 대한 문법 정보를 중심으로 보면, '느리겠다, 느렸겠다, 느겠더라'는 [+추정]으로, '느리다, 느렸다, 느리더라'는 [-추정]으로 표시된다. '회상'에 관한 정보도 마찬가지 방식으로 표시된다.

그리하여 '느리다'와 '느렸다'의 '과거'와 관련된 문법 정보는 (4)의 ㄱ과 ㄴ으로 표시되고, '느리다'와 '느렸다'의 문법 정보를 동시에 나타내면 ㄷ과 같이 표시된다.

---

3) 이 경우에는 변이형태에 따라서 안맺음토와의 결합 방식이 다를 수 있으므로, 그러한 경우가 형태소의 차이에서 비롯된 것인지, 아니면 변이형태의 차이에서 비롯된 것인지를 유의하여 살펴야 한다. 예컨대 '-는다/ㄴ다'와 '-다'는 안맺음토와의 결합 방식이 다른데, 다른 형태소에 속하는 것인지, 아니면 한 형태소의 변이형태에 속하는 것인지를 따져야 한다는 것이다. '-는가'와 '-은가/ㄴ가'와 안맺음토의 결합 관계나 '-느냐'와 '-으냐'와 안맺음토와의 결합 관계를 따질 때도 마찬가지이다.

(4) ㄱ. 〈느리, [−과거], 다〉
　　ㄴ. 〈느리, [+과거], 다〉
　　ㄷ. $\left\langle \text{느리}, \left\{ \begin{bmatrix} +\text{과거} \\ -\text{과거} \end{bmatrix} \right\}, \text{다} \right\rangle$

보충 **부분 정보**

　여기서 한 가지 유의할 것이 있다. 예컨대 용언형 '느리다'는 (4)ㄱ으로 표시되지만, (4)ㄱ의 문법 정보는 '느리겠다'와 '느리더라'의 정보를 포섭한다는 것이다. 곧 '느리겠다'와 '느리더라'의 문법 정보도 (4)ㄱ으로 표시할 수 있다는 것이다. 만일 (4)ㄱ의 문법 정보 표시에서 '느리겠다'나 '느리더라'를 제외하고 싶다면, [+추정]/[−추정], [+회상]/[−회상]을 추가로 명시해야 한다. 따라서 (4)ㄱ의 문법 정보 표시는 기본적으로 **부분 정보**(partial information)를 나타낸다는 것을 알 수 있다.

■ **안맺음토가 애초에 맺음토와 결합할 수 없는 경우**

　둘째의 경우는 다시 두 가지로 나누어지는데, 하나는 나타나지 않은 안맺음토의 기능이 맺음토에 어떤 형태로 실현되어 있는 경우이고, 다른 하나는 그렇지 않은 경우이다.

　앞의 경우의 예로는 '−을까'를 들 수 있다. '−을까'는 [+추정]의 의미를 가지기 때문에, ('왔을까'에 대비되는) '올까'의 정보는 다음과 같이 표시할 수 있다.

(5) '올까'의 문법 정보
　　〈오, [−과거], ㄹ까[+추정]〉

　'추정'이 본래 안맺음토의 문법 정보이기 때문에, [+추정]을 굳이 안맺음토로 표시하려면, '추정'을 나타내는 안맺음토가 실현되지 않았으므로,

(6)ㄱ처럼 안맺음토로서는 [−추정]으로 표시할 수밖에 없다. 그런데 이것은 안맺음토의 정보와 맺음토의 정보가 양립 불가능하기 때문에 받아들이기 어렵다. 그래도 안맺음토에 '추정'에 관한 정보를 나타내기 위해서는 (6)ㄴ처럼 [○추정]으로 표시할 수밖에 없는데, 이러한 표시는 의미가 없다.

(6) ㄱ. *〈오, [−과거], [−추정], ㄹ까[+추정] 〉
ㄴ. 〈오, [−과거], [○추정], ㄹ까[+추정] 〉

이 문제를 해결하기 위하여, '−을'을 안맺음토로 분석해 보는 것도 생각해 볼 수 있다. 그런데 이렇게 분석하는 것은 '까'도 한 개의 형태소로 분석해야 하고, 무엇보다도 안맺음토 '−을−'과 다른 안맺음토와의 결합 관계를 설명하기 어려운 문제가 발생한다. 곧 '−을−'이 실현되지 않고 '−었−'과 '−겠−'이 결합할 때 '*왔까', '*오겠까' 등의 용언형이 생기는 것을 설명하기 어렵다. 그런데 '−을까'는 [+추정]의 의미를 가지는 '을'과 의문의 의미를 나타내는 '까'가 융합하여 한 개의 형태소로 형성된 것으로 처리하면, 아무런 문제가 없다.

이제 안맺음토가 전혀 결합하지 않는 맺음토를 보자. 예컨대 접속형토 '−어'는 안맺음토와 결합하지 않는데, 일단 모든 안맺음토의 기능에 대하여 '−' 값을 가지는 것으로 생각해 볼 수 있다. 그러면 '잡아'의 용언형의 문법 정보를 다음과 같이 표시할 수 있다.

(7) 〈잡, [−과거], [−추정], [−회상], 아〉

이러한 표시는 언뜻 보면 문제가 없어 보이지만, 안맺음토가 실현될 수 있으나 실현되지 않은 것과 구별할 수 없다. 결과적으로 (7)은 너무 많은 정보를 표시하고 있다는 것이다. 이 문제는 '−을까'와 동일한 방식으로 처

리하면 해결된다. 그러면 접속형 '잡아'의 문법 정보는 다음과 같이 표시
된다.

(8) 〈잡, 아[−과거, −추정, −회상]〉

이상의 논의를 바탕으로, 용언형에서 문법 기능이 실현되는 방식을 다
음과 같이 정리할 수 있다.

(9) 용언형에서 문법 기능이 실현되는 방식
ㄱ. 어떤 동일한 문법적 기능이 안맺음토로 실현될 수도 있고 맺음
토로 실현될 수도 있다. 맺음토로 실현되는 안맺음토의 기능은
맺음토가 가진 기능으로 표시한다.
ㄴ. 맺음토에 특정한 안맺음토가 항상 결합하지 않을 경우에는, 곧
안맺음토의 기능이 항상 '−' 값을 가지는 경우에는, 맺음토에 그
기능을 부여한다.

11.2. 종결형의 문법 정보

11.2.1. 종결형토와 안맺음토의 통합 유형

종결형토는 보통 서술형, 의문형, 명령형, 청유형으로 나눈다.4) 여기서
는 그런 문법 범주의 분류를 고려하면서, 안맺음토의 결합 관계를 고려하
여 종결형토를 분류하면, 네 개의 부류로 나누어진다.

(10) 종결형토의 분류 : 안맺음토와의 결합 관계에 따라

---

4) 맺음토는 단순형과 복합형, 본래형과 전용형이 있는데, 이 글에서는 원칙적으로 단순형에
한정한다.

ㄱ. '-었-', '-겠-', '-더-'가 결합하는 것(Ⅰ부류)
-는다/ㄴ다/다/라, -는구나/구나, -는걸/은걸; -나, -느냐/으냐,
-는가/은가

ㄴ. '-었-', '-겠-'만 결합하는 것(Ⅱ부류)
-네, -아/어, -지, -노라/로다, 도다/로다, -니, -아/어, -지,
-습니까/ㅂ니까

ㄷ. '-었-'만 결합하는 것(Ⅲ부류)
-을라, -을레, -을세라, -을걸; -을까

ㄹ. '-었-', '-겠-', '-더-'가 결합하지 않는 것(Ⅳ부류)
-을지라, -을게, -을란다, -을래, -으마, -음세, -을래;
-아라/어라, -으오/소, -으십시오, -으소서; -자, -세, -음세,
-읍시다, -으십시다

그런데 맺음토에 안맺음토가 결합하는 방식은 이러한 문법 범주의 분류와의 관계를 보면, 대강 다음과 같은 특이한 점이 보인다. Ⅲ부류의 맺음토는 '을'로 시작되고, '을'로 시작되는 맺음토들은 Ⅲ부류나 Ⅳ부류에 속해 있다. 그리고 청유형과 명령형은 Ⅳ부류에 속한다. 이상을 보면 용언형의 정보 표시 유형은 맺음토의 의미와 상관관계가 있다는 것을 짐작할 수 있다.

이 글에서는 Ⅰ-Ⅳ부류의 맺음토들로 형성되는 용언형들을 각각 Ⅰ유형, Ⅱ유형, Ⅲ유형, Ⅳ유형으로 부르기로 한다. 그리고 종결형의 정보 표시 방법은 서술형과 의문형, 청유형과 명령형의 순서대로, 또 각 범주 안에서 Ⅰ-Ⅳ유형의 순서대로 기술한다.

11.2.2. 서술형의 문법 정보

서술형토는 진술과 약속, 추정, 감탄의 네 종류가 있다.[5]

(11) ㄱ. -는다/ㄴ다/다/라, -네, -아/어, -지, -을지라, -습니다

ㄴ. -을게, -으마, -음세, -을란다, -을래

ㄷ. -을라, -을레, -을세라

ㄹ. -는구나/구나/로구나, -아라/어라, -노라/로다, -도다/로다, -는걸/
은걸, -을걸

서술형에서 Ⅰ유형의 용언형은 '-는다/ㄴ다/다/라, -는구나/구나, -는걸/
은걸'로 형성된다. 용언 '잡-'과 진술을 나타내는 서술형토 '-는다/ㄴ다/
다/라'와 안맺음토의 결합한 용언형은 다음과 같다.6)

(12) ㄱ. 잡는다 : 〈 잡, [−과거], [−추정], [−회상], 는다 〉

ㄴ. 잡았다 : 〈 잡, [+과거], [−추정], [−회상], 다 〉

ㄷ. 잡겠다 : 〈 잡, [−과거], [+추정], [−회상], 다 〉

ㄹ. 잡더라 : 〈 잡, [−과거], [−추정], [+회상], 라 〉

ㅁ. 잡았더라 : 〈 잡, [+과거], [−추정], [+회상], 라 〉

ㅂ. 잡겠더라 : 〈 잡, [−과거], [+추정], [+회상], 라 〉

ㅅ. 잡았겠더라 : 〈 잡, [+과거], [+추정], [+회상], 라 〉

(12)를 보면, '-는다/ㄴ다/다/라'는 '-었-'과 '-겠-', '-더-'의 실현 여부
와 관련하여, 빈칸 없이 꽉 찬 체계를 이루고 있음을 알 수 있다. 이것은
'-는다'와 '-ㄴ다' '-다', '-라'가 한 형태소의 변이형태임을 보여주는 것
이다. '-는다/ㄴ다/다/라'로 형성되는 용언형의 일반적인 구조를 표시하면,
다음과 같다.7)

---

5) 서술형토의 분류는 허웅(1995/2000)을 따른다. 맺음토는 단순형과 복합형, 본래형과 전용
형이 있는데, 이 글에서는 원칙적으로 단순형에 한정한다.

6) 한국어 용언형은 "내 인생에 중심을 잡다"의 '잡다'와 같은 것도 있고, '잡았었다'와 같이
'-았/었-'이 겹쳐 나는 것도 있다. 여기서는 이러한 용언형들은 다루지 않았다.

7) 만일 '는다/ㄴ다'에 동작을 부여하고 싶으면, (13)의 '는다/ㄴ다/다/라' 부분을 다음과 같
이 표시하면 될 것이다.

{는다/ㄴ다[+동작]}
{다/라[−동작]　}

(13) $\langle\ V,\ \left\{\begin{bmatrix}+과거\\-과거\end{bmatrix}\right\},\ \left\{\begin{bmatrix}+추정\\-추정\end{bmatrix}\right\},\ \left\{\begin{bmatrix}+회상\\-회상\end{bmatrix}\right\},\ 는다/ㄴ다/다/라\ \rangle$

보충 '-겠-'의 두 의미와 통사론

이러한 용언형의 정보 구조 표시에서 '추정'과 '의지'의 의미를 묶어 '추정'으로 표시하기로 한다. '-겠-'이 동사의 종류와 인칭, 시제에 따라 추정이나 의지로 해석되는 것을 형태론과 통사론 또는 의미론에서 어떻게 다루어야 하는지에 대해서는 많은 논의가 필요할 것이지만, 이 글에서는 이 문제에 대해서 더 이상 논의하지 않는다.

'-다/라'와 '-는다/ㄴ다'로 형성되는 용언형을 구별하여 표시하면 각각 다음과 같다.

(14) ㄱ. 'V-(었)(겠)(더)다/라'

$\langle\ V,\ \left\{\begin{bmatrix}+과거\\-과거\end{bmatrix}\right\},\ \left\{\begin{bmatrix}+추정\\-추정\end{bmatrix}\right\},\ \left\{\begin{bmatrix}+회상\\-회상\end{bmatrix}\right\},\ 다/라\ \rangle$

ㄴ. 'V-ㄴ다/는다'

$\langle\ V,\ [-과거],\ [-추정],\ [-회상],\ ㄴ다/는다\ \rangle$

용언과 구체적인 안맺음토와 맺음토가 모두 선택된 용언형들의 문법 정보를 예들 들면, 다음과 같다.

(15) ㄱ. '잡았다'의 문법 정보

$\langle\ V,\ [+과거],\ [-추정],\ [-회상],\ 다\ \rangle$

ㄴ. '잡겠더라'의 문법 정보

$\langle\ V,\ [-과거],\ [+추정],\ [+회상],\ 라\ \rangle$

ㄷ. '잡는다'의 문법 정보

$\langle\ V,\ [-과거],\ [-추정],\ [-회상],\ 는다\ \rangle$

의욕이나 약속을 나타내는 '-을래'와 '-을란다'와 '-마, -을게, -음세'

등은 '-었-, -겠-, -더-'와 결합하지 않는다. 그 까닭은 '-었-, -겠-, -더-'
와 맺음토들 사이에 의미상 중복된 형태들이 있거나, 의욕이나 약속의 의
미와 양립되지 않기 때문이다. 곧 이 안맺음토들의 성분인 '을'은 안맺음
토 '-겠-'의 의미와 중복되며, 의욕이나 약속은 과거나 회상의 의미와 양
립하지 않는다. 감탄을 나타내는 것들 가운데 '-도다'는 '-더-'와 결합하
지 않는다. 따라서 이것들이 결합한 용언형의 기능은 다음과 같이 표시되
어야 한다.

> (16) ㄱ. 'V-을래'
>   〈 V, 을래[-과거, +추정, -회상]〉
> ㄴ. 'V-마'
>   〈 V, 마[-과거, -추정, -회상]〉
> ㄷ. 'V-(었)(겠)도다'
>   〈 V, $\{[{+과거 \atop -과거}]\}$, $\{[{+추정 \atop -추정}]\}$, 도다[-회상]〉

11.2.3. 의문형의 문법 정보

의문형토에는 다음과 같은 것들이 있다.

> (17) -나, -느냐/으냐, -는가/은가, -는지/은지, -을까, -을래, -니, -아/어,
>   -지, -습니까/ㅂ니까, -습디까

이 가운데 '-나'와 '-느냐/으냐', '-는가/은가', '-는지/은지'에서, '-느
냐'와 '-으냐'의 짝과 '-는가'와 '-은가'의 짝, '-는지'와 '-은지'의 짝들
은 각각 형태적 변이형태들이다. '는'을 포함한 앞의 형태들은 동사 어간
과 '-었-'과 '-겠-' 뒤에서 실현되고, '는'이 없는 뒤의 형태들은 형용사
어간과 '-더-' 뒤에서 실현된다. 그리고 이 모든 의문형토들은 안맺음토

와 결합하는 방식이 동일하다.

(18) ㄱ. 보나 : 〈보, [−과거], [−추정], [−회상], 나〉
ㄴ. 보았나 : 〈보, [+과거], [−추정], [−회상], 나〉
ㄷ. 보겠다 : 〈보, [−과거], [+추정], [−회상], 나〉
ㄹ. 보더나 : 〈보, [−과거], [−추정], [+회상], 나〉
ㅁ. 보았겠나 : 〈보, [+과거], [+추정], [−회상], 나〉
ㅂ. 보았더나 : 〈보, [+과거], [−추정], [+회상], 나〉
ㅅ. 보았겠더나 : 〈보, [+과거], [+추정], [+회상], 나〉

(19) ㄱ. 잡는가 : 〈잡, [−과거], [−추정], [−회상], 는가〉
ㄴ. 잡았는가 : 〈잡, [+과거], [−추정], [−회상], 는가〉
ㄷ. 잡겠는가 : 〈잡, [−과거], [+추정], [−회상], 는가〉
ㄹ. 잡던가 : 〈잡, [−과거], [−추정], [+회상], ㄴ가〉
ㅁ. 잡았던가 : 〈잡, [+과거], [−추정], [+회상], ㄴ가〉
ㅂ. 잡겠던가 : 〈잡, [−과거], [+추정], [+회상], ㄴ가〉
ㅅ. 잡았겠던가 : 〈잡, [+과거], [+추정], [+회상], ㄴ가〉

(20) ㄱ. 흰가 : 〈희, [−과거], [−추정], [−회상], ㄴ가〉
ㄴ. 희었는가 : 〈희, [+과거], [−추정], [−회상], 는가〉
ㄷ. ……

따라서 이 토들이 형성하는 용언토의 구조는 (21)과 같이 나타낼 수 있다. 그리고 이 토들은 결국 동일한 용언형을 형성하기 때문에, 이것들을 묶어 (22)와 같이 나타낼 수 있다.

(21) ㄱ. $\left\langle V, \left\{ \begin{matrix} [+과거] \\ [−과거] \end{matrix} \right\}, \left\{ \begin{matrix} [+추정] \\ [−추정] \end{matrix} \right\}, \left\{ \begin{matrix} [+회상] \\ [−회상] \end{matrix} \right\}, 나 \right\rangle$
ㄴ. $\left\langle V, \left\{ \begin{matrix} [+과거] \\ [−과거] \end{matrix} \right\}, \left\{ \begin{matrix} [+추정] \\ [−추정] \end{matrix} \right\}, \left\{ \begin{matrix} [+회상] \\ [−회상] \end{matrix} \right\}, 느냐/으냐 \right\rangle$
ㄷ. $\left\langle V, \left\{ \begin{matrix} [+과거] \\ [−과거] \end{matrix} \right\}, \left\{ \begin{matrix} [+추정] \\ [−추정] \end{matrix} \right\}, \left\{ \begin{matrix} [+회상] \\ [−회상] \end{matrix} \right\}, 는가/은가 \right\rangle$

ㄹ. $\left\langle V, \left\{\begin{bmatrix}+과거\\-과거\end{bmatrix}\right\}, \left\{\begin{bmatrix}+추정\\-추정\end{bmatrix}\right\}, \left\{\begin{bmatrix}+회상\\-회상\end{bmatrix}\right\}, 는지/은지 \right\rangle$

(22) $\left\langle V, \left\{\begin{bmatrix}+과거\\-과거\end{bmatrix}\right\}, \left\{\begin{bmatrix}+추정\\-추정\end{bmatrix}\right\}, \left\{\begin{bmatrix}+회상\\-회상\end{bmatrix}\right\}, \left\{\begin{matrix}나\\느냐/으냐\\는가/은가\\는지/은지\end{matrix}\right\} \right\rangle$

의문형 '-을까'를 보자. '-을까'는 '-었-'과는 결합할 수 있지만, '-겠-'
이나 '-더-'와는 결합할 수 없다. 이러한 '-을까'는 앞에서 논의한 '-을
걸'과 안맺음토와의 결합에서 동일하다. 따라서 '-을까'가 형성하는 용언
형의 구조는 '-을게'의 그것과 동일하다.

(23) $\left\langle V, \left\{\begin{bmatrix}+과거\\-과거\end{bmatrix}\right\}, 을까[+추정, -회상] \right\rangle$

의문형토 '-니'와 '-아/어', '-지'는 '-었-'과 '-겠-'과는 결합하지만,
'-더-'와는 결합하지 않는다. 따라서 '-니'와 '-아/어', '-지'로 형성되는
용언형의 일반적 구조를 다음과 같이 표시할 수 있다.

(24) ㄱ. $\left\langle V, \left\{\begin{bmatrix}+과거\\-과거\end{bmatrix}\right\}, \left\{\begin{bmatrix}+추정\\-추정\end{bmatrix}\right\}, 니[-회상] \right\rangle$

ㄴ. $\left\langle V, \left\{\begin{bmatrix}+과거\\-과거\end{bmatrix}\right\}, \left\{\begin{bmatrix}+추정\\-추정\end{bmatrix}\right\}, 아/어[-회상] \right\rangle$

ㄷ. $\left\langle V, \left\{\begin{bmatrix}+과거\\-과거\end{bmatrix}\right\}, \left\{\begin{bmatrix}+추정\\-추정\end{bmatrix}\right\}, 지[-회상] \right\rangle$

11.2.4. 명령형과 청유형의 문법 정보

명령형토와 청유형토는 다음과 같은 것들이 있는데, 안맺음토와의 결합
에서 동일한 제약을 보인다.

(25) ㄱ. -아라/어라, -게, -지, -으오/소, -으십시오, -으소서
    ㄴ. -자, -세, -음세, -읍시다, -으십시다

이 모든 토들은 '-었-'과 '-겠-', '-더-'와 결합하지 않는다. 따라서 앞의 논의에 따라, 예컨대 '-라'와 '-자'로 형성되는 용언형의 구조는 다음과 같이 표시될 수 있다.

(26) ㄱ. ⟨ V, 라[−과거, −추정, −회상] ⟩
    ㄴ. ⟨ V, 자[−과거, −추정, −회상] ⟩

명령형토와 청유형토는 안맺음토의 문법적 정보가 동일하고, '[+행위]'의 주어를 요구한다는 점에서도 동일하다. 그것들을 구별하는 것은 그것들과 공기하는 주어의 인칭이다. 명령형은 2인칭을 요구하고, 청유형은 1인칭의 복수를 요구한다.

명령형토는 약속을 나타내는 서술형과 비슷한 측면이 있다. 이것들은 [+행위]의 주어를 요구하며, '[−과거], [−회상]'의 속성을 공유하고 있다. 다만 주어의 인칭에서 차이가 있다. 이것들을 다음과 같이 대비할 수 있다.

(27) ㄱ. $\left\langle\ V,\ \text{을게}\begin{bmatrix}+\text{행위}\\ 1\text{인칭}\\ -\text{과거},+\text{추정},-\text{회상}\end{bmatrix}\right\rangle$

    ㄴ. $\left\langle\ V,\ \text{마}\begin{bmatrix}+\text{행위}\\ 1\text{인칭}\\ -\text{과거},-\text{추정},-\text{회상}\end{bmatrix}\right\rangle$

    ㄷ. $\left\langle\ V,\ \text{라}\begin{bmatrix}+\text{행위}\\ 2\text{인칭}\\ -\text{과거},-\text{추정},-\text{회상}\end{bmatrix}\right\rangle$

11.2.5. 종결형의 문법 정보 표시 유형

이상에서 논의한 서술형의 문법 정보 표시 방법은 다음의 네 유형으로
나누어진다.

(28) ㄱ. $\left\langle V, \left\{\begin{bmatrix}+과거\\-과거\end{bmatrix}\right\}, \left\{\begin{bmatrix}+추정\\-추정\end{bmatrix}\right\}, \left\{\begin{bmatrix}+회상\\-회상\end{bmatrix}\right\}, 종결형토(Ⅰ)\right\rangle$

ㄴ. $\left\langle V, \left\{\begin{bmatrix}+과거\\-과거\end{bmatrix}\right\}, \left\{\begin{bmatrix}+추정\\-추정\end{bmatrix}\right\}, 종결형토(Ⅱ)[-회상]\right\rangle$

ㄷ. $\left\langle V, \left\{\begin{bmatrix}+과거\\-과거\end{bmatrix}\right\}, 종결형토(Ⅲ)[+추정,-회상]\right\rangle$

ㄹ. $\langle V, 종결형토(Ⅳ)[-과거,-추정,-회상]\rangle$

보충 용언형의 정보에 대한 실용 사전의 기술

이러한 용언형의 정보는 실용 사전에서는 어미의 환경에 대한 정보로 제공한다.

(1) ㄱ. -느냐 : 동사 어간 또는 어미 '-었-', '-겠-' 뒤에 붙어
ㄴ. -을까 : 용언의 어간이나 어미 '-었-' 뒤에 붙어
ㄷ. -마 : 동사 어간 뒤에 붙어

11.3. 접속형의 문법 정보

접속형토들은 안맺음토 '-었-'과 '-겠-', '-더-'와의 결합 제약에 따라,
'-더-'와 결합하는 것(Ⅰ부류), '-었-'과 '-겠-'만 결합하는 것(Ⅱ부류),
'-었-'만 결합하는 것(Ⅲ부류), '-었-', '-겠-', '-더-'가 결합하지 않는 것
(Ⅳ부류)으로 나누어 볼 수 있다. 각 부류에 해당하는 접속형토를 나열하면
다음과 같다.

(29) 안맺음토와의 결합 제약에 따른 접속형토의 분류
　ㄱ. -은데/는데, -으니
　ㄴ. -거늘, -거든, -건만, -고, -으나, -으니까, -으며, -으면,
　　　-으면서, -으므로, -지만
　ㄷ. -건대, -다가, -더라도, -더라면, -던들, -어도, -어야, -으나마,
　　　-으려니와, -을망정, -을뿐더러, -을지라도, -을지언정, -을진대
　ㄹ. -게, -고(서), -고자, -도록, -어, -어서, -으러, -으려(고), -은들,
　　　-자(마자)

11.3.1.　Ⅰ유형의 용언 접속형

접속형토 가운데 '-더-'와 결합하는 것(Ⅰ부류)은 아주 적은데, '-은데/
는데, -으니'가 있다. 접속형토 '-은데/는데'는 '-었-', '-겠-','-더-'가 모
두 결합한다('-은데'와 '-는데'는 형태적 변이형태이다).

(30)　ㄱ. 대회는 다가오-**는데**, 허리는 갈수록 더 아파 온다.
　　　ㄴ. 이제 쫌 배워가는 것 같-**았는데**, 한 학기가 너무 일찍 지나가 버
　　　　　려서 아쉬웠다.
　　　ㄷ. 글은 써야-**겠는데**, 딱히 쓸 것도 없고.
　　　ㄹ. 넓-**던데**, 꽃나무들이라도 많이 심었습니까?
　　　ㅁ. 정말 힘들-**었겠는데**, 드디어 갚았구먼.
　　　ㅂ. 작년에 복원 공사가 중이-**었던데**, 얼마 전 마쳤다고 한다.
　　　ㅅ. 이건 김치랑 먹어야-**겠던데**, 김치가 없어서...
　　　ㅇ. 우리 학교 재학생들 몇 명쯤은 가 보-**았겠던데**, 우리 학교는 왜
　　　　　조용하지?

이러한 접속형토 '-은데/는데'의 모든 접속형들을 일반적으로 표시하면
다음과 같다.

(31) ⟨ V, $\left\{\begin{bmatrix}+과거\\-과거\end{bmatrix}\right\}$, $\left\{\begin{bmatrix}+추정\\-추정\end{bmatrix}\right\}$, $\left\{\begin{bmatrix}+회상\\-회상\end{bmatrix}\right\}$, 은데/는데 ⟩

'-으니'도, '-은데/는데'와 마찬가지로, '-었-'과 '-겠-', '-더-'과 결합
할 수 있다.

(32) ㄱ. 그 길은 좋지 않-**으니**, 이 길로 가거라.
　　ㄴ. 약속을 하-**였으니**, 가기 싫어도 갈 수밖에.
　　ㄷ. 무슨 말인지 잘 알-**겠으니**, 염려 마시라고 말씀 드려라.
　　ㄹ. 아빠가 돈 많은 여자를 보-**더니** 갑자기 머리가 좋아지고 있어!
　　ㅁ. 그 때가 마치 오늘 같은 날씨-**였겠으니**, 얼마나 답답했을지 짐
　　　　작이 간다.
　　ㅂ. 오랜만에 운동을 하-**였더니**, 온몸이 쑤신다.
　　ㅅ. 그냥 보고는 모르-**겠더니**, 입고 나오니 잘 어울리더라.
　　ㅇ. 벨소리 울리기에 택배거니 하-**였겠더니**, yes24에서 주문한 책보
　　　　다 cd가 더 빨리 오네.

그러므로 '-었-'과 '-겠-', '-더-'와 결합하는 '-은데/는데'와 '-으니'
로 형성되는 용언 접속형의 문법 정보는 다음과 같이 일반적으로 나타낼
수 있다.

(33) 용언 접속형(Ⅰ)의 문법 정보
　　⟨ V, $\left\{\begin{bmatrix}+과거\\-과거\end{bmatrix}\right\}$, $\left\{\begin{bmatrix}+추정\\-추정\end{bmatrix}\right\}$, $\left\{\begin{bmatrix}+회상\\-회상\end{bmatrix}\right\}$, 접속형토(Ⅰ) ⟩

11.3.2. Ⅱ유형의 용언 접속형

'-었-'과 '-겠-'과만 결합하는 접속형토(Ⅱ부류)는 '-거늘, -거든, -건
만, -고, -으나, -으니까, -으며, -으면, -으면서, -으므로, -지만' 등이
있다.

(34) ㄱ. 이 정도의 체감 시간이면 평소라면 하루는 가-**았겠거늘**, 이제
　　　겨우 1시간이 지났을 뿐이라니...

　　ㄴ. 시험문제라 외워야 **했겠거든**, 잘 정리해 두었어야지.

　　ㄷ. 내 마음을 좀 알아주었으면 좋-**았겠건만**, 그녀는 그런 나의 바
　　　람을 언제나 꺾어 놓았다.

　　ㄹ. 서로 얼굴도 많이 보-**았겠고**, 말도 몇 번 걸어 봤겠고.

　　ㅁ. 노동자다운 이미지-**였겠으나**, 다소 의미가 퇴색했다.

　　ㅂ. 그럼 아침에 출발하-**였겠으니까**, 불 안 껐으면 벌써 집에 불 났
　　　을걸?

　　ㅅ. 얼마나 고생이 많-**았겠으며**, 얼마나 불면의 밤을 지새웠을까?

　　ㅇ. 시험을 잘 보-**았겠으면**, 대학을 갔겠지만.

　　ㅈ. 서울도 많이 가 보-**았겠으면서**, 왜 부산이 신세계예요?

　　ㅊ. 신라는 당의 선진 문명을 받아들여야 하-**였겠으므로**, 당나라 문
　　　헌을 우리말로 옮겨야 했을 것이다.

　　ㅋ. 그때는 음식의 유혹에서 벗어날 수 있-**었겠지만**, 언젠가는 먹게
　　　될 듯.

이러한 자료를 바탕으로 '-었-'과 '-겠-'의 분포만 고려한다면, 이상의
접속형토가 형성하는 용언형은 다음과 같이 나타낼 수 있다.

(35) $\left\langle V, \left\{ {[+과거] \atop [-과거]} \right\}, \left\{ {[+추정] \atop [-추정]} \right\}, 접속형토(\text{II}) \right\rangle$

그런데 접속형토(II)로 형성되는 용언의 접속형에는 '-더-'가 실현되지
는 않지만, [-회상]을 설정해야 한다. 그 까닭은 용언의 접속형은, 그것에
뒤따르는 용언의 '-더-'가 실현되면, 그것에 따라 해석되기 때문이다. 예
컨대 다음 문장에서 '보고'는 [-회상]이지만, 뒤따르는 용언 '보더라'[+회
상]에 따라 [+회상]으로 해석된다. '보고'에 [-회상]의 자질을 설정하지
않고는 이러한 해석을 설명하기 어려울 것이다.

(36) 서로 얼굴을 **보고**, 말을 걸어 **보더라**.

$$\begin{bmatrix} -과거 \\ -추정 \\ -회상 \end{bmatrix} \quad \begin{bmatrix} -과거 \\ -추정 \\ +회상 \end{bmatrix}$$

이러한 분석을 받아들인다면, 접속형토(Ⅱ)로 형성되는 용언 접속형의 문법 정보는 다음과 같이 표시할 수 있다.

(37) 용언 접속형(Ⅱ)의 문법 정보

$$\Big\langle\, V,\ \Big\{ \begin{bmatrix} +과거 \\ -과거 \end{bmatrix} \Big\},\ \Big\{ \begin{bmatrix} +추정 \\ -추정 \end{bmatrix} \Big\},\ 접속형토(Ⅱ)\,[-회상]\,\Big\rangle$$

11.3.3. Ⅲ유형의 용언 접속형

'-었-'만 결합하는 접속형토(Ⅲ부류)는 '-건대, -다가, -더라도, -더라면, -던들, -으나마, -어도, -어야, -으려니와, -으면서, -을망정, -을뿐더러, -을지라도, -을지언정, -을진대' 등이 있다.

(38) ㄱ. 모든 일이 잘 되리라 단언하-**였건대**, 사람 일이란 모르는 것이다.
ㄴ. 내일까지 맑-**았다가**, 모레부터는 흐려져 비가 오겠다.[8]
ㄷ. 한 시각만 늦-**었더라도**, 적이 뒷산에 올라왔을 뻔했다.
ㄹ. 차라리 듣지 않-**았더라면**, 이렇게 괴롭지는 않을텐데.
ㅁ. 그들이 스스로 개혁을 주도해 가-**았던들** 이런 일은 없었을 것이다.
ㅂ. 개인적 용도로 쓰지 않-**았어도**, 뇌물성이 부인되지 않는다
ㅅ. 서로 인내하고 양보하면서 타협점을 찾-**았어야** 했다.
ㅇ. 좋지는 않-**았으나마**, 아쉬운 대로 요긴하게 잘 썼다.
ㅈ. 유난히 춥기도 하-**였으려니와**, 눈은 왜 그리 많이 오는지.
ㅊ. 그 꽃잎은 이울기는 하-**였을망정**, 낙화는 아닙니다.

---

8) 인터넷의 웹문서에서 '-겠다가'라는 형식이 자주 발견되는데, 잘못 사용한 것으로 판단된다.
 (ⅰ) ㄱ. 인문 고전을 읽어야-**겠다가**, 저자 때문에 안 읽을 것 같다.
  ㄴ. 조만간 사야-**겠다가** 찍어 놓은 책이라 더 반가웠다.

ㅋ. 조금 만들-**었을뿐더러**, 식구들 왔을 때 다 나누어줘서요.

ㅌ. 초대를 안 받-**았을지라도**, 남의 집 생일에는 잊지 않고 찾아가
는 흥선인지라….

ㅍ. 그는 긴장은 하-**였을지언정**, 충분히 준비된 모습이었다.

ㅎ. 이미 포악하여 네 오른뺨을 때리-**었을진대**, 왼뺨을 내놓은들 때
리지 못하랴.

접속형토(Ⅲ)으로 형성되는 용언 접속형의 문법 정보는, '-겠-'이 실현되
지 않아 항상 [-추정]으로 표시되기 때문에, 다음과 같이 표시할 수 있다.

(39) 용언 접속형(Ⅲ)의 문법 정보

$$\left\langle\, V,\ \left\{\begin{matrix}[+\text{과거}]\\[-\text{과거}]\end{matrix}\right\},\ \text{접속형토(Ⅲ)}\,[-\text{추정},\,-\text{회상}]\,\right\rangle$$

11.3.4. Ⅳ유형의 용언 접속형

'-었-', '-겠-', '-더-'와 결합하지 않는 접속형토(Ⅳ부류)로는 '-게, -고
서, -고자, -다시피, -도록, -어서, -으러, -으려(고), -은들, -자(마자)' 등
이 있다.

(40) ㄱ. 해 주지 말고 혼자서도 하-**게** 해.

ㄴ. 그는 장가를 가-**고(서)**, 사람이 달라졌다.

ㄷ. 남의 윗사람이 되-**고자** 하는 자는 남을 섬겨야 한다.

ㄹ. 그는 연구실에서 살-**다시피** 했다.

ㅁ. 나무가 잘 자라-**도록** 거름을 주었다.

ㅂ. 내 손을 잡-**아**, 느낌이 왔다.

ㅅ. 그는 워낙 성실한 사람이-**어서** 뭘 해도 성공할 것이다.

ㅇ. 그는 요즈음 뱀을 잡-**으러** 다닌다.

ㅈ. 싹이 돋-**으려(고)** 하는지 흙 속에서 파란 것이 보인다.

ㅊ. 좁-**은들** 어떠며, 넓-**은들** 어떤가?

ㅋ. 그는 나를 보-**자(마자)**, 대뜸 화부터 냈다.

 접속형토(IV)로 형성되는 용언 접속형은 '-었-'과 '-겠-'이 결합하지 않기 때문에, 항상 [-과거]와 [-추정]으로 표시된다. 그리고 이것들은 접속형토(IV)의 고유한 자질로 볼 수 있기 때문에, 용언 접속형(IV)의 문법 정보는 다음과 같이 표시된다.

 (41) 용언 접속형(IV)의 문법 정보
　　〈 *V*, 접속형토(IV) [-과거, -추정, -회상] 〉

보충 접속문의 시제 해석

 이 글의 논의에 따르면, 접속문의 시제는 다음과 같이 해석될 수 있다.

 (1) 접속문의 시제 구조
　　[s [s … V-접속형[α과거]] [s … V-종결형[β과거]]]
　　(α와 β는 + 또는 - 값이다.)

 그러면 접속형과 종결형의 시제형은 다음과 같이 표시된다.

 (2) ㄱ. 남편은 밭을 갈았고[+과거] 아내는 씨를 뿌렸다[+과거].
　　 ㄴ. 남편은 밭을 갈고[-과거], 아내는 씨를 뿌렸다[+과거].

 (3) ㄱ. 돌이가 모자를 썼다가[+과거], 벗는다[-과거].
　　 ㄴ. 돌이가 모자를 쓰다가[-과거], 벗는다[-과거].

 (4) ㄱ. 학교에 가서[-과거], 돌이를 만났다[+과거].
　　 ㄴ. 파리를 잡으려고[-과거], 파리채를 들었다[+과거].

 그리고 접속형의 시제는 종결형의 시제와 관련하여 해석된다. 접속형이 [-과거]인 경우에는 종결형의 시제인 사건시를 기준으로 해석되고, 접속형이 [+과거]인 경우에는 종결형의 시제를 기준으로 해석되거나 발화시를 기준으로 해석된다.
 (2)와 (3)에서 ㄱ과 ㄴ은 의미 차이가 있을 수 있다. 그런데 그러한 의미 차이는 기준 시점의 차이에서 비롯되는 것으로 생각된다.

11.4. 관형사형의 문법 정보

용언 관형사형은 '-었-', '-겠-', '-더-'가 모두 실현되는 것('v-었겠던')
과 '-었-'(과 '을')만 실현되는 것('v-었을'), 아무 안맺음토도 실현되지 않는
것('v-은'과 'v-는')이 있다.

11.4.1. '-던' 관형사형

먼저 '-던'으로 형성된 관형사형을 보기로 한다.

(42) ㄱ. 가지 않을 수 없-**던** 길.
ㄴ. 퓨전 중식당에서 맛보-**던** 새우볶음밥.

(43) ㄱ. 언제나 내 앞에 있었지만 보지 못하-**였던** 것들.
ㄴ. 잔잔한 가을의 감동을 전해주-**었던** 영주 부석사.

(44) ㄱ. 뭐가 되든 나가야-**겠던** 날
ㄴ. 전에는 도무지 모르-**겠던** 공법이 귀에 쏙쏙 들어오네요.

(45) ㄱ. 여유롭게 이용했으면 더 좋-**았겠던** 곳.
ㄴ. 연습 꽤나 해 보-**았겠던** 포즈라고 그녀를 놀렸다.

여기서는 일단 '-던'을 '-더-'와 '-ㄴ'이 융합하여 형성된 한 개의 맺
음토로 간주한다. 그러면 예컨대 '없던'을 용언 어간과 관형사형토로 분석
하면, '없-던'으로 분석된다. 그런데 그렇게 분석한다 하더라도 '없던'은
여전히 [+회상]의 기능을 가지는데, 이러한 것을 '던[+회상]'으로 표시할
수 있다. 그리하여 관형사형토 '-던'으로 형성되는 용언들의 문법 정보를
일반적으로 표시하면 다음과 같다.

(46) '-던' 관형사형의 문법 정보

$$\left\langle V, \left\{ \begin{bmatrix} +과거 \\ -과거 \end{bmatrix} \right\}, \left\{ \begin{bmatrix} +추정 \\ -추정 \end{bmatrix} \right\}, 던[+회상] \right\rangle$$

11.4.2. '-을' 관형사형

관형사형토 '-을'은 '-었-'과 결합하지만, '-겠-, -더-'와는 결합하지 않는다.

(47) ㄱ. 여행 같이 가-ㄹ 사람.
　　ㄴ. 어차피 만나야 하-**였을** 사람이지.

(48) ㄱ. 오-ㄹ 때가 되었다.
　　ㄴ. 온 세상 내 것이-**었을** 때

　'-을'은 [+추정]의 자질을 가지는데, '-던'의 경우와 동일한 까닭으로, 예컨대 '했을'에 대한 (49)의 정보 표시에서 '-을[+추정]'으로 표시한다. '-을'은 '-더-'와 결합하지 않지만, '했을'이 '하겠던'과 [회상]의 자질값에 따라 대조된다는 것을 나타내기 위해서는, '했을'의 문법 정보로 [-회상]의 자질을 설정해야 한다. 그러면 관형사형토 '-을'로 형성되는 관형사형들의 문법 정보를 다음과 같이 표시할 수 있다.

(49) '-을' 관형사형의 문법 정보

$$\left\langle V, \left\{ \begin{bmatrix} +과거 \\ -과거 \end{bmatrix} \right\}, 을[+추정, -회상] \right\rangle$$

11.4.3. '-은₁/는' 관형사형과 '-은₂' 관형사형

관형사형토 '-은'은 환경에 따라 두 가지 용법으로 사용된다.

(50) ㄱ. 아름답-은 눈.
ㄴ. 386 세대이-ㄴ 그녀.
ㄷ. 덧없이 흘러 가-**는** 시간들.

(51) ㄱ. 덧없이 흘러 가-ㄴ 시간들.
ㄴ. 덧없이 흘러 가-**는** 시간들.

형용사나 지정사 어간과 결합하는 '-은/ㄴ'은 [-과거]로서, 동사 어간과 결합하는 '-는'과 한 개의 형태소로 묶인다. 그리고 동사 어간과 결합한 '-은'은 [+과거]로서 '-는'[-과거]에 대립하여 사용된다. 그리고 이것들이 실현되면, 안맺음토는 실현되지 않는데, 곧 [-과거], [-추정], [-회상]으로 실현된다. 따라서 '-은/ㄴ'과 '-는' 관형사형의 문법 정보를 다음과 같이 표시할 수 있다.

(52) '-은/ㄴ'과 '-는' 관형사형의 문법 정보
ㄱ. 〈 V, 은1/는[-과거, -추정, -회상] 〉
ㄴ. 〈 V, 은2[+과거, -추정, -회상] 〉

보충 관형사절의 시제 해석

관형사절의 시제는 주절의 시제와 관련하여 해석된다. 주절의 시제가 [-과거]인 경우에는 발화시를 기준으로 하거나 주절의 사건시를 기준으로 하거나 차이가 없다. 그런데 주절의 시제가 [+과거]인 경우는 문맥에 따라 발화시를 기준으로 해석되기도 하고, 주절의 사건시를 기준으로 해석되기도 한다. 예컨대 '주절의 시제 [+과거] & 관형사절의 시제 [-과거]'인 경우에, 관형사절의 시제는 문맥에 따라 발화시 기준 [-과거]이거나 주절의 사건시 기준 [-과거](=발화시 기준 [+과거])로 해석된다.

이와 같이 어떤 시제의 해석이 발화시를 기준으로 해석되는 것을 '절대 시제'라 하고, 관형사절의 시제에서와 같이 주절의 사건시를 기준으로 해석되는 것을 '상대 시제'라 한다.

11.4.4. 긴 관형사형

용언의 긴 관형사형은 용언의 종결형과 짧은 관형사형토이 결합하여 형성된 것이다.

(53) ㄱ. 바다가 푸르-**다는** 것은 거짓말이다.
ㄴ. 눈부시도록 푸르-**단** 말은 이런 걸 두고 한 게 아닐까요.
ㄷ. 끝나고 오-ㄴ**다는** 사람.
ㄹ. 이 땅에 평화는 언제 오-ㄴ**단** 말인가.
ㅁ. 결코 그녀의 목소리보다 예쁘다-ㄹ 수 없는 멘트에.
ㅂ. 아름다운 철쭉꽃이 피면 온-**다던** 님.

(54) ㄱ. 어디에 있었-**느냐는** 말을 몇 번씩이나 되묻는다
ㄴ. 왜 한국말을 공부하-**느냐던** 질문.

(55) ㄱ. 이게 도대체 뭘 하-**자는** 겁니까!
ㄴ. 함께 먼 길 가-**자던** 그리운 사람.

(56) ㄱ. 자기 자신에게 용서하고, 사랑하-**라는** 가르침입니다.
ㄴ. 길이 없을 때 보-**라던** 편지.

이것들은 서술형토와 의문형토, 청유형토에 '-은, -는'이 결합된 것이기 때문에, 안맺음토와 맺음토의 결합 제약은 각각의 서술형토와 의문형토, 청유형토와 맺음토의 결합 제약에 따른다. 곧 긴 관형사형이 사용된 문장들은 다음과 같이 분석되는데, 실제로 안맺음토와 결합하는 것은 종결형토라는 것이다.

(57) ㄱ. [[끝나고 오-ㄴ**다**] **는**] 사람.
ㄴ. [[왜 한국말을 공부하-**느냐**] **던**] 질문.
ㄷ. [[이게 도대체 뭘 하-**자**] **는**] 겁니까!

ㄹ. [[길이 없을 때 보-**라**] **던**] 편지.

따라서 긴 관형사형의 문법 정보는 용언 종결형의 정보와 짧은 관형사형토의 정보가 결합한 것으로 표시할 수 있다. 이때 용언 종결형에는 안맺음토에 관한 정보를 포함한다. 그렇지만 긴 관형사형토에서 보통의 경우에는 짧은 관형사형토만 사용되기 때문에, 긴 관형사형토에 포함된 짧은 관형사형에는 안맺음토로 실현되는 문법 정보를 포함하지 않는다고 생각할 수 있다. 이렇게 가정하면, 예컨대 '예쁘다-ㄹ'과 '보라-던'의 문법 정보는 다음과 같이 표시될 수 있다.

(58) '예쁘다-ㄹ'과 '보라-던'의 문법 정보 (간략한)

ㄱ. $\left\langle \text{예쁘},\ [-\text{과거}],\ [-\text{추정}],\ [-\text{회상}],\ \text{다},\ \text{ㄹ}\begin{bmatrix}+\text{추정}\\-\text{회상}\end{bmatrix}\right\rangle$

ㄴ. $\left\langle \text{보},\ \text{라}\begin{bmatrix}-\text{과거}\\-\text{추정}\\-\text{회상}\end{bmatrix},\ \text{던}\,[+\text{회상}]\right\rangle$

그런데 사실 '보라-던'은 두 개의 용언형이 융합하여 형성된 것이며, 융합의 과정에서 동사가 삭제된 것이다. 이러한 사실을 고려한다면, 좀 더 엄밀하게, 다음과 같이 표시되어야 할지도 모르겠다.

(59) '보라-던'의 문법 정보 (수정한)

$$\left\langle \left\langle \text{보},\text{라}\begin{bmatrix}-\text{과거}\\-\text{추정}\\-\text{회상}\end{bmatrix}\right\rangle,\ \left\langle \varnothing\,[+V],\ [-\text{과거}],\ [-\text{추정}],\ \text{던}\,[+\text{회상}]\right\rangle\right\rangle$$

11.5. 명사형의 문법 정보

11.5.1. 명사형과 '-더-'

명사형토 '-음'과 '-기'는 안맺음토 '-더-'와는 결합하지 않는다. 아마 명사절이 '[+회상]'의 성질과 양립하기 어렵기 때문일 것이다. 그래서 '-음'과 '-기'는 항상 [-회상]의 성질을 가지는 것으로 간주해야 한다.

11.5.2. '-음' 명사형

'-음'은 '-었-'이나 '-겠-'과 결합하여 'V-었음, V-겠음, V-었겠음'의 형식으로 사용된다.[9]

> (60) ㄱ. 나는 알았다, 내가 오래전 누군가의 품 안에서 이미 죽-**었음**-을.
> ㄴ. 이번 유물 정리는 근대음악에서 교회의 역할이 절대적이-**었음**-을 보여준다.

> (61) ㄱ. 시간이 빨리 흐른다는 걸 체감할수록 더 열심히 살아야-**겠음**-을 반성해 봅니다.
> ㄴ. -님, 이런 호칭은 빼고 반말 식으로 가-**겠음**-을 밝힙니다.

> (62) 아가의 스트레스는 100이 됐음이 분명-**했겠음**-에도 불구하고, 다른 가족들 때문에 하루 종일 손에서 놀아야 했다.

따라서 '-음' 용언형의 문법 정보는 다음과 같이 표시된다.

---

9) '-었겠음'의 형식이 잘 사용되지 않는 것은, 특별한 이유에 의해서라기보다는, 우연히 그렇게 된 것으로 보인다.

(63) '-음' 용언형의 문법 정보

$$\left\langle \, V, \, \left\{ \begin{bmatrix} +과거 \\ -과거 \end{bmatrix} \right\}, \, \left\{ \begin{bmatrix} +추정 \\ -추정 \end{bmatrix} \right\}, \, 음[-회상] \, \right\rangle$$

11.5.3. '-기' 명사형

'-기'는 '-었-'이나 '-겠-'과 결합하여 'V-었기, V-겠기, V-었겠기'의 형식으로 사용되는데, '-음'과는 달리 'V-었겠기'의 형식도 자연스럽게 많이 사용된다.

(64) ㄱ. 문득 뒤를 돌아보았을 때 후회 없는 삶이-**었기**-를.
ㄴ. 난 그 사람에게 인생의 오점이 아니-**었기**-를 빈다.

(65) ㄱ. 글을 꼭 쓰야-**겠기**에 조용히 눈을 감고 묵상 중에 있었다.
ㄴ. 겨울에는 겨울잠을 자야-**겠기** 때문에 활발히 움직일 수 있는 계절에 결실을 맺는 것이 자연의 섭리입니다.

(66) ㄱ. 딸에게 큰 기쁨과 만족을 주-**었겠기**-에 말입니다.
ㄴ. 그는 관동 풍경도 두루 보-**았겠기**-에 그에게 물었더니.
ㄷ. 왜냐하면 모두들 희망을 보-**았겠기** 때문입니다.

따라서 '-기' 용언형의 문법 정보는 다음과 같이 표시된다.

(67) '-기' 용언형의 문법 정보

$$\left\langle \, V, \, \left\{ \begin{bmatrix} +과거 \\ -과거 \end{bmatrix} \right\}, \, \left\{ \begin{bmatrix} +추정 \\ -추정 \end{bmatrix} \right\}, \, 기[-회상] \, \right\rangle$$

이제 '-음' 명사형과 '-기' 명사형의 문법 정보를 다음과 같이 나타낼 수 있다.

(68) $\langle V, \left\{\begin{bmatrix}+과거\end{bmatrix} \atop \begin{bmatrix}-과거\end{bmatrix}\right\}, \left\{\begin{bmatrix}+추정\end{bmatrix} \atop \begin{bmatrix}-추정\end{bmatrix}\right\}, \begin{Bmatrix}-음 \\ -기\end{Bmatrix}\begin{bmatrix}-회상\end{bmatrix}\rangle$

11.5.4. '{-던, -을, -은₁/는, -은₂} 것' 명사형

'{-던, -을, -은₁/는, -은₂} 것'을 명사형토로 간주하기도 한다.[10]

(69) ㄱ. 보-**던것**-이 전부가 아님을 알아야 한다.
  ㄴ. 그댈 사랑하려 하-**였던것**-이 잘못입니다.
  ㄷ. 아까 김치를 조금 먹었어야-**겠던것** 같아요.
  ㄹ. 생각을 좀 바꾸면 좋-**았겠던것**-을요.

(70) ㄱ. 아마 못 잡-**을것** 같습니다.
  ㄴ. 그때는 그런 생각을 못 하-**였을것** 아닙니까.

(71) ㄱ. 요즘 들어 성실하-**ㄴ것**-도 재능이라는 걸 느낍니다.
  ㄴ. 한해가 저물어 가-**는것**-을 느끼며.

(72) ㄱ. 우리 집이 외계인의 표적이 되-**ㄴ것**-이 틀림없다.
  ㄴ. 한 가지 실수를 하-**ㄴ것** 같아요.

이 명사형들은 의존 명사 '것'을 제외하면 (짧은) 관형사형이 남는데, '것'과 결합하여 명사형으로 해석되는 경우에도 관형사형의 특징을 그대로 유지하고 있다. 따라서 이 명사형들의 문법 정보는 관형사형의 문법 정보와 동일하게 표시된다.

(73) ㄱ. $\langle V, \left\{\begin{bmatrix}+과거\end{bmatrix} \atop \begin{bmatrix}-과거\end{bmatrix}\right\}, \left\{\begin{bmatrix}+추정\end{bmatrix} \atop \begin{bmatrix}-추정\end{bmatrix}\right\}, 던것[+회상]\rangle$

---

10) '-었겠던것'의 형식은 잘 사용되지 않는 듯하다.

ㄴ. ⟨ V, { [[+과거]] / [−과거]] }, 을것 [+추정, −회상] ⟩

ㄷ. ⟨ V, 은1것/는것 [−과거, −추정, −회상] ⟩

ㄹ. ⟨ V, 은2것 [+과거, −추정, −회상] ⟩

이 명사형들은 이러한 특징 때문에, '−음', '−기' 명사형들과는 달리, '−더−'와 결합할 수 있다. 이 명사형들은 '−음', '−기' 명사형들과 대치할 수 있는 것도 있고, 대치할 수 없는 것도 있다.

(74) ㄱ. 죽도록 사랑하−{ㄴ것, 었음}을 얘기하는 흔적들.

ㄴ. 한 가지 실수를 하−{ㄴ것, *었음, *었기} 같아요

보충 명사형토의 다른 용법

명사형토는 종결토처럼 쓰이는 경우가 있다.[11] 이런 용법으로 쓰인 명사형토는 'V−었겠음'의 형식도 사용된다. 이런 용법을 명사형토로 보아야 할지 아니면 종결형토로 보아야 할지 엄밀히 검토할 필요가 있다.

(1) ㄱ. 엄청난 리스크를 감내하면서 헤져들을 위해 파생시장에 참여하는 투기 거래자들은 존경받아야 **함.**

ㄴ. 이게 다 가능할거라고 그 이전에 누가 상상이나 **했겠음?**

ㄷ. 장애인 차량인 줄을 착각한 청원 경찰이 미안하기도 **하였겠음.**

---

11) '−으면'의 줄인말로 '−음'이 쓰이기도 하는데, 이 경우의 '−음'은 접속토로 보아야 한다.

1. 용언형의 문법 정보를 표시하는 방법을 논의하시오.
2. 종결형토의 종류에 따른 종결형의 문법 정보를 논의하시오.
3. 접속형토의 종류에 따른 접속형의 문법 정보를 논의하시오.
4. 관형사형토의 종류에 따른 관령사형의 문법 정보를 논의하시오.
5. 명사형토의 종류에 따른 명사형의 문법 정보를 논의하시오.

| 더 생각할 문제 |

1. '-던'을 '-더-'와 '-ㄴ'의 두 개의 형태소로 분석할 수 있는지를 검토하시오.

2. '-는'을 '-느-'와 '-ㄴ'의 두 개의 형태소로 분석할 경우의 문제점을 생각해 보시오.

3. 용언 종결형과 접속형, 전성형의 문법 정보에 관한 논의가 통사론의 문제들과 어떻게 연관되어 있는지를 생각해 보시오.

체언토(1) : 격토와 접속토

1. 다음 밑줄 친 언어 형식의 성분을 말해 보시오.

    (1) ㄱ. 진실하지 못한 <u>사람은</u> 자신을 위해 도망 갈 많은 <u>길은</u> 남겨 둔다.
       ㄴ. <u>시간을</u> 달리면서 한강에서 <u>시간을</u> 기다리다.

2. 다음에서 두 개의 '-와' 성분은 어떤 차이가 있는가.

    (2) ㄱ. 하나님의 역사**와** 악령의 역사.
       ㄴ. 그는 세종시**와** 함께 자폭하나?

체언토에는 격토와 접속토, 보조토가 있는데, 이 장에서는 체언토를 개관하고, 격토와 접속토의 종류와 기능에 대하여 서술한다.

12.1. 체언토의 개관

12.1.1. 체언토의 분포

체언토는 기본적으로는 모든 종류의 체언에 붙을 수 있는 굴절 접사이다. 대명사와 수사, 자립 명사에는 거의 제한 없이 결합할 수 있다. 의존 명사는 종류에 따라 약간의 결합 제약이 있다.

이와 같이 체언토는 기본적으로 체언에 붙는 굴절 접사이지만, 용언과 부사 따위에도 붙는다.

> (1) ㄱ. 영이는 영화를 본다.
> ㄴ. 영이가 철수에게 책을 주었다.
> ㄷ. 영이가 감기로 결석했다.

> (2) ㄱ. 빨리{를, 도, 만, ...} 간다.
> ㄴ. 많이도 간다.
> ㄷ. 자꾸만 본다.

> (3) ㄱ. 죽느냐 죽이느냐가 문제다.
> ㄴ. 황금을 보기를 돌 같이 하라.
> ㄷ. 가지를 않는다.
> ㄹ. 놀고만 있다.
> ㅁ. 읽어부터 보자.
> ㅂ. 얄밉게까지 하다.

체언토가 통사론에서 담당하는 기능을 고려한다면, (1)과 (2)처럼 단어(나 구)에 미치는 것도 있고, (3)ㄱ처럼 문장에 미치는 것도 있고, (3)ㄴ~ㅂ처럼 절에 미치는 것도 있다.

12.1.2. 체언토의 분류

먼저 체언토를 다음과 같이 분류할 수 있다.

(4) ㄱ. 격토 : -이/가, -을/를, -에, -에게, -로, ...; -라고, -고
   ㄴ. 보조토 : -은/는, -도, -만, -부터, -까지, ...; -요, -그려
   ㄷ. 접속토 : -와/과, -이랑, -이고, ...; -시피, -마는

이렇게 격토와 보조토, 접속토로 분류한 것은 그것의 통사적 기능을 기준으로 한 것이다. 그런데 허웅(1983)에서는 문장으로 쓰이는 말에만 붙는 '-라고, -요, -그려, -시피, -마는'을 특수토씨로 분류했다.

(5) ㄱ. "나는 모른다"-라고 말했다.
   ㄴ. 저것은 느티나무라-고 하는 나무입니다.

(6) ㄱ. 제주도-요
   ㄴ. 으레 한 번씩 여행을 하는 거거든-요
   ㄷ. 그이 삼촌이 어땠어-요?
   ㄹ. 암-요, 하고 말고-요
   ㅁ. 천만에-요, 가긴 어딜 가-요?

(7) ㄱ. 자네 말 잘 하네-그려.
   ㄴ. 갑시다-그려.

(8) ㄱ. 비가 옵니다-마는 떠나야지요
   ㄴ. 어찌 네 사정을 모르겠느냐-마는 내 형편도 너무 어려워서 그러는 거야.

(9) ㄱ. 당신도 잘 알다-시피, 요즈음은 일이 잘 되어 갑니다.
   ㄴ. 너도 알다-시피, 내가 뭐 가진 것이 있어야지.

그런데, 이 글에서는 이것들을, 최현배(1937)과 마찬가지로, 위의 세 종류 가운데 하나로 분류하였다. 그 까닭은 다음과 같다. 첫째, 앞의 세 종류의 토는 기능을 기준으로 분류하면서, 특수토씨는 분포를 기준으로 분류하는 것은 맞지 않다. 둘째, 다른 체언토들도 문장에 붙을 수 있다. 셋째, 통사적 기능으로 보면, 세 종류 가운데 어느 하나의 종류와 동일한 기능을 수행한다.

보충 '다시피'의 범주

'당신도 잘 알다시피'에서 '당신이 잘 알다'는 사실 문장의 형식이라고 보기 어려운 점이 있다. 이런 것을 고려한다면, '알다시피'를 어간 '알-'과 접속형토 '-다시피'로 분석하는 것이 더 바람직할 수도 있을 것이다.

12.1.3. 체언토의 기능

■격토

격토는 문장의 구조 형성 과정에서 중요한 역할을 담당한다. 단순한 문장의 기본적인 구조는 중심어인 용언과 그것과 직접적인 관계를 형성하는 명사구의 결합으로 이루어지는데, 그 관계를 나타내는 것이 격토이다. 따라서 한국어는 하나의 용언과, 그것과 직접 관계를 형성하는 표지인 격토로써, 문장의 기본적인 구조의 뼈대를 세울 수 있다. 그리고 이러한 문장의 구조가 구체적인 내용을 가지기 위해서는 (10)의 빈자리에 명사(구)들을 채워 넣으면 되는 것이다.

(10) [___이/가 ___에게 ___을/를 주다]

앞선 연구에서는, 변형 문법이든 다른 문법 이론이든 간에, 많은 문법 이론에서 문장의 기본적인 (또는 기저의) 뼈대를 (11)과 같은 것으로 생각해 왔다(또는, 변형 문법에서, 어떤 형상적 구조에서 각 어휘들이 각각 특정한 위치에 나타내는 것으로 생각해 왔다). 하나의 용언과 그것과 결합하는 명사구들이 'α, β, γ'와 같은 어떤 관계1)를 형성하고, 그러한 관계들이 겉으로 드러난 것이 격토들이라는 것이다.

(11) [(영이, 철수, 책) 주다]
　　　⋮　　⋮　　⋮
　　　α　　β　　γ

하나의 용언이 둘 이상의 다른 논항 구조를 가지는 경우2)도 있다는 것을 고려한다면, (11)과 같은 구조를 받아들이기 어렵다. 만일 한국어에서 격토의 쓰임을 확인할 수 없다면, 무엇을 근거로 하나의 용언이 둘 이상의 다른 논항 구조를 가진다고 말할 수 있겠는가?3)

(12) ㄱ. 상자를 돈으로 가득 채웠다.
　　　ㄴ. 상자에 사과를 가득 채웠다.

(13) ㄱ. 영이는 학교에 갔다.
　　　ㄴ. 영이는 학교로 갔다.
　　　ㄷ. 영이는 학교를 갔다.

---

1) 그러한 관계는 주어, 목적어와 같은 통사적 기능의 관계일 수도 있고, 행위자, 대상, 위치와 같은 의미역 관계일 수도 있다.
2) (13)의 '학교에'와 '학교로'가 '가다'의 논항인가 하는 것은 논란이 있을 수 있다. 그러나 논의의 편의상, 논항으로 보기로 한다. 그러나 이것들을 부가어라도 해도 논의의 본질은 바뀌지 않는다.
3) 허웅(1983)에서 형식을 중심으로 토씨를 분류해야 한다는 것도 마찬가지의 까닭에서이다.

이제까지, 단어, 그것도 명사(구)에 붙는 격토에 한정하여 논의를 진행해 왔다. 이제 절이나 문장에 붙는 격토를 고려해 보자.

(14) ㄱ. [얼굴이 희기]가 눈과 같다.
ㄴ. 어버이는 [자식이 잘 자라기]를 바란다.
ㄷ. [온 국민이 힘을 합하기]에 따라 나라의 운명이 결정된다.
ㄹ. [내가 알기]로는 그는 결코 좋은 사람이 아니다.
ㅁ. [아들이 죄를 지음]으로써 그 아비까지 벌을 받을 수는 없다.
ㅂ. 배를 타기는 [말을 타기]보다 쉽다.
ㅅ. 그런 짓은 [누워서 침 뱉기]와 같다.

(15) ㄱ. [죽느냐 사느냐]가 문제다.
ㄴ. 이제 [죽느냐 사느냐]를 결정해야 한다.
ㄷ. [죽느냐 사느냐]에 따라 모든 것이 달라진다.

이 예들에서 보듯이 우리말의 절과 문장도 여러 가지 격토가 붙어 여러 문장 성분으로 쓰이는데, 이 사실은 절과 문장이 기본적으로 명사구와 마찬가지로 격토가 자유로이 결합된다는 것을 나타낸다.[4] (이런 점에서, 우리말의 절과 문장은 영어를 포함한 굴절어의 절과 문장과는 근본적으로 다르다.) 따라서 절이나 문장이 쓰인 문장의 구조와, 명사구가 쓰인 문장의 구조는 기본적으로 같은 것으로 보아야 한다.

(16) ㄱ. [얼굴이 희기]가 눈과 같다.
ㄴ. [얼굴]이 달과 같다.

(17) ㄱ. 그런 짓은 [누워서 침 뱉기]와 같다.
ㄴ. 얼굴이 [달]과 같다.

---

4) 물론 절이나 문장이 명사구와 분포가 같다는 말은 아니다. 절이나 문장과 격토의 결합은 용언의 문법적 제약에 따른다.

■접속토

접속토는 두 명사구나 두 문장을 이어주는 역할을 담당한다.

(18) ㄱ. 영이와 철수는 자주 싸운다.
　　 ㄴ. 밥이랑 떡이랑 많이 먹어라.

■보조토

　체언과 결합한 보조토는 용언과의 통합에서 아무런 제약을 보이지 않는데, 그것은 통사 구조에서 보조토가 특별한 기능을 수행하지 않는다는 것을 의미한다. 반면에 보조토는 문장의 의미 해석에 크게 작용한다.
　그런데 '은/는'은 (기능적) 통사 구조에서 큰 역할을 담당하는데, (19)의 문장들은 '주제어-설명어 구조'라 한다.

(19) ㄱ. 영이는 영화를 보았다.
　　 ㄴ. 그 영화는 영이가 보았다.

보충 | **보조토와 파생 접사의 구별 : '-들'과 '-마다'**

　보조토는 체언의 어휘적 특성이나 문법적 기능과 무관하다. 보조토는 의존 명사와의 결합에 제약이 있을 뿐, 대명사나 수사, 자립 명사와 자유로이 결합한다.
　그런데 '-들'이나 '-마다'는 수사와 대명사, 그리고 어떤 종류의 보통 명사와의 결합에 제약이 있다.

(1) ㄱ. *하나들, *둘들, *여럿들
　　 ㄴ. *하나마다, *둘마다, *여럿마다

(2) ㄱ. *나들, *너들, 우리들
　　 ㄴ. *나마다, *너마다, *우리마다

(3) *물들, *평화들

이러한 결합 제약을 보면, '-들'이나 '-마다'는 (분포의 범위가 꽤 넓은) 파생 접사로 처리하는 것이 나아 보인다. 그런데 '-들'은 파생 접사로 처리하기 어려운 경우도 있다, 다음과 같은 '-들'은 보조토와 분포가 같다.

(4) ㄱ. 다들 떠나갔구나.
    ㄴ. 다 떠나들 갔구나.
    ㄷ. 안녕들 하세요?

12.1.4. 체언토의 범주

앞에서 체언토를 당연히 굴절 접사라고 했지만, 굴절어의 굴절 접사와는 성질이 좀 다르다.

영어의 실현 형식과 대비해 보면, 한국어의 보조토는 주로 전치사와 부사에 대응하고, 접속토는 접속사에 대응한다. 격토는 격 표지에 대응하는 것도 있고, 전치사에 대응하는 것도 있다.

먼저 한국어의 격토와 굴절어의 격 표지를 비교해 보자. 한국어의 격토가 굴절어의 격 표지에 대응되는 경우가 있지만, 그 분포가 상당히 다르다. 형태적으로 보아, 굴절어의 격 표지는 체언에만 나타나지만, 한국어의 격토는 부사와 용언에도 나타난다. 그리고 통사적으로 보아, 한국어의 격토는 절의 표지나 문장에도 붙지만, 굴절어의 격 표지는 절의 표지5)나 문장에는 붙지 않는다. 이를 보면, 한국어의 격토는 굴절어의 격 표지보다 분포가 훨씬 넓기 때문에, 굴절어의 격 표지와는 그 성격이 다르다는 것을 알 수 있다.

---

5) 굴절어에서 절의 표지는 자립 형식인 단어로 표현되거나 공범주로 표현되는데, 절의 표지로서의 단어는 격 표지가 나타나지 않는다.

한국어의 격토와 굴절어의 전치사를 비교해 보자. 굴절어의 전치사는 대개 체언 앞에 놓이는데, 전치사 뒤에 놓이는 체언은 일정한 격 표지가 붙는다. 언어에 따라서, 전치사의 종류에 따라 다른 격 표지가 붙는 경우도 있고, 전치사의 종류에 관계없이 하나의 격 표지만 붙는 경우도 있다. 영어는 항상 대격만 취한다. 한국어의 격토는 이러한 굴절어의 전치사에 대응하는 것처럼 보이기도 한다. 이렇게 보면, 한국어의 격토는 후치사로 다루어질 것이다. 그런데 후치사로 보게 되면, 한국어에는 형태적으로 '격 표지가 없는' 셈이 된다. 체언의 경우에만 한정하더라도, 격토가 결합된 형식에서 격를 빼고 나면, 체언(의 어간)만 남기 때문이다.

이상에서 보면, 한국어의 격토는 굴절어의 격 표지와 같이 다루기는 어려워 보인다. 그렇게 보게 되면, 위에서 인용한 허웅(1983)의 논의에서처럼, '용언이나 부사가 격변화한다'고 보아야 하기 때문이다. 따라서 격토는 굴절어의 전치사에 더 가까운 것으로 다루는 것, 곧 후치사로 다루는 것이 바람직하다고 생각된다.

그러면 한국어에는 격 표지가 없는가? 그렇다고 말하기는 어렵다. 사실 굴절어의 전치사는 그 기능으로 보아, 격의 역할을 일부 담당하는 것으로 볼 수 있기 때문이다. 좀 더 일반적으로는, 통사적 기능 표지는 전치사, 격 표지, 어순 따위의 여러 방식으로 드러날 수 있는데,[6] 이들은 문장의 통사 구조를 드러내는데 서로 보충하는 방식으로 작용한다. 예컨대, 영어에서 명사는 형태적으로 보면 주격과 대격이 없지만, 대명사의 주격과 대격에 대응시켜 보면, 어순으로써 그것을 식별한다는 것을 알 수 있다. 따라서 영어의 (일부의) 전치사와 마찬가지로, 한국어의 후치사의 일부인 격토도 통사적 기능 표지라는 넓은 의미의 격을 실현하는 형식으로 다룰 수

---

6) 필모어(1968)에서는 영어에서, 적어도 기저구조에서는, 주어와 목적어가 되는 성분과 PP로 실현되는 성분의 범주를 전부 'K + NP'로 분석하였다. S&W(1999)에서는 전치사를 논항 표지로 기능하는 것과 서술적인 것의 두 가지 종류로 나누었다.

있을 것이다.[7]

형태소를 기능적으로 분류하면 어떤 형태소이든 어근이나 파생 접사나 굴절 접사 가운데 하나로 분류할 수밖에 없는데, 그렇다면 한국어의 체언토는 굴절 접사로 보아야 한다. 그리고 형태론에서는 격토와 그것이 결합하는 것을 합하여 하나의 어절로 볼 수밖에 없다.

보충 체언토의 형태론과 품사론

여기서 이 체언토를 형태론(이나 품사론)에서 하나의 단어인가 아니면 한 단어의 일부인가에 관한 것과 통사론에서 하나의 성분으로 설정해야 하는가 아니면 달리 처리해야 하는가에 관한 것은, 그것이 굴절 접사라는 것과는 다른 성질의 문제이다.

12.1.5. 체언토의 겹침

■기능과 분포에 따른 체언토의 분류

서민정(2009)에서는 체언토를 분포와 기능에 따라 다음과 같이 분류하였는데, 이러한 분류를 바탕으로 체언토의 겹침을 설명할 수 있다(목록에서 '-의'의 성질을 [+이음]에서 [-이음]으로 조정하였다.[8])

---

7) 사실 한국어에서 용언의 맺음씨끝 '-은, -을, -는; -게' 따위도 격토 '-의'와 '-에' 따위와 같은 기능을 수행한다. 이를 고려한다면 이것들도 넓은 의미의 격에 포함될 것이다.
8) '-의'에 대해서는 11.2.1.의 '격토와 성분의 관계'를 참조할 것. 그리고 서민정(2009)의 '이음'과 '끝'이라는 용어를 각각 '접속'과 '맺음'으로 바꾸었다.

(20) 체언토의 분류(그림)

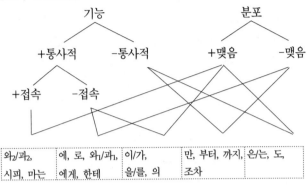

| 와₂/과₂, 시피, 마는 | 에, 로, 와₁/과₁, 에게, 한테 | 이/가, 을/를, 의 | 만, 부터, 까지, 조차 | 은/는, 도, |

이것을 표로 나타내면 다음과 같다.

(21) 체언토의 분류(표)

와₂/과₂, 시피, 마는	에, 로, 와/과, 한테, 에게	이/가, 을/를, 의	만, 부터, 까지, 조차	은/는, 도
+ 통사적	+ 통사적	+ 통사적	- 통사적	-통사적
+ 접속	- 접속	- 접속	-	-
+ 맺음	- 맺음	+ 맺음	- 맺음	+ 맺음

여기서 [-맺음]은 용언의 안맺음과는 조금 다르다. 용언에 안맺음토가 결합한 형식은 어절을 형성하지 못하지만, 체언의 [-맺음]은 그 자체로도 어절을 형성할 수도 있고, 그 뒤에 또 다른 체언토가 결합할 수 있음을 나타낸다. 이에 비하여, [+맺음]은 그 뒤에 다른 체언토가 결합할 수 없음을 나타낸다.

이러한 분류를 바탕으로, 체언토들의 순서를 정할 수 있다. 먼저 [+맺음]의 체언토 끼리는 결합할 수 없다. [-맺음]의 토와 [+맺음]의 토는 순서대로 결합할 수 있다. [-맺음]의 토와 [-맺음]의 토 끼리는 [+통사적]

토가 [-통사적] 토에 앞선다.[9]

    (22) 체언토의 결합 순서
        ㄱ. [-맺음]>[+맺음]
           {에, 에게, 로, 와₁/과₁}+{이/가, 을/를, 의}
           {에, 에게, 로, 와₁/과₁}+{은/는, 도}
           {만, 부터, 까지, 조차}+{이/가, 을/를, 의}
           {만, 부터, 까지, 조차}+{은/는, 도}
           {에, 에게, 로, *와₁/과₁}+{와₂/과₂}[10]
           {만, 부터, 까지, 조차}+{와₂/과₂}
        ㄴ. [-맺음]>[-맺음]
           {에, 에게, 로, 와₁}+{만, 부터, 까지, 조차}
        ㄷ. [-맺음]>[-맺음]>[+맺음]
           {에, 에게, 로, 와₁/과₁}+{만, 부터, 까지, 조차}+{이/가, 을/를, 의}
           {에, 에게, 로, 와₁/과₁}+{만, 부터, 까지, 조차}+{은/는, 도}
           {에, 에게, 로, 와₁/과₁}+{만, 부터, 까지, 조차}+{와₂/과₂}

    그리고 같은 부류에 속하는 [-맺음]의 토 끼리도 의미적 충돌이 일어나지 않으면 결합할 수 있을 것이다(이들 끼리의 순서는 어떤 의미적 요인에 의하여 정해지는 것으로 보인다).

    (23) ㄱ. 에로, 에게로
        ㄴ. 까지만, 까지조차, 까지마저, 부터만, 부터조차, 부터마저

---

9) '-시피'와 '-마는'은 용언과만 결합하는 것이므로, 다른 체언토와는 성질이 조금 다르기 때문에, 체언토의 순서에서는 이들을 제외한다.
10) '와₁/과₁'과 '와₂/과₂'은 결합하지 않는데, 아마 동형인 까닭에서 비롯된 것으로 보인다.

보충 의존 명사의 '만'과 도움토의 '만'

위에서 '에'와 '만'은 둘 다 [-맺음]의 형태소인데, '에만'의 형태로 사용된다고 하였
다. (1)에서 ㄱ은 그 순서에 맞는데, ㄴ에서는 순서가 거꾸로다.

(1) ㄱ. {학교에만 간다. *학교만에} 간다.
   ㄴ. {한 시간만에, *한 시간에만} 끝냈다.

위에서 ㄴ의 '만'은 체언토(보조토)가 아니라, 의존 명사이다. 그 두 '만'은 의미도 완
전히 다르다. 보조토의 '만'은 선택항과 나머지항의 범위 관계를 나타내는데, 의존 명사
의 '만'은 그러한 의미가 아니라 일정한 '시간의 범위'를 나타낸다. (도움토의 의미에 관
해서는 뒤에 논의된다.) 따라서 '시간의 범위'를 나타내는 의존 명사 '만'은 일정한 시간
의 범위를 나타내는 체언 뒤에만 쓰인다.

(2) ㄱ. {세 시에만, *세 시만에} 마친다.
   ㄴ. {*세 시간에만, 세 시간만에} 마친다.

다음 예들에서, '-으로만'의 '만'은 보조토이고, '만으로'의 '만'은 의존 명사로 판단
된다. '손만으로'의 '만'의 '일정한 범위의 정도'라는 의미를 나타낸다.

(3) ㄱ. 나는 손으로만 식사를 할 수 있다.
   ㄴ. 나는 손만으로 식사를 할 수 있다.

■격토와 보조토의 순서와 통사론의 관계

격토와 보조토 사이의 순서를 보면, 격토와 보조토 둘 다가 [+맺음]의
토도 있고, [-맺음]의 토도 있다.

여기서 생각해 볼 수 있는 것은 분포에 따른 [+맺음], [-맺음]의 부류
와 통사적 기능과의 관계에 관한 문제이다. 많은 학자들이 [+맺음]의 분
포를 보이는 것들을 동일한 통사적 기능을 담당하는 것으로 보고, 동일한
부류로 분류했다. 곧 '이/가, 을/를, 은/는, 도'를 같은 부류로 묶어서 논의
한다는 것이다.

그러나 그러한 논의는 문제가 있다고 판단된다. 그러한 주장이 성립되려면, 형태론에서 어떤 형태들이 분포가 동일하면 통사론에서 동일한 기능을 수행한다는 것이 전제되어야 하는데, 그러한 전제를 받아들이기 어렵기 때문이다.

12.2. 격토

12.2.1. 격토와 성분의 관계

먼저 문장의 (기능적) 성분으로 다음과 같은 것을 설정할 수 있다.[11]

> (24) 성분의 종류
> ㄱ. 그 자체로 성질로 말미암아 한 성분이 되는 것
> ① 서술어
> ㄴ. 서술어와의 자리(격관계)를 형성하는 것
> ② 주어, ③ 목적어, ④ 위치어, ⑤ 방편어, ⑥ 비교어, ⑦ 인용어,
> ⑧ 보어
> ㄷ. 꾸미는 성분(수식언)
> ⑨ 관형어, ⑩ 부사어
> ㄹ. 독립된 성분(독립언)
> ⑪ 독립어

이러한 성분들은 여러 가지 문법 장치로 성립된다(어떤 품사가 어떤 문법 장치로 성분이 성립되는지를 살펴보시오). 그러나 여기서는 체언과 결합한 격토와 성분과의 관계만 살핀다. 성분의 이름이 대개 격토의 이름에 일치하여 지어졌다는 것을 유의하라.

---

11) 기본적으로는 허웅(1983)을 바탕으로 하였다.

(25) ㄱ. <u>영이가</u> 영화를 본다.　　　　(주어)
　　 ㄴ. 영이가 <u>철수를</u> 사랑한다.　　　(목적어)
　　 ㄷ. 영이가 <u>철수에게</u> 책을 주었다. (위치어)
　　 ㄹ. 영이가 <u>감기로</u> 결석했다.　　　(방편어)
　　 ㅁ. <u>나하고</u> 가자.　　　　　　　　(비교어)
　　 ㅂ. 영이는 철수를 <u>바보라고</u> 한다. (인용어)
　　 ㅅ. 영이는 <u>의사가</u> 되었다.　　　　(보어)
　　 ㅇ. <u>우리의</u> 소원.　　　　　　　　(관형어)
　　 ㅈ. <u>영이야</u>, 바다로 떠나자.　　　　(독립어)

이상의 성분의 종류와 허웅(1983), 학교문법의 성분의 종류를 비교해 보
면 다음과 같다.

먼저 학교문법에서는 위치어과 방편어, 비교어, 인용어를 부사어와 하
나로 묶었다. 그리고 인용격토는 설정했으나, 인용어는 설정하지 않았다.
허웅(1983)에서는 보어를 설정하지 않았다. 그리고 관형어 '우리의'에서
'-의'는 격토로 보지 않고 접속토로 보았는데, 관형어는 서술어에 이끌리
지 않기 때문이라고 하였다(211쪽). 또 인용어를 설정하면서도 인용격토는
설정하지 않았으며, '-라고, -고'를 특수토씨로 보았다.

12.2.2. 인용격토의 문제

인용격토의 경우, 그것의 범주가 무엇인가, 문장의 구조를 어떻게 보아
야 할 것인가 하는 따위에 관하여 논란이 많다.[12] 이 글에서는 이 토가 생
략될 수 있다는 점을 들어, 체언의 격토로 본다. 한국어에서 용언의 맺음
토가 생략되는 일이 없기 때문이다.

---

12) 김수태(1999), 이필영(1993)을 참고하시오.

(26) ㄱ. 영이는 철수에게 [기다리고 있다] 했다.
ㄴ. 산에 [가지 말라] 했다.

인용은 직접 인용과 간접 인용이 있다. (27)은 직접 인용이고, (28)은 간접 인용이다.

(27) ㄱ. 영이는 "어이쿠, 정말 어렵네요"{라고, 하고} 말했다.
ㄴ. 영이는 "내일 만날 수 있을까?"{라고, 하고} 말했다.

(28) ㄱ. 영이는 [어렵다]고 했다.
ㄴ. 영이는 [내일 만날 수 있느냐]고 했다.

직접 인용은 '쓰인 문장'(발화)을 그대로 따 온 것이다. 따라서 쓰인 문장은 담화상황에 따라 문장의 어떤 성분이 생략되어 쓰이는 일이 많은데, 생략된 그대로의 모습으로 따올 수 있다.

(29) ㄱ. 영이는 "앗"{이라고, 하고} 소리쳤다.
ㄴ. 영이는 "집에"라고 제안했다.
ㄷ. 영이는 "그리고"{라고, 하고} 말하고는 말을 더 이상 잇지 못했다.

여기서 생각할 것은 인용격토가 붙은 성분의 범주가 무엇인가 하는 것이다. 허웅(1983)과 학교 문법에서는 인용절을 설정했다. 그런데, 한국어 문법에서 절의 이름은 명사절, 관형사절, 부사절 따위의 이름에서 볼 수 있듯이, 그 절에 대응하는 품사의 이름을 따서 지은 것이다. 그런데 인용절은 그것의 형성 과정을 따서 이름 지은 것으로, 절의 체계에 맞지 않다.
절의 체계를 고려한다면, 인용절은 체언의 격토가 결합한다는 점에서 명사절에 가장 가깝다. 그런데, 인용절은 절이라는 이름을 붙이기는 어려운 점이 있다. 다른 절들은 절임을 나타내는 표지가 있는데, 인용절은 그

러한 표지가 없다. 오히려 표지만을 본다면, 분명한 문장의 꼴을 갖추고
있다. 이 문제에 대하여 조금 더 살펴보기로 하자.

12.2.3. 문장과 결합하는 격토

인용격토 이외의 다른 격토도 문장과 결합하거나 문장의 성분 또는 어
절의 한 성분과 결합하기도 한다.

    (30) ㄱ. 그들이 [사랑싸움을 끝내었느냐]가 문법적인 문장이냐?
        ㄴ. [소련에서 쿠데타가 일어났다]에 관심이 집중되었다.
        ㄷ. [오늘도 무사히]가 운전자들의 희망이다.
        ㄹ. [불이야]가 오히려 낫다.

    (31) ㄱ. [아름답다]에 밑줄을 그어라.
        ㄴ. 영이는 [새롭게]를 몇 번이고 강조했다.
        ㄷ. 맨 끝에 있는 [가]를 지워 버려야 된다.

  많은 학자들이 이것들을 '명사상당어'라고 하였는데, 명사상당어도 범주
의 이름으로는 적합한 것으로 생각되지 않는다. 문법 범주로는 계층적으
로 '단어-구-절/문장'이라는 것이 있고, '구'나 '절'은 단어의 이름으로 범
주의 성질을 나타내는데, 모든 범주는 이들 가운데 포함되어야 한다. 그런
데, 'X-상당어'라는 것은 문법의 범주 체계에서 확실한 위치를 차지하지
못하기 때문에, 편법적인 처리 방식이라 할 수 있겠다.
  그러나 한국어에서 격토가 기능적으로 문장[13])에 붙을 수 있다는 것을
허용한다면, 이상에서 지적한 모든 문제는 사라질 것이다. 다만 내포문의

---

13) 이 문장은 문장 속의 문장이므로, 범주로는 절이라 할 수 있는데, 격토가 붙기 때문에
    명사절이라 할 수 있다. 그러면 명사절은 '-음'과 '-기'로 표지되는 '보통 명사절'과 문
    장이 바로 절이 되는 '문장 명사절'로 나눌 수 있다.

체계가 조금 달라지는데, 다음과 같이 조정될 것이다.

> (32) 내포문의 종류
> ㄱ. 절을 안은 것
> ㄴ. 문장을 안은 것

문장에 격토가 결합한 성분의 통사 구조를 어떻게 분석할 것인가 하는
문제는 다른 문제이다.

12.3. 접속토

12.3.1. 접속토의 기능

접속토는 체언과 체언, 문장과 문장을 이어 주는 기능을 담당한다.

> (33) ㄱ. 오늘날에는 '다르다**와** '틀리다'의 구분이 거의 없어졌습니다.
> ㄴ. 사과**랑** 배**랑** 많이들 먹어야 건강해 진다.
> ㄷ. 영화를 보고는 싶습니다**마는** 시간이 안 납니다.

허웅(1983)에서는 '-의'를 접속토로 분석하고 있다는 것이 특이
하다. 허웅(1983)에서 '-의'를 격토가 아니라 접속토로 본 것은 격
토의 '자리' [기능]를 체언과 용언의 관계로 정의했기 때문이다.
그러나 자리를 성분과 성분의 관계로 정의하면, 격토로 분류한다
고 하여 특별히 문제될 것은 없다.

12.3.2. 접속토와 공동격토

'-와'는 접속토로도 쓰이고, 공동격토로도 쓰인다. '-와'에 이러한 두

가지 용법이 있기 때문에, 앞선 연구에서 이 두 '-와'의 관계에 대하여 많은 다른 주장들이 있었다.

> (34) ㄱ. **영이와** 철수가 결혼했다.
> ㄴ. 철수가 **영이와** 결혼했다.

이 글에서는 (34)ㄱ은 '영이와 철수'가 한 주어인 문장으로 분석할 수 있다. 실제로 '영이와 철수가'는 바로 복수의 대명사로 교체될 수 있다. (34)ㄴ의 '영이와'는 주어와는 관련없는 비교어로 분석한다.

> (35) ㄱ. **영이와** 철수가 결혼했는데, 그들은 ...
> ㄴ. 철수는 **영이와** 결혼했는데, {철수는, ^{??}그들은} ...

또 공동격토 '-와'는 '함께'의 '-와'와 '서로'의 '-와'의 두 용법이 있다. 교호 용언과 쓰인 '-와'는 보통 자연스럽게는 '서로'의 뜻으로 해석되고, 비교호 용언과 함께 쓰인 '-와'는 '함께'의 뜻으로만 해석된다. 물론 교호 용언도 '함께'의 '-와'를 임의적인 성분으로 취할 수 있다.

> (36) ㄱ. 영이는 **철수와** (함께) 학교에 갔다.
> ㄴ. 영이는 **철수와** (서로) {사랑했다, 싸웠다, 같다, 다르다, 닮았다}.

보충 다른 자료들

다음의 예들에서 '-이랑'은 접속토인지 공동격토인지를 생각해 보라.

> (1) ㄱ. 친구 토민**이랑** 열심히 노는 중!
> ㄴ. 짱뚱**이랑** 놀 사람 여기 붙어라.
> ㄷ. 오랜만에 영이**랑** 함께 했다.
> ㄹ. 영이**랑** 철수**랑** 어울린다고 하면 부모 얼굴색이 금세 변한다.

연습문제
1. 체언토의 종류와 특징을 설명하시오.
2. 격토와 문장 성분의 관계를 설명하시오.
3. 인용격토와 관련된 문제를 논의하시오.

|더 생각할 문제|

1. 한국어의 격토와 접속토에 대응하는 외국어의 언어 형식을 생각해 보자.

2. 체언토의 문법적 범주에 대하여 다시 생각해 보자.

체언토(2) : 보조토

1. 다음 문장의 보조토의 의미 차이를 생각해 보자.

    (1) ㄱ. 부디 읽어봐 주시고 작은 관심**이나마** 부탁을 드립니다.
        ㄴ. 한 걸음**이라도** 즐겁게, 한 입**이라도** 흐뭇하게!

    (2) ㄱ. 왜 남자는 기억**조차** 못하고 여자는 두고두고 아파하는가?
        ㄴ. 사랑을 할 권리**마저** 빼앗아 갔다.

이 장에서는 보조토의 의미 체계에 대하여, 몇몇 보조토를 선정하여, 전제와 함축을 기준으로 살폈다.

13.1. 분포와 기능

격토는 그것이 결합하여 형성된 언어 형식이 다른 체언이나 용언과 결합할 때 제약이 있는데, 그 까닭은 격토가 체언과 체언 또는 용언과 체언의 통사적 관계를 드러내기 때문이다.

(1) ㄱ. 영이가 영화{를, *가, *로, *에게} 본다.
ㄴ. 영이{가, *를, *로, *에게} 영화를 본다.
ㄷ. 우리{의, *가, *를, *로, *에게} 소원은 통일.

이러한 격토에 비하여, 보조토는 그것이 결합하여 형성된 언어 형식이 다른 용언과 결합할 때 그러한 제약이 없다. 이것은 보조토가 체언과 용언의 통사적 관계와는 관련이 없다는 것을 뜻한다.

(2) ㄱ. 영이는 학교{도, 만, 는, 부터, 까지} 간다.
ㄴ. 영이{도, 만, 부터, 까지} 학교에 간다.

보조토의 의미에 대하여 허웅(1983)/최현배(1937)의 설명을 정리하면 다음과 같다.

(3) 보조토의 의미
ㄱ. -은/-는   주제나 대조(다름)/ 다름(相異)
ㄴ. -도   이것과 저것이 한가지임/ 한가지(同一)
ㄷ. -만   단독·한정/ 홀로(單獨)
ㄹ. -마다   하나하나의 뜻/ 한결(一樣)
ㅁ. -부터   비롯함/ 비롯(始作)
ㅂ. -까지   미치는 점/ 미침(到及)
ㅅ. -조차   덧보탬/ 더함(添加)
ㅇ. -마저   덧보탬이나 마지막/ 끝남(終結)

ㅈ. -이야   힘줌/ 특별함(特別)
ㅊ. -이라도   '가리지 않고'/ 마찬가지(亦同)
ㅋ. -이나   '다른 것은 그만 두고라도' 또는 놀람/어림(槪算)
ㅌ. -이나마   '마음에 덜 차지만'/ 덜참(不滿)
ㅍ. -서껀   여럿 가운데 섞여 있음/ 섞음(混同)

그런데 이러한 설명만으로는 보조토 끼리의 유기적인 관계를 살피기 어렵다. 보조토도 격토와 마찬가지로 그것들 사이에 구별되는 분명한 의미 특성을 가지고 있을 것이다. 따라서 전체적인 체계 속에서 보조토 하나하나가 차지하는 위치를 분명히 해야, 보조토의 의미 특성이 분명하게 드러날 것이다.

13.2. 전제와 함축

■진리조건 의미론의 관점

진리조건 의미론은 언어 형식과 세계의 일의 관계를 형식적 방법으로 논의하는데, 문장의 의미를 문장이 나타내는 일이 참이 되는 조건들의 집합으로 규정한다. 곧 어떤 문장의 의미는 문장이 나타내는 일이 어떤 상황에서 참이 되는지를 관찰함으로써 파악된다는 것이다.

여기서는 한국어 보조토의 의미를 이런 관점에서 살펴보고자 하는데, 보조토가 문장의 진리값을 결정하는 데 어떤 방식으로 관여하는지를 중심으로 살필 것이다.

이러한 논의에서 한 가지 유의할 일이 있다. 어떤 일의 참과 거짓에 대한 판단을 표현한 것을 '명제'인데, 문장으로는 서술문에 해당하는 것이다. 사실 의문문이나 명령문의 그 자체로는 진리값을 따질 수 없다. 그렇지만 의문문이나 명령문도 서술문을 포함하는 것으로 분석함으로써 진리값을 따질 수 있다. 곧 의문문은 어떤 서술문의 일이 참이 되는 조건이 무엇인가에 대한 정보를 요청한 것이고, 명령문이 어떤 서술문의 일이 참이 되는 조건에 맞도록 행동해 주기를 요청하는 것이다. 이렇게 보면, 의문문과 명령문도 그것이 포함하고 있는 서술문의 일에 대한 진리값을 논의할 수 있게 된다.

■ **말할이의 전제**

먼저 말할이의 **전제**와 **초점**을 다음과 같이 정의한다.1)

>   (4) 말할이의 전제와 초점
>   말할이의 전제는 문장(이나 발화)에서 들을이가 이의를 제기하지 않고 받아들일 것이라고 생각하는 말할이의 가정이고, 초점은 문장에서 중요한 정보를 나타내는 것으로서, 들을이가 이의를 제기할 수 있는 정보이다.

격토와 보조토의 의미는 이러한 전제와 초점, 함축에 기초하여 살필 수 있다. 그런데 격토와 보조토의 의미의 특징을 구별하기 위해서는 '선택항'과 '나머지항'의 개념이 필요한데, 선택항과 나머지항은 다음과 같이 정의된다.

>   (5) 선택항과 나머지항
>   선택항은 문장에서 용언의 논항으로 선택된 어휘를 가리키고, 나머지항은 문장에서 용언의 논항으로 선택될 가능성이 있으나 선택되지 않은 어휘를 가리킨다.

---

1) 전제는 문장의 전제(논리적, 의미론적 전제)와 말할이의 전제(화용론적 전제)로 나누어지는데(이익환 1985 : 209~210), 이 글에서는 말할이의 전체를 가리킨다.

예를 들어, (6)은 "영이는 무엇을 보았느냐?"와 같은 물음에 대한 대답으로 사용될 수 있는데, (6)의 전제와 초점은 각각 (7)의 ㄱ과 ㄴ이다.

(6) 영이는 영화를 보았다.

(7) ㄱ. 영이는 무엇을 보았다.   ((6)의 전제)
    ㄴ. 무엇=영화(를)   ((7)의 초점)

실제로 (6)은 (7)ㄱ의 '무엇'에 '영화'를 선택하여 형성된 것이다. 그리고 담화상황을 고려한다면, '무엇'은 {영화, 연극, 오페라} 등의 집합인데, (6)은 이러한 집합 가운데 '영화'를 선택한 것이다. 이 때, 집합 {영화, 연극, 오페라}를 **선택 영역**이라 하고, (6)에서 선택된 {영화}를 **선택항**이라 하고, 선택항에서 제외된 {연극, 오페라}를 **나머지항**이라 한다.

그리고 (6)의 참과 거짓을 따질 수 있는데, 이것은 다음과 같은 추론의 과정을 거쳐 판정된다. 먼저 (7)ㄱ의 '무엇'에 선택되어 참인 명제가 되는 어떤 명사항들의 집합을 생각할 수 있는데, 이 명사항들의 집합을 **범위**라고 하기로 하자. 그러면 (6)은 '영화'가 그 범위에 포함되면 참이 되고, 그 범위에 포함되지 않으면 거짓이 된다.

■격토와 보조토의 의미 차이

이러한 전제의 분석은 격토와 보조토의 의미적 특성의 차이를 드러내는 데 유용하게 이용될 수 있다.

먼저 격토의 경우를 보자. (6)과 (7)에서 초점인 '무엇을'이나 '영화를'에는 격토가 쓰였는데, 이러한 격토는 전제와 초점의 해석에서 선택항만 관여할 뿐 나머지항은 비관여적이다. 곧 격토가 결합한 성분에 대한 정보의 해석에서, 선택 영역의 어떤 요소가 선택항으로 선택되었다는 것에 관심

이 있을 뿐이지, 선택항을 제외한 나머지항에 대해서는 관심을 두지 않는다는 것이다.[2]

　그런데 직관적으로 보아, 보조토가 결합한 성분의 정보의 해석에는, 선택항과 관련된 정보뿐만 아니라 나머지항에 관한 정보도 관여한다는 것을 알 수 있다. 이러한 사실은 보조토가 쓰인 문장의 부정문을 관찰하면 잘 드러난다. 이에 대한 상세한 것은 뒤에 다시 논의된다.

■함축

　보조토의 해석에는 이상과 같은 전제에 더하여, 다음과 같은 종류의 함축도 고려되어야 한다.

> (8) 함축
> 특정한 문맥에 의해서 추론되는 말할이의 예상과 바람, 의지 등과 같은 것.

　예컨대, '나마'가 쓰인 (9)는 기본적으로 (10)의 ㄱ을 전제하며, 또 ㄴ을 함축한다고 생각된다.

> (9) 영이는 **영화조차** 보았다.

> (10) ㄱ. 영이는 {연극을, 영화도} 보았다.
> 　　 ㄴ. 영이는 '영화를 본 일'이 뜻밖/불만이다.

---

2) 곧, 격토가 결합한 성분은 '선택 지정'의 정보를 가진다는 것이다.

13.3. '도'와 '만'

■ '도'와 '만'의 전제와 초점

격토가 쓰인 문장의 부정문은 용언 앞에 '아니'를 붙이거나, 용언에 '-지 않-'을 결합하여 성립된다.

> (11) ㄱ. 영이는 **영화를** 보았다.
> ㄴ. 영이는 **영화를** 안 보았다.
> ㄷ. 영이는 **영화를** 보지 않았다.

그런데, 보조토 '도'와 '만'이 쓰인 문장의 부정은 조금 다르다. 예컨대, 목적어에 '도'와 '만'이 쓰인 문장은 단순히 용언 앞에 '안'을 붙이거나, '-지 않다'를 결합시킨다고 해서 부정문이 형성되는 것이 아니다. '도'와 '만'이 쓰인 문장은 그러한 과정으로 부정문이 형성되지 않는다.

> (12) ㄱ. 영이는 **영화도** 보았다.
> ㄴ. 영이는 **영화만** 보았다.

> (13) ㄱ. 영이는 **영화도** 안 보았다. ((12)ㄱ의 부정이 아님)
> ㄴ. 영이는 **영화만** 안 보았다. ((12)ㄴ의 부정이 아님)

이를 보면, 보조토 '도'와 '만'이 쓰인 문장의 부정은 좀 복잡한 양상을 띤다는 것을 알 수 있다.

먼저 '도'가 쓰인 문장의 부정은 '도' 성분이 '는' 성분으로 교체되고, 이를 다시 긍정의 대답으로 바꾸어 말할 때는 '도' 성분이 다른 선택항과 결합한 '만' 성분으로 교체된다. '만'이 쓰인 문장의 부정은 보조토의 교체가 아니라, 다른 문장의 구조를 선택한다. 그리고 이를 다시 긍정의 대답으로 바꾸어 말할 때는 다른 선택항과 결합한 '도'로 교체한다.

(14) 가 : 영이는 **영화도** 보았느냐?

　　나 : ㄱ. #아니, **영화도** 안 보았다.

　　　　ㄴ. 아니, **영화는** 안 보았다.

　　　　ㄷ. 아니, (영화는 안 보고) **연극만** 보았다.

(15) 가 : 영이는 **영화만** 보았느냐?

　　나 : ㄱ. #아니, **영화만** 안 보았다.

　　　　ㄴ. 아니, **영화만** 본 것은 아니다.

　　　　ㄷ. 아니, (영화만 본 것이 아니라) **연극도** 보았다.

이러한 물음과 대답의 상황에서, '도'와 '만'이 쓰인 문장의 전제와 초점은 다음과 같이 해석된다. 먼저 이러한 상황에서 {영화, 연극}과 같은 선택 영역을 가정한다.

(14)의 물음은 선택 영역에 있는 나머지항이 범위에 포함되어 있다고 전제하고, 선택항이 범위에 포함되는지를 물은 것이다. (15)의 물음은 선택항이 범위에 포함되어 있다는 것을 전제하고, 나머지항이 범위에서 제외되었는 지를 물은 것이다. 이를 정리하면 다음과 같다.

(16) '도'와 '만'의 전제와 초점

	전제	초점
도	나머지항 포함	선택항 포함
만	선택항 포함	나머지항 배제

■부정문의 '도'와 '만'

이제 부정문에 쓰인 '도'와 '만'을 살핀다.

(17) ㄱ. 영이는 **영화도** 보지 않았다.

　　 ㄴ. 영이는 **영화만** 보지 않았다.

(17)ㄱ은 '영이가 보지 않은 것'의 범위에 나머지항이 포함됨을 전제하고, 선택항인 '영화'가 범위에서 배제되는 것을 주장하고 있다. 결국 (17)ㄱ은 범위에 포함되는 것이 한 개도 남아 있지 않다는 것을 나타내는 것이다. 그리고 (17)ㄴ은 '영이가 보지 않은 것'의 범위에 선택항인 '영화'가 포함됨을 전제하고, 나머지항은 범위에서 배제됨을 주장하고 있다. 결국 (17)ㄴ은 선택항을 제외하고는 모든 나머지항이 범위에 포함된다는 것을 나타내는 것이다. 따라서 (17)의 ㄱ과 ㄴ은 각각 (18)의 ㄱ과 ㄴ과 동일한 의미를 공유한다.

(18) ㄱ. 영이는 **아무것도** 보지 않았다.

　　 ㄴ. 영이는 영화를 제외한 **모든 것을** 보았다.

■ '도'의 극단의 의미

부정문이나 부정의 의미를 가진 용언이 쓰인 문장에서, '도'가 선택항이 단 하나의 사물을 가리키거나 빈 집합의 사물을 가리키는 명사항과 결합하여, '극단'의 의미를 갖게 되는 것도 이상과 같은 '도'가 가지는 전제와 초점에서 비롯된다고 할 수 있다.

(19) ㄱ. **한 사람도** 가지 않았다.

　　 ㄴ. **아무도** 가지 못했다.

(20) ㄱ. **하나도** 보지 못했다.

　　 ㄴ. **아무것도** 보지 못했다.

(21) ㄱ. **한 사람도** 없었다.
　　 ㄴ. **아무도** 없었다.

■ '도'의 다른 의미

다음의 문장에 쓰인 '도'는 이상에서 본 '도'의 전제와 초점에서 조금 멀어 보인다. 그러나 이러한 '도'도 위와 같은 방식으로 해석해 볼 수 있다는 점에서, '도'의 기본적 의미에서 벗어나지 않는다.

(22) ㄱ. **달도** 밝다.
　　 ㄴ. **잘도** 가는구나.

13.4. '조차'와 '마저'

■ '조차, 마저'와 '도'의 관계

'조차'와 '마저'는 기본적으로 '도'의 전제와 초점을 공유한다. 이러한 것은 '조차'와 '마저'가 쓰인 물음에 대하여, 그것을 부정하는 대답으로 쓰인 문장에서, '조차'와 '마저'를 '도'와 대치해 보면 알 수 있다.

(23) ㄱ. 영이는 **영화조차** 보았다.
　　 ㄴ. 영이는 **영화마저** 보았다.

■ '조차'의 전제와 함축

'조차'는 '도'와 전제와 초점을 공유한다. 곧, 전제는 나머지항이 범위에 포함되어 있다는 것이고, 초점은 선택항이 범위에 포함되는가 하는 것이다.

(24) ㄱ. 법무부장관은 그 어떤 책임 있는 **행동도** 하지 않고,

　　ㄴ. 총리는 **면담조차** 거부하고,

　　ㄷ. 경찰은 잠깐의 행진과 정리 **집회도** 용납지 않으려 한다.

곧, (24)에서 '조차'를 '도'와 교체할 수도 있으나, 만일 교체하게 되면 미묘한 의미의 차이가 생기게 된다.

(24)' ㄴ. 총리는 **면담도** 거부하고,

(24)ㄴ과 (24)'ㄴ에서, '면담조차'와 '면담도'는 둘 다 다른 것(나머지항)이 '총리가 거부하는 것'(범위)에 포함되어 있음을 전제하고, '면담'(선택항)이 그 범위에 포함됨을 주장하는 것이다. 그런데 '면담조차'는 '면담'이 범위에 포함되지 않음을 예상하거나 기대했다는 것을 함축한다. 그리고 그러한 함축과 사실이 다르게 나타난 결과, '뜻밖'이나 '실망'을 나타내게 된다. 여기서 예상의 어긋남은 '뜻밖'으로, 기대의 어긋남은 '실망'에 대응하게 된다. 이를 다음과 같이 정리할 수 있다.

(25) '조차'의 전제와 초점, 함축

	전제	초점	함축	함축 결과
조차	나머지항 포함	선택항 포함	선택항이 범위에 포함되지 않음을 예상하거나 기대함	뜻밖/실망

다음의 예들도 위와 같이 해석할 수 있다.

(26) ㄱ. **가시나무에조차** 장미꽃이 핀다.

　　ㄴ. 여름 휴가는 당신이 여자란 **사실조차** 잊게 만든다.

　　ㄷ. 이미 **이름조차** 낯선 사람들이 많았다.

　　ㄹ. 뱃살은 나의 **영혼조차** 무겁게 한다.

　　ㅁ. **협상조차** 미끼로 이용하는 것은 비겁한 행동이다.

■ '마저'의 전제와 함축

'마저'는 기본적으로는 '조차'와 동일한 함축을 공유하는 것으로 생각된다. 대부분의 문맥에서, '마저'는 큰 의미 차이 없이 '조차'와 교체될 수 있기 때문이다.

그런데 '마저'는, '선택항이 범위에 포함되지 않기를 기대한다'는 함축을 가질 뿐만 아니라, 이에 더하여 '선택항이 나머지항(의 집합)에 포함됨을 예상하거나 기대한다'는 함축을 가지는 것으로 판단된다. 그런데 사실은 이러한 기대와 어긋나기 때문에, '뜻밖'이나 '실망'의 뜻을 드러낸다. 그리고 '조차'와 마찬가지로, 예상의 어긋남은 '뜻밖'에, 기대의 어긋남은 '실망'에 대응된다. 결과적으로 보면, '마저'는 '조차'의 의미를 더 강조한다는 것이다. 이를 다음과 같이 정리할 수 있다.

(27) '마저'의 전제와 초점, 함축

	전제	초점	함축	함축 결과
마저	나머지항 포함	선택항 포함	선택항이 나머지항의 집합에 포함됨을 예상하거나 기대함	뜻밖/실망

다음 문장들은 선택항이 나머지항의 집합에 포함됨을 예상했는데, 사실은 그러한 예상에 어긋나 **'뜻밖'**의 의미를 가진다.

(28) ㄱ. 실천의 에너지**마저** 주입시켜 주는 자기계발서.
ㄴ. 이제는 모기**마저** 그립다.
ㄷ. 올 여름 무더위**마저** 얼린다.
ㄹ. 소심한 주인공**마저** 바꾸어놓는 독특한 가면들.
ㅁ. 시도 때도 없이 광자**마저** 야단이다.

예컨대, (28)에서 ㄱ은 '실천의 에너지'가 '자기계발서가 주입시켜 주지 않는 것'에 포함될 것으로 예상했으나, 실제로는 '자기계발서가 주입시켜 주는 것'에 포함되었다는 함축을 담고 있다. 그런데 말할이의 그러한 예상과 사실이 어긋나 '뜻밖'과 '실망'의 의미를 갖게 된 것이다.

다음 문장들은 선택항이 나머지항들의 집합에 포함되기를 기대했는데 사실은 그러한 기대에 어긋나 **'실망'**의 의미를 가진다.

(29) ㄱ. 농심, **너마저** 국민을 기만하다니.
ㄴ. 결국 죄를 숨긴 것 같아 **죄책감마저** 듭니다.
ㄷ. 인터넷에 접속할 **시간마저** 여의치 않다.
ㄹ. 대환대출을 했는데 **그것마저** 연체중입니다.
ㅁ. **추억마저** 도태된 동네 사진관.

예컨대 (29)에서, ㄱ은 '농심(너)'이 '국민을 기만하지 않는 것'에 포함되기를 기대했으나, '국민이 기만하는 것'에 포함되었다는 함축을 담고 있다. 그런데 말할이의 그러한 기대치와 사실이 어긋나 '뜻밖'의 의미를 갖게 된 것이다.

■정리

'조차'와 '마저'에 대한 전제와 초점, 함축을 종합하여 정리하면 다음과 같다. 간략히 요약하면, '마저'는 '조차'의 의미를 강조하는 뜻을 가진다고 할 수 있다.

(30) '조차'와 '마저'의 전제와 초점, 함축

	전제	초점	함축	함축 결과
조차	나머지항 포함	선택항 포함	선택항이 범위에 포함되지 않음을 예상하거나 기대함	뜻밖/실망
마저			선택항이 나머지항의 집합에 포함됨을 예상하거나 기대함	뜻밖/실망

그리고 예상의 어긋남은 '뜻밖'에 대응하고, 기대의 어긋남은 '실망'에 대응하게 된다. 부정문이나 부정의 뜻을 가진 문장에 쓰인 '조차'와 '마저' 는 기대에 어긋나 '실망'으로 해석될 것이다.

13.5. '이라도'와 '이나마'

■ '이라도'와 '이나마'의 전제와 초점

'이라도'와 '이나마'는 전제와 초점은 다음과 같다.

> (31) ㄱ. 영이는 **사과라도** 먹었다.
> ㄴ. 영이는 **사과나마** 먹었다.

만일 '이라도'와 '이나마'가 결합한 명사항의 선택 영역으로 {사과, 수박}을 가정한다면, (31)은 '영이가 먹은 것'(범위)에서 나머지항인 '수박'이 제외된다는 것을 전제한다. 곧, (31)은 (32)를 전제한다는 것이다. 그리고 (31)의 초점은 '영이가 먹은 것이 사과'라는 것이다.

> (32) 영이는 수박을 먹지 않았다.

이를 일반적으로 정리하면, '이라도'와 '이나마'가 나머지항의 배제를 전제하며, 선택항이 범위에 포함되는가 하는 것이 초점이 된다는 것을 알 수 있다.

■ '이라도'의 전제와 함축

'이라도'와 '이나마'는 이러한 전제 및 초점과 함께, 말할이가 기대한 것이 선택항(여기서는 '사과')가 아니라, 나머지항(여기서는 '수박')이라는 것을 함축하고 있다. 그런데 사실이 그러한 기대에 어긋나, 결국 말할이가 만족하지 못하는 상황을 표현하게 된다.

직관적으로 볼 때, '이라도'는 말할이가 다른 선택항이 범위에 포함되기를 기대하지만, 선택항을 수용한다는 것을 나타낸다. 그러나 그러한 수용은 결국 말할이의 기대에 어긋나기 때문에, 만족스럽지 못함을 표현하게 된다.

(33) '이라도'의 전제와 초점, 함축

	전제	초점	함축	함축 결과
이라도	나머지항 배제	선택항 포함	다른 선택항이 범위에 포함되기를 기대하지만, 선택항을 수용함	불만족

다음 문장들은 이러한 전제와 초점, 함축에 따라 잘 해석될 수 있는 문장들이다.

(34) ㄱ. **바다 사진이라도** 보았다.
　　ㄴ. **미완성 표준이라도** 없는 것 보다는 낫다.
　　ㄷ. 시원한 **아이스크림이라도** 사가지고 갈까요?
　　ㄹ. **꿈속이라도** 만나고만 싶어 꿈을 초청해 보려고까지 한다.
　　ㅁ. **가공식품이라도** 천연식품 못잖다.

예컨대, (34)ㄱ은 '보는 것'(범위)에서 '바다 사진'을 제외한 사진들(나머지항)이 배제됨을 전제하고, '바다 사진'(선택항)이 그 범위에 포함됨을 의미한다. 이에 더하여, 말할이는 '바다 사진'이 아닌 다른 사진들을 보기를 기대하지만, '바다 사진'을 보는 것을 (어쩔 수 없이) 수용한다. 그러나 그러한 수용은 말할이의 처지에서 보면 만족스럽지 못한 일로 해석될 수밖에 없다.

아래의 문장들은 선택항이 선택 영역의 적은 한 부분을 나타내며, 나머지항이 선택 영역의 대부분을 나타내는 것들이다.

(35) ㄱ. 전체 해석이 불가능하다면 일부 **해석이라도** 부탁드려요.
ㄴ. 넓은 세상 한 **귀퉁이라도** 보기.
ㄷ. 한 **걸음이라도** 즐겁게, 한 **입이라도** 흐뭇하게!
ㄹ. 마음에 드는 한 **구석이라도** 찾으려고 헤맨다.
ㅁ. **조금이라도** 싸게 사는 방법을 소개해보겠다.

이 문장들에 쓰인 '이라도'는, 선택 영역의 대부분을 차지하는 나머지항이 선택되기를 기대하지만, 선택 영역의 적은 한 부분을 선택항으로 선택한 것을 수용한다는 것을 표현한 것이다. 물론 그러한 수용은 말할이의 처지에서 보면 만족스럽지 못한 일이 될 것이다.

■ '이나마'의 전제와 함축

'이나마'는, 기본적으로는 '이라도'와 전제와 초점, 함축을 공유한다. 그런데 '이라도'가 '선택항이 범위에 포함됨'을 그대로 수용함을 나타낸다면, '이나마'는 그것을 수용할 뿐만 아니라 다른 선택의 여지가 전혀 없음을 나타낸다. 결과적으로, '이나마'는 '이라도'의 의미를 강조하는 의미가 있다. 이를 다음과 같이 정리할 수 있다.

(36) '이나마'의 전제와 초점, 함축

	전제	초점	함축	함축 결과
이나마	나머지항 배제	선택항 포함	다른 선택항이 범위에 포함되기를 기대하지만, 선택의 여지가 없음.	불만족

다음 문장들은 이러한 전제와 초점, 함축에 따라 충분히 해석할 수 있다.

(37) ㄱ. 답답해서 이런 **글이나마** 썼다
 ㄴ. **흔적이나마** 살릴 길 없나?
 ㄷ. 당신은 물러나서 **재산이나마** 지켜라.

(37)에서, ㄱ은 '쓴 다른 글이 없다'는 것을 전제하고, ㄴ은 '흔적 이외의 것을 살필 길이 없다'는 것을 전제한다. 그리고 ㄷ은 '다른 것이 아닌 것은 그만두고'를 내포하는데, 이것은 결국 '재산'이 아닌 나머지항은 고려의 대상에서 제외된다는 것을 전제한다는 것이다.
아래의 문장들은 선택항이 선택 영역의 적은 한 부분을 나타내며, 나머지항이 선택 영역의 대부분을 나타내는 것들이다.

(38) ㄱ. 부디 읽어봐 주시고 작은 **관심이나마** 부탁을 드립니다.
 ㄴ. 부족한 **소견이나마** 몇 자 적습니다.
 ㄷ. **소폭이나마** 상승세를 이어가고 있다.
 ㄹ. 이 시를 읽으면 **약간이나마** 힘이 납니다.
 ㅁ. **임시방편이나마** 도로포장 좀 해주세요.

이 문장들에 쓰인 '이나마'는, 선택 영역의 대부분을 차지하는 나머지항이 선택되기를 기대하지만, 선택 영역의 적은 한 부분을 다른 선택의 여지가 없이 선택항으로 선택한 것을 표현한 것이다. 물론 그러한 어쩔 수 없이 이루어진 선택은 말할이의 처지에서 보면 당연히 만족스럽지 못한 일이 될 것이다.

■ 정리

'이라도'와 '이나마'에 대한 전제와 초점, 함축을 종합하여 정리하면 다음과 같다. 간략히 요약하면, '이나마'는 '이라도'의 의미를 강조하는 뜻을 가진다고 할 수 있다.

(39) '이라도'와 '이나마'의 전제와 초점, 함축

	전제	초점	함축	함축 결과
이라도	나머지항 배제	선택항 포함	다른 선택항이 범위에 포함되기를 기대하지만, 선택항을 수용함	불만족
이나마			다른 선택항이 범위에 포함되기를 기대하지만, 선택의 여지가 없음.	불만족

13.6. '부터'와 '까지'

■ '부터'와 '까지'의 전제와 초점

먼저 '부터'가 사용된 다음의 물음과 대답을 검토해 보자.

(40) 가 : **누구부터** 갔니?
     나 : **영이부터** 갔어요.

(40)에서, 말할이(가)는 '(어디를) 간 사람'의 집합(범위)에 두 사람 이상[3])

---

3) 선택항과 나머지항이 복수인 경우도 생각해 볼 수 있다. 그러나 그런 경우에는 복수 자체가 한 덩어리로 선택항이나 나머지항이 된다. 논의의 편의상 선택항과 나머지항이 단수의 체언인 경우만 예로 사용한다.

이 포함되어 있음을 전제한다. 예컨대 범위에 {영이}나 {철수}가 아니라, {영이, 철수}나 {영이, 철수, 기수} 등으로 구성되었음을 전제한다. 그러면 말할이(가)는 누가 '간 사람'(범위)의 시작점에 놓인 것인지를 물은 것이고, 말할이(나)는 선택항 '영이'가 시작점에 놓인다고 대답한 것이다. 이를 일반적으로 말한다면, 선택항 앞에는 범위에 속하는 나머지항이 없다는 것이다.

그리고 다음과 같은 물음과 대답을 보더라도, '부터'가 사용된 문장의 초점은 범위에 속한 항들의 순서에 관한 것임을 알 수 있다.

> (41) 가 : 누구부터 갔어요? **영이부터** 갔어요?
> 나 : 예, **영이부터** 갔어요.
> 다 : 아니오, **철수부터** 갔어요.

(41)에서 범위를 {영이, 철수}로 가정한다면, (41나)에 대하여 부정하는 것은 '가는 행위'에 '영이'와 '철수'가 동시에 참여하지만, 그 일의 시작점에 놓인 행위자를 수정하는 것이다. 따라서 (41나)를 부정하려면, (41다)처럼 '영이' 대신에 '철수'를 대치하여 대답한다. 이상의 논의를 바탕으로, '부터'의 전제와 초점은 다음과 같이 정리할 수 있다.

> (42) '부터'의 전제와 초점
> ㄱ. 전제 : 범위가 $<x^*, a, b, y^*>$로 구성되어 있다.[4]
> ㄴ. 초점 : 선택항 앞에는 범위에 속하는 다른 나머지항이 없다.

다음과 같은 물음과 대답에서 '까지'의 전제와 초점을 살필 수 있는데, '부터'의 전제와 초점의 논의와 동일한 방식으로 해석된다.

---

4) '< >'는 순서 있는 원소들의 집합을 가리키고, $<x^*>$와 $<y^*>$는 각각 < >, <1>, <1, 2> 등과 같이 0개 이상의 항이 되풀이됨을 가리킨다.

(43) 가 : 누구까지 갔니? **영이까지** 갔니?
　　나 : 예, **영이까지** 갔어요.
　　다 : 아니오, **철수까지** 갔어요.

'까지'의 전제는 '부터'의 경우와 동일하다. '까지'의 초점은 그 일의 참여자가 마지막이라고 주장하는 것이다. 일반적으로 말한다면, 선택항 뒤에는 범위에 속하는 다른 나머지항이 없다는 것이다.

(44) '까지'의 전제와 초점
　　ㄱ. 전제 : 범위가 <x*, a, b, y*>로 구성되어 있다.
　　ㄴ. 초점 : 선택항 뒤에는 범위에 속하는 다른 나머지항이 없다.

■ '부터'와 '까지'의 초점

'부터'와 '까지'의 초점을 '도, 만' 등의 초점과 마찬가지 방식으로 선택항과 나머지항의 관계로 살피면 다음과 같다.

'부터'는 시작점을 나타내고, '까지'는 마지막점을 나타낸다는 것은 '부터'와 '까지'가 결합한 선택항과 나머지항들 사이에 어떤 순서가 있음을 내포한다. 이러한 '부터'와 '까지'가 내포한 순서는 시간위치어와 결합한 경우에 잘 살필 수 있는데, 그것은 시간위치어에서 선택항과 나머지항의 순서 관계가 분명히 드러나기 때문이다.

(45) ㄱ. 영이는 **세 시부터** 공부했다.
　　ㄴ. 영이는 **세 시까지** 공부했다.

(45)에서 '세 시부터'와 '세 시까지'와 관련된 시간의 선택 영역을 {두 시, 세 시, 네 시}로 가정하기로 하자. 그러면 (45)에서 시간과 관련된 선택항은 '세 시'가 되고, '두 시'와 '네 시'는 나머지항이 되는데, '두 시'는 선택항의

앞에 있는 '나머지항'(앞의 나머지항)이며, '네 시'는 선택항의 뒤에 있는 '나머지항'(뒤의 나머지항)이다. 이러한 것을 그림으로 나타내면 다음과 같다.

(46)　　두 시　　세 시　　네 시

　　　나머지항　　선택항　　나머지항
　　　　(앞의)　　　　　　(뒤의)

　이러한 상황에서, (45)의 ㄱ과 ㄴ의 주장은 각각 '영이가 공부한 기간'이 (47)의 ㄱ과 ㄴ이라는 것이다.

　　(47) ㄱ. <세 시, 네 시>
　　　　ㄴ. <두 시, 세 시>

　다시 말하자면 (45)의 ㄱ은 '영이가 공부한 기간'에서 앞의 나머지항인 '두 시'는 배제되고, 선택항인 '세 시'와 뒤의 나머지항인 '네 시'가 포함된다는 것을 주장하는 문장으로 해석된다. 그리고 ㄴ은 '영이가 공부한 기간'에서 뒤의 나머지항인 '네 시'는 배제되고, 선택항인 '세 시'와 앞의 나머지항인 '두 시'가 포함된다는 것을 주장하는 문장으로 해석된다.
　그리고 '부터'는 뒤의 나머지항이 포함됨을 함의하고, '까지'는 앞의 나머지항이 포함됨을 함의한다는 것을 알 수 있다.
　이상의 논의를 바탕으로 '부터'와 '까지'의 초점은 다음과 같이 정리할 수 있다.

　　(48) '부터, 까지'의 초점

	앞의 나머지항	선택항	뒤의 나머지항
부터	배제	포함	포함
까지	포함	포함	배제

324 한국어 형태론의 이해

이상과 같이, '부터'와 '까지'가 초점으로 쓰인 문장의 진리값은 선택항과 (앞과 뒤의) 나머지항이 범위에 어떻게 포함되는가에 따라 결정된다.

■ 다른 보조토와의 통합 관계

가. {부터, 까지} + {도, 만}

먼저 '부터, 까지'와 '도, 만'의 결합을 살핀다.

(49) ㄱ. 영이는 **영화부터도** 보았다.
ㄴ. 영이는 **영화부터만** 보았다.

(50) ㄱ. 영이는 **영화까지도** 보았다.
ㄴ. 영이는 **영화까지만** 보았다.

(49)와 (50)에서, '부터도, 까지도'와 '부터만, 까지만'은 '부터'와 '까지'의 의미와 '도'와 '만'의 의미가 단순히 결합한 것으로 생각되지는 않는다. 오히려 이것들은 의미론적으로 볼 때, 다음과 같이 분석되는 것으로 판단된다.

(51) ㄱ. 영이는 [[영화부터]도] 보았다.
ㄴ. 영이는 [[영화부터]만] 보았다.

(52) ㄱ. 영이는 [[영화까지]도] 보았다.
ㄴ. 영이는 [[영화까지]만] 보았다.

곧, (51)과 (52)에서, '도'와 '만'과 관련된 선택항이, '영화'가 아니라, '영화부터'와 '영화까지'라는 것이다.

이제 '부터도, 부터만, 까지도, 까지만'이 사용된 문장의 전제와 초점을 살피기로 한다. '도'와 '만'의 전제와 초점은 다음과 같다.

(53) '도'와 '만'의 전제와 초점

	전제	초점
도	나머지항 포함	선택항 포함
만	선택항 포함	나머지항 배제

이러한 '도'와 '만'을 기준으로 보면, '영화부터도, 영화까지도, 영화부터만, 영화까지만'의 선택 영역은 '영화부터'와 '영화까지'와 관련된 'X부터'와 'X까지'이다. 그러면 '부터도, 부터만, 까지도, 까지만'이 사용된 문장의 전제와 초점은 다음과 같이 설명될 수 있다.

먼저 '부터도'와 '부터만'이 쓰인 문장을 보기로 한다.

(54) ㄱ. 영이는 **영화부터도** 보았다.
ㄴ. 영이는 **영화부터만** 보았다.

(54)에서 '영화부터도' 및 '영화부터만'의 '영화부터'와 관련된 선택 영역을 {영화부터, 연극부터}라고 가정하자. 그러면 (54)ㄱ은 '영이가 연극부터 보았다'가 참임을 전제하고, '영이가 영화부터 보았다'가 참이라고 주장한다. (54)ㄴ은 '영이가 영화부터 보았다'가 참임을 전제하고, '영이가 연극부터 보았다'가 거짓이라고 주장한다.

'까지도'과 '까지만'이 사용된 문장의 전제와 초점도 기본적으로 동일한 방식으로 설명된다.

(55) ㄱ. 영이는 **영화까지도** 보았다.
ㄴ. 영이는 **영화까지만** 보았다.

(55)에서 '영화까지도' 및 '영화까지만'과 관련된 선택 영역을 {영화까지, 연극까지}라고 가정하자. 그러면 (55)ㄱ은 '영이가 연극까지 보았다'가 참임을 전제하고, '영이가 영화까지 보았다'가 참이라고 주장한다. (55)ㄴ은 '영이가 영화까지 보았다'가 참임을 전제하고, '영이가 연극까지 보았다'가 거짓이라고 주장한다.

다음의 '부터도, 부터만'과 '까지도, 까지만'도 이상과 같은 방식으로 해석할 수 있다.

> (56) ㄱ. 무상의료, **지금부터도** 가능하다.
> ㄴ. 저 **개인부터도** 더 열심히 하도록 노력하겠습니다.
> ㄷ. 보증서 **제출부터도** 가능합니다.

> (57) ㄱ. 오후 5시 **30분부터만** 통화가 가능합니다.
> ㄴ. 2007년 **1학기부터만** 올리면 됩니다.
> ㄷ. 서비스 기간만료 1개월 **전부터만** 가능합니다.

> (58) ㄱ. 협상에선 말, 사과, **감정까지도** 계획한다.
> ㄴ. 우정은 변해가는 **모습까지도** 받아들이는 것.
> ㄷ. 너의 눈물은 내 가슴 속 차가운 **얼음까지도** 녹인다.

> (59) ㄱ. **버스정류장까지만** 데려다 주십시오.
> ㄴ. 조폭 영화가 **여기까지만** 만들어졌으면 한다.
> ㄷ. 일주일 **전까지만** 해야 하나요?

(56)ㄱ은 '무상의료가 다른 시간부터 가능하다'가 참임을 전제하고, '무상의료가 지금부터 가능하다'가 참임을 주장한다. (57)ㄴ은 '2007년 다른 학기부터 올린다'가 참임을 전제하고, '2007년 1학기부터 올린다'가 참임을 주장한다. (58)ㄷ은 '너의 눈물이 차가운 얼음이 아닌 다른 것까지 녹인다'가 참임을 전제하고, '너의 눈물이 차가운 얼음까지 녹인다'가 참임을

주장한다. (59)ㄱ은 '버스정류장이 아닌 다른 장소까지 데려다 준다'가 거
짓임을 전제하고, '버스정류장까지 데려다 준다'가 참임을 주장한다.

나. {부터, 까지} + {조차, 마저, 이라도, 이나마}

'부터, 까지'와 '조차, 마저, 이라도, 이나마'의 결합을 살피기로 한다.
그런데 '조차, 마저, 이라도, 이나마'의 해석에는 '도, 만'의 의미 해석에
서 논의된 전제와 초점에 더하여, 함축도 고려해야 한다.[5]
먼저 '부터, 까지'와 '조차'의 결합을 보자. '조차, 마저'의 전제와 초점,
함축은 다음과 같다.

(60) '조차'와 '마저'의 전제와 초점, 함축

	전제	초점	함축	함축 결과
조차	나머지항 포함	선택항 포함	선택항이 범위에 포함되지 않음을 예상하거나 기대함	뜻밖/실망
마저			선택항이 나머지항의 집합에 포함됨을 예상하거나 기대함	뜻밖/실망

'조차'와 '마저'의 전제와 초점은 '도'와 동일하다. 그렇지만 '도'는 별다
른 함축을 가지지 않는데 비하여, '조차'와 '마저'는 (60)과 같은 함축을 가
진다. 따라서 '부터조차, 부터마저, 까지조차'는, 이상과 같은 함축을 제외
하고는, '부터도, 까지도'와 동일하게 해석된다.[6]

(61) ㄱ. 이쪽과 **자릿수부터조차** 다르네요
ㄴ. 사소한 **것부터조차** 아티스트의 감성으로 다가갈 수가 없다.

---

5) '조차, 마저, 이라도, 이나마'의 전제와 초점, 함축은 최규수(2009ㄴ)의 논의에 따른다.
6) '부터마저'의 예는 잘 찾을 수 없는데, 아마 '부터'의 전제 및 초점과 '마저'의 함축이 서
로 합치하기 어려운 점 때문에 비롯된 것으로 생각된다.

ㄷ. 많은 종교들이 **지금까지조차** 성차별을 정당화해 왔다.

(62) ㄱ. 섹시한 **남편까지마저** 늘 함께해 주고

ㄴ. 그의 정신 **상태까지마저** 바뀌어 버렸다.

ㄷ. 한국이라는 나라가 어떤 위치에 **있는가에까지마저** 부정하는 추세입니다.

(61)ㄱ은 '자릿수부터'가 '이쪽과 다른 것'(범위)에 포함되지 않음을 예상하거나 기대했는데, 그렇지 않아 뜻밖이거나 실망한다는 것을 나타낸다. (62)ㄴ은 '정신 상태까지'가 '바뀐 것'(범위)에 포함되지 않음을 예상하거나 기대했는데 그렇지 않아 뜻밖이거나 실망한다는 것을 나타낸다.

이제 '부터, 까지'와 '이라도, 이나마'의 결합을 보자. '이라도, 이나마'의 전제와 초점, 함축은 다음과 같다.

(63) '이라도'와 '이나마'의 전제와 초점, 함축

	전제	초점	함축	함축 결과
이라도	나머지항 배제	선택항 포함	다른 선택항이 범위에 포함되기를 기대하지만, 선택항을 수용함	불만족
이나마			다른 선택항이 범위에 포함되기를 기대하지만, 선택의 여지가 없음.	불만족

'이라도'와 '이나마'의 전제와 초점은 '만'의 전제와 초점과 정반대이다. 'X부터라도'와 'X까지라도, X부터나마, X까지나마'의 나머지항은 각각 'X부터'와 'X까지'이다.

(64) ㄱ. **지금부터라도** 한번쯤 돌아보십시오.

ㄴ. 아득한 **저편까지라도** 이어져 있을 거예요.

ㄷ. 네가 육지 **근처까지라도** 오면 되잖아.

(65) ㄱ. 책을 읽는 습관을 **지금부터나마** 실행해 나간다.

ㄴ. 우리 안의 차별적인 **시선부터나마** 사라져야 한다.

ㄷ. 만연체 졸필을 **여기까지나마** 읽어주신데 감사드린다.

(64)ㄱ의 '지금부터라도'는 선택항 '지금부터'가 아닌 나머지항 '다른 시간부터'가 '한번쯤 들어보는 것'(범위)에 포함되기를 기대하지만, '지금부터'가 그 범위에 포함되는 것을 수용한다는 것으로 해석된다. (65)ㄷ은 '여기까지나마'의 선택항 '여기까지'가 아닌 나머지항 '다른 곳까지'가 '졸필을 읽는 것'(범위)에 포함되기를 기대하지만, '여기까지'가 그 범위에 포함되는 것을 수용한다는 것으로 해석된다. 그리고 (64)ㄱ이나 (65)ㄷ 모두 그러한 상태가 불만족스러운 것으로 받아들여진다.

13.7. '는'과 '이야'

13.7.1. '는'과 '이야'의 범위 관계의 정보

■ **'는'의 범위 관계의 정보**

'는'의 범위 관계의 정보는 다음과 같다.

(66) 영이는 강은 좋아한다.

먼저 (66)의 '강은'의 '는'의 의미를 살펴보자. 논의의 편의상, 위 문장의 '강'과 관련된 선택 영역을 {호수, 산}이라고 가정하자. 위 문장은 일반적으로 '영이가 호수나 산을 좋아하는지 좋아하지 않는지(전제) 모르겠지만,

영이가 강을 좋아하는 사실이라'(초점)는 것을 주장하는 것으로 해석된다. 이를 보면, '는'은 '호수, 산' 등의 나머지항이 범위에 포함됨을 전제하는지, 아니면 나머지항이 범위에서 배제됨을 전제하는지 명확하지 않다.7) 이러한 '는'은 선택항이나 나머지항이 범위에 포함됨을 전제하거나, 범위에서 제외됨을 전제하는 다른 보조토와는 성질이 조금 다르다. (66)에서 문장의 맨 앞에 놓인 '영이는'의 '는'의 범위 관계에 대한 정보도 기본적으로 '강은'의 '는'과 동일한 방식으로 해석되는 것으로 판단된다.

따라서 '는'의 전제는 두 가지 경우로 나누어 생각할 수 있다. 하나는 나머지항이 범위에서 배제됨을 전제하는 경우('는₁')이고, 다른 하나는 나머지항이 범위에 포함됨을 전제하는 경우('는₂')이다. 이를 표로 보이면 다음과 같다.

(67) '는'의 전제와 초점

	전제	초점
는₁	나머지항 배제	선택항 포함
는₂	나머지항 포함	

'는'이 나머지항이 범위에서 배제됨을 전제하는 경우는 보통 '대조'라고 할 때의 용법이다. 이러한 '는'의 전제는 '는'과 '이라도'의 용법의 차이에서도 확인할 수 있다.

(68) ㄱ. 영이는 영화는 보았다.
　　 ㄴ. 영이는 영화라도 보았다.

'이라도'는 나머지항이 범위에서 배제됨을 전제한다. 그런데 함축적 의

7) 말할이의 처지에서 보면, '영이가 산을 좋아하거나 좋아하지 않거나' 둘 가운데 어느 하나이겠지만, 어느 것을 선택하는지에 대한 판단을 유보하고 있다고 생각할 수 있다.

미의 차이를 제외한다면 별다른 의미의 차이 없이 '이라도' 대신에 '는'을 교체하여 사용되는 경우가 있다. 이런 경우의 '는'은, '이라도'와 마찬가지로, 나머지항이 범위에서 제외됨을 전제한다고 할 수 있다.

나머지항이 범위에 포함됨을 전제하는 '는'은 '도' 성분으로 대치할 수 있으며, '는' 성분의 초점에 대한 물음에 대하여 아무런 전제의 변화 없이 '도' 성분으로 표현할 수 있다.

> (69) 가 : 영이는 {영화는, 영화도} 보았어요?
> 나 : 예, 영화도 보았어요.

여기서 '도'는 나머지항이 범위에 포함됨을 전제하는데, '도'와 별다른 의미 차이 없이 교체되는 '는'도 나머지항이 범위에 포함됨을 전제한다고 할 수 있다.

■ '는'의 기본 의미

이제까지 '는'의 두 가지 용법을 살폈는데 '는$_2$'은 '도'와 동일한 정보를 공유하고 있으므로, '는'의 고유한 의미로 삼기는 어려울 것이다. 다른 보조토들의 의미 체계를 고려한다면, 그것들과 전제에서 대립 관계를 보이는 '는$_1$'의 용법이 '는'의 기본적 의미라 할 수 있다. 이렇게 본다면, '는$_1$'는 '이라도, 이나마'와 전제와 초점을 공유하므로 한 부류로 묶이는데, 이것들은 함축의 차이로 말미암아 달리 사용된다.

■ '이야'의 범위 관계의 정보

'이야'의 의미도 기본적으로는 '는'과 관련이 있다. '이야'의 전제와 초점은 기본적으로 '는'과 동일하다. 아래의 예들에서, '이야'는 전제와 초점에서 별다른 차이 없이 '는'으로 교체할 수 있다는 것에서 그러한 사실을 추론할 수 있다.

(70) ㄱ. 그렇게 믿는 것이야 자유겠지만, 손바닥으로 해를 가리는 것밖엔 안 될 것이다.
ㄴ. 설혹 있다 하더라도 그것이야 감히 내 몫일 것인가.
ㄷ. 그런 정보쯤이야 경비원과 몇 마디 나누다보면 자연스럽게 알게 되는 것이다.
ㄹ. 하나 정성이야 남과 다르겠는가.
ㅁ. 동백이 그 지경이었으니 다른 꽃이야 말할 것도 없었다.
ㅂ. 그러나 어른들이야 어디 그럴 수 있는가?

다만, '이야'는 '는'과 동일한 범위 관계를 나타내지만, '강조하여 드러냄'의 함축을 더하여 나타낸다. 이상의 논의를 정리하면 다음과 같다.

(71) '는'과 '이야'의 전제와 초점, 함축

	전제	초점	함축	함축 결과
는	나머지항	선택항	-	-
이야	배제/포함	포함	드러냄	강조

13.7.2. '는'의 통합 관계의 정보

■ '는'과 의문사/범위 관계 성분의 통합 관계

'는' 성분은 [+물음]의 체언(의문사)나 범위 관계의 초점과 통합되는 경우에는 항상 통합 관계의 비초점으로 해석된다.[8]

---

8) F는 Focus를 가리키고, NF는 Non-Focus를 가리킨다.

(72) ㄱ. NF영화는 F누가 보았어요? ('누'=의문사)

   ㄴ. NF영이는 F무엇을 보았어요? ('무엇'=의문사)

(73) ㄱ. NF영이는 F영화도 보았어요?

   ㄴ. NF영화는 F영화만 보았어요?

[+물음]의 체언이나 범위 관계의 초점과 통합되는 경우에는 항상 통합 관계의 비초점으로 해석되는 '는' 성분은 선택 지정이나 범위 관계의 초점 성분의 앞에 놓이는 것이 자연스럽다.

(72)' ㄱ. ^{??} F누가 NF영화는 보았어요?

   ㄴ. ^{??} F무엇을 NF영이는 보았어요?

(73)' ㄱ. ^{??} F영화도 NF영이는 보았어요?

   ㄴ. ^{??} F영화만 NF영이는 보았어요?

이상의 논의를 다음과 같이 정리할 수 있다.

(74) ㄱ. NF[는]. F[의문사∨범위 관계], V

   ㄴ. ^{??}F[의문사∨범위 관계], NF[는]. V

■ '는'과 의문사 아닌 격토 성분의 통합 관계

이제 체언[-물음]의 격토 성분과 통합되는 '는' 성분의 통합 관계의 정보를 보기로 한다.[9]

(75) ㄱ. 영화는 철수가 보았어요?

---

9) 의문문이거나 평서문이거나 기본적으로 동일한 구조를 가지면 동일한 정보 구조를 가진다고 할 수 있는데, 이 글에서는 의문문을 대상으로 살피기로 한다.

ㄴ. 영이는 영화를 보았어요?

이와 같이 한 문장에 의문사나 범위 관계의 초점이 없는 경우에는, '는' 성분과 다른 성분 사이의 통합 관계의 정보를 결정하기가 쉽지는 않은 것으로 보인다. 그런데 (75)의 정보 구조는 문장의 맨 앞의 '는' 성분을 통합 관계의 비초점으로, '는' 아닌 성분을 통합 관계의 초점으로 해석하는 것이 가장 자연스럽다고 할 수 있겠다.[10]

■겹친 '는' 성분들의 통합 관계

이제 '는' 성분이 겹친 경우의 정보 구조를 살펴보기로 한다.

(76) 영이는 영화는 보았어요?

이와 같이 한 문장에서 '는' 성분이 두 개가 나타날 때, 문장의 맨 앞의 '는' 성분이 비초점으로 해석하고, 서술어의 앞에 나타나는 '는' 성분은 초점으로 해석하는 것이 자연스럽다.

■한 개의 '는' 성분밖에 없는 경우

그런데 한 문장에 '는' 성분밖에 사용되지 않았을 경우에 '는' 성분의 통합 관계의 정보는 어떻게 해석해야 할까?

(77) 금정산은 높다.

---

10) 여기서 다음과 같은 것을 추론해 볼 수 있겠다. "뚜렷하게 드러나는 다른 통합 관계의 초점이 없는 경우에는 보통 격토 성분이 통합 관계의 초점으로 해석될 가능성이 높다고 할 수 있다."

(77)의 '는' 성분의 위치는 문장의 맨 앞이기도 하지만, 서술어 바로 앞이기도 하다. 따라서 앞의 측면을 보면 비초점으로 해석하는 것이 가장 자연스러운 것이겠지만, 뒤의 측면을 보면 초점으로 해석할 수도 있을 것이다.

이제 '는' 성분에 관한 이상의 논의를 다음과 같이 간추릴 수 있다.

(78) '는' 성분의 통합 관계의 정보
ㄱ. 서술어에 인접한 '는' 성분은 초점으로 해석된다.
ㄴ. 문장의 맨 앞의 '는' 성분은, 다른 초점 성분이 있는 경우에는 비초점으로 해석된다. 그런데 다른 초점 성분이 없는 경우에는 초점으로 해석될 수 있다.

■ '는'의 통합 관계의 정보

보조토 '도, 만, 조차, 마저, 이라도, 이나마' 성분은 통합 관계의 정보 구조에서는 보통의 경우에는 항상 중요한 정보(초점)으로 해석된다. 그런데 대조의 '는' 성분은 이러한 보조토와는 달리, 중요한 정보(초점)으로 해석되기도 하지만, 덜 중요한 정보(비초점)으로 해석되기도 한다.

(79) 가 : 영이는 무엇을 보았어요?
나 : 영이는 강을 보았어요.
가 : 그래요? 그러면 영이는 나무는 보았는가요?
나 : 아니오, 영이는 나무는 보지 않았어요.

위의 문장에서 통합 관계의 초점/비초점으로 보면, 문장의 맨 앞에 놓인 '영이는'은 비초점이고, 그 밖의 위치에 놓인 '숲은'은 초점이다. 사실 대조의 '는'과 관련해서는 문장의 맨 앞이라는 위치는 특별한 의미가 있는 것 같다.

(80) ㄱ. ʺ누가 나무는 보았어요?   ('누' = 의문사)
    ㄴ. 나무는 누가 보았어요?   ('누' = 의문사)

(80)의 통합 관계의 정보를 보면, ㄱ의 '나무는'은 항상 초점으로 해석되는 '도, 만' 등의 보조토 성분과 마찬가지로 초점으로 해석되지만, ㄴ의 '나무는'은 비초점으로 해석된다. 곧 (80)의 대답으로 쓰인 문장의 통합 관계의 정보는 다음과 같다.

(81) NF나무는 F영이가 보았다.

그런데 문장의 맨 앞 위치에 놓인 대조의 '는' 정보가 초점인지 비초점인지 분명하게 파악하기 어려운 경우도 있을 수 있다. 예컨대 (82)의 문장의 통합 관계의 정보 구조는 (83)의 세 가지 방식으로 해석될 수도 있을 것이다.

(82) 영이는 나무를 보았다.

(83) ㄱ. NF영이는 F나무를 보았다.
    ㄴ. F영이는 NF나무를 보았다.
    ㄷ. F영이는 F나무를 보았다.

■ 대조 주제

주제를 기능적으로는 "주제는 어떤 문장이 무엇에 관하여 말한다고 할 때 '무엇'에 해당하는 성분이다."라고 정의할 수 있다. '는'이 대조를 나타낸다고 할 때의 대조는 범위 관계의 정보와 관련된 개념이다.

대조의 '는'이 초점으로 해석되든지 비초점으로 해석되든지 간에 문장의 맨 앞에 놓인 것을 주제(대조 주제)라고 가정하기로 하자. 그러면 '는'의 기능인 주제와 대조는 다음과 같은 관계로 나타낼 수 있을 것이다.

(84) '는'의 기능인 주제와 대조의 관계

그리고 이 대조 주제는 '초점 주제'와 '비초점 주제'로 나누어야 할 것이다.11)

13.8. 보조토의 의미 체계

■ **종합 정리**

이제까지 보조토들을 선택항과 나머지항의 범위 관계를 전제와 초점, 함축으로 살폈는데, 다음과 같은 표로 정리할 수 있다.

(85) 보조토의 전제와 초점, 함축 (종합)

	전제	초점	함축	함축 결과
만	선택항 포함	나머지항 배제	–	–
도	나머지항 포함	선택항 포함	–	–
조차			선택항이 범위에 포함되지 않음을 예상하거나 기대함	뜻밖/ 실망
마저			선택항이 나머지항의 집합에 포함됨을 예상하거나 기대함	뜻밖/ 실망

---

11) 대조를 중심으로 분류하면, 주제 대조와 비주제 대조로 분류할 수 있겠다.

이라도	나머지항 배제	선택항 포함	다른 선택항이 범위에 포함되기를 기대하지만, 선택항을 수용함	불만족
이나마	나머지항 배제	선택항 포함	다른 선택항이 범위에 포함되기를 기대하지만, 선택의 여지가 없음	불만족
는	나머지항 배제	선택항 포함	-	-
이야	나머지항 배제	선택항 포함	드러냄	강조
부터	선택항과 나머지항	선택항과 뒤의 나머지항 포함	-	-
까지	들 사이에 순서 있음	선택항과 앞의 나머지항 포함	-	-

■ 보조토의 부류

위의 표에서 전제와 초점의 공통점만 고려한다면, 다음과 같은 네 부류로 나눌 수 있다.

(86) 보조토의 네 부류

부류	예
I 부류	만
II 부류	도, 조차, 마저
III 부류	는, 이야, 이라도, 이나마
IV 부류	부터, 까지

III 부류에서 '는, 이야'는 '이라도, 이나마'와 초점이 조금 다르지만, '는, 이야'가 나머지항 배제를 공유하고 있다는 점에서 함께 묶을 수 있겠다.

■ 네 부류들의 의미 관계망

이들 보조토들의 관계는 다음과 같다. 먼저 II 부류에서, '도'는 '조차'

와 '마저'의 의미를 포섭하고, '조차'는 '마저'의 의미를 포섭한다. 곧 '마저'
는 '조차'보다, '조차'는 '마저'보다 더 구체적인 의미를 가진다. Ⅲ 부류에
서, '는'은 '이야, 이라도, 이나마'의 의미를 포섭하고, '이야'는 '이라도, 이
나마'의 의미를 포섭하고, '이라도'는 '이나마'의 의미를 포섭한다. Ⅳ 부류
의 '부터'와 '까지'는 의미적으로 대등하다. Ⅱ 부류와 Ⅲ 부류의 보조토들
의 의미 관계를 다음과 같이 나타낼 수 있다.

그리고 Ⅱ 부류와 Ⅲ 부류는 극단 표현에서 선택항과 나머지항의 경계
의 문제가 의미 해석과 관련되어 있다는 점에서는 상당한 관련이 있다.
따라서 이 부류들은 직접적인 의미 관계의 대립은 성립하지 않으나, 간접
적으로는 함께 묶어서 고려할 수 있다.

이러한 보조토들의 의미 관계를 다음과 같은 그림으로 표시할 수 있다.
(아래 그림에서 화살표는 결합의 순서를 나타낸다).

(87) 보조토들의 의미 부류와 결합 순서

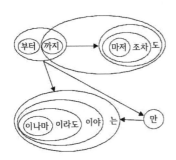

1. 격토와 보조토의 의미를 전제와 함축으로 분석하시오.
2. '만'과 '도'의 의미 관계를 설명하시오.
3. '조차, 마저'와 '이라도, 이나마'의 의미 차이를 설명하시오.
4. '는'의 통합 관계의 정보를 설명하시오.

|더 생각할 문제|

1. 한국어의 보조토에 대응하는 외국어의 언어 형식을 생각해 보시오.

2. 보조토의 분포는 체언과 결합하는 것과 절이나 문장과 결합하는 것은 차이가 있다. 체언과 결합하는 보조토는 여러 성분들과 결합할 수 있으며, 그 보조토는 다른 보조토와 자유로이 교체될 수 있다. 그런데 절이나 문장과 결합하는 보조토는 절이나 문장이 어떤 성분인가에 따라 그것들과의 결합 가능성의 정도와 다른 보조사들과의 교체 가능성의 정도에서 체언토와 결합하는 보조토와는 차이가 있다. 이 문제를 융합의 문제와 관련하여 생각해 보자.

파생어와 합성어

1. '붙잡히다'를 직접 성분으로 분석할 때 고려해야 할 문제들을 생각해 보시오

2. 한국어의 굴절 접사와 파생 접사에서, 접두사와 접미사의 기능의 차이를 생각해 보시오.

이 장에서는 파생법과 합성법을 개관하고, 파생법과 합성법의 논의에서 고려해야 할 몇몇 유의점을 정리해 둔다.

14.1. 조어법과 관련된 몇 가지 문제

14.1.1. 단순어와 복합어의 구별

단순어는 한 개의 어휘적 형태소로 구성된 말이고, **복합어**는 둘 이상의 어휘적 형태소로 구성된 말이다.

언뜻 생각하면 단순어와 복합어를 구별하는 것이 보통은 그리 어려운 일이 아니다. 그런데 때때로 그것들을 구별하기가 어려운 경우도 있다. 예컨대, 다음 말들이 단순어인지 복합어인지를 구별해 보자.

(1) 물길, 붙잡-, 살리-

(2) ㄱ. 껍질/껍데기
　　ㄴ. 너머, 바로, 매우, 그림, 해바라기
　　ㄷ. 부채, 해파리

(1)의 예들이 복합어라는 것은 쉽게 알 수 있다. '물, 길, 붙-, 잡-, 살-' 등이 어근 형태소임을 쉽게 확인할 수 있기 때문이다.

그런데 (2)의 경우는 조금 복잡하다. ㄱ의 '껍-'과 '-질', '껍-'과 '-데기'는 직관적으로 볼 때 어느 것이나 어근으로 보기 어렵다.[1] 그런데 '톱질, 서방질, 부엌데기, 새침데기'에서는 '-질'과 '-데기'가 파생 접사로 쓰인다. 그러므로 '껍질'과 '껍데기'의 '껍'은 어근으로 보아야 한다.

ㄴ에서, '너머'의 '어'는 본래 굴절 접사이고, '바로'와 '매우'의 '오'와 '우'는 본래 파생 접사로 사용되는 것들이다. 따라서 '넘-어'와 '바르-오'

---

[1] 그래서 이 모든 것들을 파생 접사로 보는 경우도 있다. 그러면 '껍질'과 '껍데기'는 두 개의 파생 접사가 결합한 것으로 분석된다. 그러나 한 개의 어절에는 반드시 한 개의 어근이 있어야 한다는 제약에 어긋나기 때문에 그런 분석은 받아들이기 어렵다.

와 '맵-우'로 분석할 수 있을 것처럼 보인다. '그림'과 '해바라기'는 '그리
-ㅁ'과 '해-바라-기'로 분석할 수 있을 것처럼 보인다.

그리고 ㄷ에서 '부채'는 '부치-'라는 어근을 가정할 수 있고, '해파리'
도 '해-팔-이' 등으로 분석할 수 있을 것처럼 보인다.

(2)ㄴ, ㄷ의 예들에서 어근으로 분석되는 형태소들이 본래의 의미와 유
연성이 아주 멀어지거나 상실되어 모어 말할이들에게는 더 이상 분석되
지 않는 것으로 생각할 수도 있다. 그런 경우에는 이것들이 한 개의 형태
소로 인식되는 것으로 생각된다.[2]

보충 어근의 의미적 정의에 대하여

이상의 논의를 보면, 어떤 형태소가 어근임을 확인하는데, 다음과 같은 의미적 조건
이 필요한 듯이 보인다.

(1) 어근의 조건(의미적)
의미적 변별성에서 공통점을 발견하기 어려워 유연성이 상실되고, 자립성이
현저하게 사라진 경우에는 어근으로 볼 수 없다.

그러나 이러한 어근의 의미적 조건은, 어떤 형태들이 한 형태소에 속함을 확인하는
과정에서 기본적으로 공통의 의미적 변별성을 확인해야 하기 때문에, 위의 의미적 조건
은 잉여적이라 할 수 있겠다.

14.1.2. 어근과 파생 접사의 구별

한 단어가 분명히 복합어라고 판단되는 경우에도, 그 복합어를 구성하
는 형태소의 종류를 결정하는 것이 생각보다 어려운 경우가 있다. 그래서
어근과 파생 접사를 구별하는 일도 항상 쉬운 일만은 아닌데, 어근인지

---

2) 이른바 어휘화로 설명되어야 하는 것들이다.

파생 접사인지 구별하기가 쉽지 않은 예들이 있기 때문이다. 다음과 같은 형태적 구성에서 '하-, 시키-, 받-, 되-, 없-'은 어근인가 파생 접사인가?

> (3) ㄱ. X하다, X시키다, X받다
> ㄴ. X되다
> ㄷ. X없다

앞에서 어근의 조건을 다음과 같이 정리한 바 있다.

> (4) 어근의 조건
> ㄱ. 어근은 하나의 어절로 쓰일 가능성이 있는 형태소이다.
> ㄴ. 하나의 어절에는 적어도 하나의 어근이 있어야 한다.

이러한 어근의 조건에 따르면, (3)의 '하-, 시키-, 받-, 되-, 없-'은 어근으로 보아야 할 것이다.[3] 이것들은 통사적 구성에서 한 어절로 쓰이며, 형태적 구성의 성분으로 쓰일 때나 통사적 구성의 성분으로 쓰일 때나 의미적으로 전혀 차이가 없다.

> (5) ㄱ. 공부하다, 공부를 하다.
> ㄴ. 공부시키다, 공부를 시키다
> ㄷ. 사랑받다, 사랑을 받다
> ㄹ. 공부되다, 공부가 되다
> ㅁ. 시름없다, 시름이 없다

물론 이것들이 통사적 구성의 성분으로 쓰이지 못하는 경우도 있다. 예

---

3) '되-'를 어근으로 보아야 '헛되-'의 구성도 잘 설명할 수 있다. '헛되-'에서 '헛-'이 파생 접사임이 분명한데, '되-'를 또다시 파생 접사로 보면 어절의 구성에 문제가 발생하게 된다. 굳이 '되-'를 파생 접사로 보고자 한다면 '헛-'을 어근으로 보아야 하는데, 이러한 설명은 어근과 파생 접사의 구별하는 기준을 더욱 더 어렵게 할 뿐이다.

컨대, 다음의 '하-'는 통사적 구성의 성분으로 쓰이지 못한다. 그러나 이러한 '하-'도 모두 어근으로 보아야 할 것이다.

(6) ㄱ. 당하다, *당을 하다
 　 ㄴ. 통하다, *통을 하다

(7) ㄱ. 선하다, 악하다, 모호하다, 용감하다, 당당하다, 비굴하다
 　 ㄴ. 깨끗하다, 깔끔하다

> **보충** 'X하다'에서 '하다' 없이 쓰인 경우
>
> 보통 'X하다'에서 '하다' 없이 'X'만으로 서술어가 되는 경우가 있다. 예컨대 (1)과 (2)에서 ㄴ으로 써야 할 것을 ㄱ으로 쓰는 경우가 있다.
>
> (1) ㄱ. 영이는 공무원 시험에 **합격**.
> 　 ㄴ. 영이는 공무원 시험에 **합격했다**.
>
> (2) ㄱ. 영이는 공무원 시험에 **합격**, 제주에서 일하게 되었다.
> 　 ㄴ. 영이는 공무원 시험에 **합격하여**, 제주에서 일하게 되었다.
>
> 이러한 용법에서 'X'를 보통 '명사성 용언'이라고 한다. 그런데 필자는 (1)과 (2)의 ㄱ은 ㄴ의 잘못이라고 생각한다. 한국어에서 문법적 관계는 기본적으로 용언토로 실현되는데, ㄱ의 '합격'에서는 문법적 관계를 나타내는 표지가 실현되지 않았기 때문이다. 이러한 (잘못된) 용법은 아마 중국어 문법의 영향에서 비롯된 것이 아닌가 한다.
>
> (3)ㄱ의 'X'의 용법은 (1)과 (2)의 용법과는 조금 다른데, 시와 같은 문학적 표현에서 나타난다.
>
> (3) ㄱ. 햇볕은 **쨍쨍**, 모래알은 **반짝**.
> 　 ㄴ. 햇볕은 **쨍쨍하고**, 모래알은 **반짝인다**.
>
> 그런데 (1)-(3)에서 ㄴ의 'X하다'에서 '하다'가 생략되어 'X'의 형식으로 쓰인 것으로 생각해 볼 수도 있다. 만일 이렇게 본다면, '하-'를 어근으로 보아야 할까, 파생 접사로 보아야 할까? 이 문제는, 앞에서도 지적했듯이, 어근과 파생 접사가 생략될 수 있는가 하는 문제와 관련되어 있다. 만일 어근은 생략될 수 있고 파생 접사는 생략될 수 없는 형태소라고 한다면, 위 예들에서 '하-'는 어근으로 보아야 할 것이다.

14.1.3. 어근과 파생 접사의 경계

■ 동형성의 문제

보통 '-어지-'와 '-어뜨리-'를 파생 접사로 분석한다.

    (8) V어지다, V어뜨리다

(8)에서 '뜨리'는 어근이 될 수 없고, '어'도 굴절 접사의 기능을 가지는 것으로 보기도 어렵다. 따라서 '-어뜨리-'를 파생 접사로 보아야 할 것이다. 여기서 만일 'V어지다'를 'V어뜨리다'와 동일한 구조로 본다면, '-어지-'를 파생 접사로 볼 수도 있을 것이다.

다른 한편, (9)에서 ㄱ의 'V어지다'는 '지다'가 의존 용언으로 사용된 ㄴ의 'V어#지다'와 대비된다.

    (9) ㄱ. 넘어지다, 밝아지다, 어두워지다, 없어지다, 추워지다, 작아지다
       ㄴ. 잡아 지다, 먹어 지다, 입어 지다

(9)에서 ㄱ의 'V어지다'의 '지'와 ㄴ의 'V어#지다'의 '지'는 의미적 변별성이 차이가 없다. 이렇게 보면, (9)에서 ㄴ의 'V어#지다'의 '지-'가 어근이므로, ㄱ의 'V어지다'의 '지-'도 어근이라 할 수 있다.

이상에서 'V어지다'의 구조를 'V-어지-다'로 분석할 수도 있고, 'V-어-지-다'로 분석할 수도 있다는 것을 알 수 있다. 그런데 이렇게 분석하게 되면, 'V어지다'의 범주도 달라지는데, 앞의 경우에는 파생어가 되고, 뒤의 경우에는 합성어가 된다.

보충 '넘어지다, 떨어지다'의 문제

'V어지다'과 동일한 구성인 다음의 예들을 보자. (1)에서 '넘-'이나 '떨-', '헤-', '살-' 등이 당연히 어근의 자격을 갖춘 것으로 생각할 수 있지만, 이것이 과연 어근의 자격을 가지는가 하는 것을 검토해 볼 필요가 있을 것이다.

    (1) 넘어지다, 떨어지다, 헤어지다, 사라지다

'넘어지다'와 '떨어지다'의 '넘-'과 '떨-'은 (2)와 (3)에서 보듯이 당연히 어근으로 사용될 수 있는데, 문제는 (1)의 '넘-'과 '떨-'이 각각 (2)와 (3)의 '넘-'과 '떨-'과 동일한 의미적 변별성을 가지고 있는가 하는 것이다.

    (2) ㄱ. 인간의 한계를 **넘다**.
        ㄴ. 슬픈 날, 산을 **넘다**.

    (3) ㄱ. 나 지금 **떨고** 있니?
        ㄴ. 단돈 십 원에 벌벌 **떠는** 구두쇠.

만일 동일한 의미적 변별성을 가진 것으로 본다면, 당연히 '넘-'과 '떨-'을 어근으로 볼 수 있을 것이다. 그런데 만일 동일한 의미적 변별성을 가진 것으로 볼 수 없다면, (1)의 예들은 어떻게 분석해야 할까? '넘어'와 '떨어'를 부사로 어휘화된 것으로 분석할 수도 있는데, 'V-아/어'가 부사로 어휘화되는 일이 자주 일어나기 때문이다. 만일 그렇게 분석하면 (1)의 '지-'는 당연히 어근으로 보아야 하고, (1)의 예들은 합성어로 보아야 할 것이다.

보충 어근과 파생 접사 : '해님'과 '햇님'의 경우

사람들은 [해님]이라 말하기도 하고, [핸님]이라 말하기도 한다. 이렇게 달리 발음하는 것은 그것들을 다른 종류의 말로 인식하기 때문이다. 이 두 말은 각각 어떤 구조로 되어 있는지를 생각해 보시오.

■ 다의성과 동의성의 문제

다음의 예에서, '돌, 알' 등은 어근일까 파생 접사일까?

(10) ㄱ. 돌미나리, 돌벼, 돌감, 돌능금, 돌놈, 돌돔, 돌미역; 돌계집; 돌중
     ㄴ. 알맹이, 알짜; 알사탕

(10)에서 ㄱ의 '돌'은 광물인 '돌'과 어떤 공통의 의미적 변별성이 있을까? ㄱ의 '돌'들은 '품질이 낮은, 야생의, 쓸모가 없는, 가짜의' 등의 뜻을 가진다. 이러한 뜻들은 자연의 물질인 '돌'의 어떤 속성과 유연성을 찾을 수 있을 것 같기도 하지만,4) 거리가 너무 멀기 때문에, ㄱ의 '돌'은 파생 접사로 보아야 할 것이다.

'알'의 경우는 좀 더 복잡하다. '알맹이, 알짜'에서 '-맹이'와 '-짜'가 파생 접사임이 분명하므로, '알'은 어근으로 보아야 한다. 그런데 '알사탕'의 '알'은 어근일까 파생 접사일까?

복합어의 성분인 어휘적 형태소들도, 그것들이 홀로 사용될 때와 마찬가지로, 은유 등의 비유에 의한 의미적 확장을 고려해야 한다. 이 때, 확장된 의미의 어느 선까지 의미적 변별성이 동일한가 하는 문제는 쉽게 결정하기 어려운 점이 있다. 예컨대, '알'은 다음과 같은 다양한 용법이 있는데, 사전에서는 어근과 파생 접사로 구분하여 설명하고 있다.

(11) '알'의 사전(민중국어사전)
   알
   【명사】
   1. 『생』 새·물고기·벌레 등의 암컷의 생식 세포. ≪보통 타원형 또
      는 원형으로, 알껍질 속에 흰자위·노른자위·씨눈·알끈 등이
      있어 적당한 조건하에서 새끼가 됨≫
   2. 열매 등의 낱개. 콩~.
   3. 작고 둥근 물건의 낱개. 수판~/ 총~.
   4. '낟알'의 준말.

---

4) "돌 깨러 간다."에서 보듯이, '돌'은 '머리가 나쁜 사람'을 비유하기도 한다.

5. 달걀. 닭이 ~을 낳다.
6. 배추·양배추 등의 고갱이를 싸고 여러 겹으로 뭉친 덩이. 배추가
   ~이 들다.

알–

【접두사】

1. 겉을 덮어 싼 것이나 딸린 것을 다 떨어 버린 것을 나타냄. ~몸/
   ~밤.
2. 알처럼 작고 둥근 것을 뜻함. ~사탕/ ~약.
3. '진짜, 알짜'의 뜻을 나타냄. ~부자/ ~거지/ ~건달.

(11)의 '알'의 어근과 접두사의 의미를 비교해 보자. 어근(3)에서 '수판알,
총알'은 모양을 나타내는데, 접두사(2)에서도 '알사탕, 알약' 등이 모양을
나타낸다. 어근(6)에서 '(배추의) 알'은 '껍질/겉'에 대비되는, 안에 있는 부
분 등을 나타낸다. 그런데 이러한 내용은 접두사(1)과 접두사(3)에서 '알몸,
알밤'이나 '알부자, 알거지, 알건달'의 설명과 일정한 관련성을 찾을 수 있
다. 어근(6)과 접두사(1)은 '안에 있는 것'의 의미를 공통으로 가지며, 접두
사(3)은 접두사(1)에서 '겉/껍데기가 아닌, 속에 있는 진짜의 것'이란 의미로
확장된 것으로 볼 수도 있다.

여기서 (11)의 사전에서 '알'이 어근인 설명과 파생 접사인 설명들의 관
계를 그림으로 비교해 보면 다음과 같다.

(12) '알'의 의미 도식

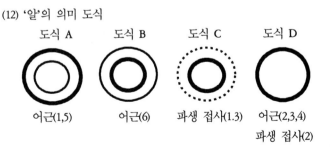

도식 A	도식 B	도식 C	도식 D
어근(1,5)	어근(6)	파생 접사(1.3)	어근(2,3,4) 파생 접사(2)

(12)에서 도식 A는 원형이고, 도식 B, C, D는 그 원형에서 조금씩 변이된 것들이다. 그리고 (11)의 사전에서 빠진 '알짜, 알맹이'의 '알'은 어근으로서, 도식 B나 도식 C에 속할 것이다.

문제를 간추린다면, 형태소를 기능적으로 분류하는데 의미를 기준으로 한다면 의미적 기준의 내용을 분명히 명시해야 한다는 것이다. 그렇지 않으면 문제의 형태소가 어근인지 파생 접사인지, 그 형태소가 성분으로 참여하는 단어가 합성어인지 파생어인지 구별하기가 매우 모호한 상황에 놓이게 될 것이다.

14.1.4. 파생어와 합성어의 구별

앞에서 어떤 단어를 구성하는 형태소가 어근인지 파생 접사인지 구별하기 어려운 경우가 있음을 살폈다. 이제부터는 이러한 문제를 떠나, 곧 어떤 형태소가 어근이나 파생 접사로 명백히 구별되었다고 가정하고 논의를 진행하기로 한다. 단어를 구성하는 형태소들이 어근인지 파생 접사인지가 결정되었다고 하더라도, 항상 파생어와 합성어를 구별하기가 쉽지 않은 경우가 있다.

■ 단순한 파생어와 합성어

단순한 파생어와 합성어는 두 개의 어휘적 형태소로 구성된 말인데, 그 말의 (직접) 성분의 하나가 파생 접사이면 파생어이고, 둘 다 어근이면 합성어이다. 이것들은 쉽게 구별된다.

> (13) ㄱ. 군소리, 맨손, 선무당; 덧나다, 들끓다, 짓누르다
> ㄴ. 마음씨, 잠꾸러기, 해결이; 값지다, 잡히다, 아름답다

(14) ㄱ. 보름달, 물길, 설날; 검붉다, 붙잡다
     ㄴ. 늙은이, 읽을거리; 돌아가다, 잡아가다

■ 복잡한 파생어와 합성어

복잡한 파생어와 합성어는 두 개 이상의 어근과 한 개 이상의 파생 접사로 구성된 말인데, 직접 성분의 하나가 파생 접사이면 파생어이고, 그렇지 않으면 합성어이다. 곧 복잡한 파생어와 합성어는 파생법과 합성법이 겹친 것인데, 어느 과정이 최종적으로 이루어졌는가에 따라 파생어인지 합성어인지 결정하게 된다.

(15) ㄱ. 거짓말쟁이, 멀리뛰기
     ㄴ. 되새김질하다, 들여다보이다

이것들을 형태소로 분석하면 다음과 같다.

(16) ㄱ. 거짓-말-쟁이, 멀-리-뛰-기
     ㄴ. 되-새기-ㅁ-질-하-, 들이-어다-보-이-

(15)의 예들을 형태소의 종류별로 구별하고, 그것들이 파생어인지 합성어인지를 말해 보자. 그러자면 먼저 이것들을 두 개의 직접 성분으로 분석해야 한다. '거짓말쟁이'는 '거짓말-쟁이'로 분석되는데, '쟁이'가 파생 접사이므로 파생어이다. '멀리뛰기'는 '멀리-뛰기'로 분석하거나, '멀리뛰-기'로 분석할 수 있다. '멀리뛰기'는 앞의 방식으로 분석하면 합성어이고, 뒤의 방식으로 분석하면5) 파생어이다. '되새김질하-'는 '되새김질-하'

---

5) 이 때 '-기'의 문법 범주가 문제가 되는데, '-기'는 본래 굴절 접사이기 때문이다. 그러나 '멀리뛰기'에서 '-기'는 파생 접사로 쓰인 것이다. 이는 굴절 접사의 파생 접사 되기로 설명할 수 있다.

로 분석되므로 합성어이다.[6] '들여다보이-'는 '들여다보-이-'로 분석되므로 파생어이다. 만일 '들여다보이-'를 '들여다-보이-'로 분석한다면 합성어인데, 이 동사가 피동사임을 고려한다면 이렇게 분석하기는 어려울 것 같다.

이와 같이 복잡한 파생어와 합성어는 파생과 합성의 겹침으로 형성되기 때문에, 파생어인지 합성어인지 혼동되는 수가 많다.

■복합어의 어간

여기서 한 가지 유의할 것은 '거짓말쟁이'의 '거짓말'과 '되새김질하다'의 '되새김질'의 범주가 무엇인지 하는 것이다. 이것들은 형태소가 아니라 형태소의 복합체이기 때문에, 어근이나 접사 등의 형태소 이름을 붙일 수 없다. 이 글에서는 이것들을 **어간**이라 하였다(일반적으로는, 단순한 복합어에서 어근도 어간이라 할 수 있다).

어간은 한 어절을 형성할 수 있는 것도 있고, 그렇지 않은 것도 있는데, 뒤의 어간을 **특수 어간**이라 한다. 특수 어간은 어절을 형성할 수 없기 때문에 어떤 품사인지 결정하기 어렵다.

　　　(17) 아름-답-, 넓적-

■복합어의 분류

이상에서 보듯이, 복합어를 구성하는 형태소가 어근인지 파생 접사인지 분명하게 구별되는 경우도 있지만, 그렇지 않은 경우도 있다. 곧 복합어의 성분인 형태소를 어근으로 분석할 수도 있고 파생 접사로 분석할 수도 있

---

6) 물론 '하-'를 파생 접사로 보면 파생어이다.

는 경우가 있다. 또 (복잡한 복합어의 경우에) 직접 성분 구조를 어떻게 분석하는가에 따라 파생어로 볼 수도 있고 합성어로 볼 수 있는 경우도 있다.

이러한 점 때문에, 각 단어에 따라 파생어와 합성어를 분명하게 구별하여 제시하기는 어렵다. 아래에 제시된 파생어와 합성어의 예들에서도 그러한 점이 발견될 수 있다. 그렇지만 사전에서 제시한 분석을 존중하면서, 파생어와 합성어에 대하여 간략히 기술해 두기로 한다.

14.2. 파생어

파생어는 접두사로 형성된 것과 접미사로 형성된 것이 있다.

14.2.1. 접두사로 형성된 파생어

접두사는 체언과 결합하는 접두사, 용언과 결합하는 접두사, 체언과 용언 둘 다에 결합하는 접두사들이 있다.

(18) **군**소리, **날**강도, **돌**감, **된**소리, **맨**주먹, **민**물, **생**김치, **선**무당, **왕**고집, **풋**나물, **한**눈, **홀**아비, **홑**몸

(19) **곰**썹다, **깔**보다, **뒤**바꾸다, **드**높다, **들**끓다, **들이**닥치다, **벋**대다, **새**까맣다, **시**퍼렇다, **설**깨다, **엿**듣다, **올**바르다, **지르**밟다, **짓**구기다, **처**박다, **해**맑다, **휘**날리다

(20) ㄱ. **내리**사랑, **덧**신, **데**생각, **막**사발, **맞**바둑, **빗**금, **애**호박, **엇**시조, **올**밤, **외**곬, **웃**돈, **잔**주름, **좀**것, **참**꽃, **치**사랑, **헛**나이
ㄴ. **내리**쓰다, **덧**붙다, **데**알다, **막**되다, **맞**서다, **빗**대다, **앳**되다,

엇걸다, 올차다, 외떨어지다, 웃돌다, 잗갈다, 좀되다, 참되다,
치받다, 헛듣다

14.2.2. 접미사로 형성된 파생어

■ 체언을 형성하는 접미사

체언을 형성하는 접미사는 체언과 결합하는 것, 용언과 결합하는 것,
관형사와 결합하는 것, 부사와 결합하는 것, 특수 어간과 결합하는 것, 그
리고 여러 가지와 결합하는 것이 있다.

> (21) [체언→] 달거리, 바람기, 빛깔, 걱정꾸러기, 공부꾼, 순이네,
> 아랫도리, 촌뜨기, 모양새, 날씨, 살집, 알짜, 수차, 연구차,
> 하루치, 눈치, 발치, 영감탱이, 자투리, 거짓말투성이

> (22) [용언→] 모꼬지(←고지), 덮개, 달리기, 마감(←암), 나머지(←어지),
> 파랑(←앙), 노래(←애), 쓰레기(←에기), 키(←이)

> (23) [관형사→] 이리, 저리

> (24) [부사→] 가로다지, 막바지, 마구잡이

> (25) [특수→] 귀뚜라미(←아미), 동그라미, 멍텅구리, 말라깽이,
> 세침떼기, 떠버리

> (26) ㄱ. [체언→] 애송이, 심술장이, 버들치, 모양다리, 영감님, 서울내기,
> 양달, 거짓부리, 꾀보, 까풀막
> ㄴ. [용언→] 벌거숭이, 검정이, 넙치, 늙다리, 울보
> ㄷ. [특수→] 아버님, 풋내기, 응달, 텁석부리, 뚱뚱보,
> 늘그막(←으막)

■ **용언을 형성하는 접미사**

이 접미사들은 체언 및 특수 어간과 결합하는 것, 피동사와 사동사를
형성하는 접미사들을 비롯한 용언과 결합하는 것이 있다.

다음은 체언과 결합하는 접미사들이다.

(27) ㄱ. 냅다(내-ㅂ다)
ㄴ. 홑지다, 건방지다
ㄷ. 미안쩍다
ㄹ. 기운차다, 보람차다, 힘차다

> **보충** 파생 접사인가, 어근인가
>
> 다음의 말들에서 '지-'의 범주는 무엇인지를 생각해 보자. 이 문제는 어근의 정의를
> 고려해야 한다. 만일 '외-'와 '찰-', '메-'가 접두사라면, '지-'는 어근이 될 수밖에 없다.
>
> (1) 외지다, 찰지다, 메지다
>
> 그런데 '외-, 찰-, 메-' 들이 접두사이면서, '지-'가 접미사일 수 있는지를 생각해 보
> 시오.

다음은 체언 및 특수 어간과 결합하는 것들이다.

(28) ㄱ. [체언→] 사람답다, 계집답다, 어른답다, 학자답다, 정답다
ㄴ. [특수→] 아름답다

(29) ㄱ. [체언→] 사랑스럽다, 탐스럽다, 촌스럽다, 고생스럽다,
변덕스럽다
ㄴ. [특수→] 좀스럽다, 시원스럽다, 얄팍스럽다, 상스럽다

(30) ㄱ. [체언→] 자유롭다, 향기롭다, 해롭다, 이롭다, 슬기롭다; 새롭다

ㄴ. [특수→] 괴롭다, 가소롭다;

(31) ㄱ. [체언→] 궁상맞다, 방정맞다, 익살맞다
ㄴ. [특수→] 쌀쌀맞다, 빙충맞다, 징글맞다

(32) ㄱ. [체언→] 모지다, 기름지다
ㄴ. [특수→] 일매지다

용언을 형성하는 파생 접미사 가운데 가장 생산적인 것은 사동과 피동의 접미사이다.

(33) ㄱ. 죽이다, 먹이다, 속이다, 녹이다, 높이다, 깊이다
ㄴ. 웃기다, 벗기다, 씻기다, 뜯기다, (해를) 넘기다, 맡기다, 쫓기다, 안기다, 남기다, 숨기다, (머리를) 감기다, 옮기다
ㄷ. 날리다, 올리다, 돌리다, 놀리다, (나팔을) 불리다, (사람을) 살리다, (밭을) 갈리다, 들리다, 걸리다(←걷다), 흘리다(←흐르다), (옷을) 말리다(←마르다), 널리다(←너르다)
ㄹ. 앉히다, 썩히다, 잡히다, 입히다, 밝히다, 붉히다, 굽히다, 굳히다
ㅁ. 비우다, 깨우다, (짐을) 지우다, (밤을) 새우다; 바루다(←바르다)
ㅂ. 세우다, (나무를) 태우다, (말을) 태우다, (아이를) 재우다; 키우다(←크다)
ㅅ. 솟구다, 돋구다
ㅇ. 낮추다, 늦추다, 곧추다, 갖추다
ㅈ. 없애다
ㅊ. 일으키다, 돌이키다

(34) ㄱ. (산이) 보이다, 쓰이다, 끼이다, 꺾이다, 섞이다, 볶이다, 덮히다
ㄴ. 안기다, 담기다, 삶기다, 뜯기다, 빼앗기다, 찢기다, 쫓기다
ㄷ. (문이) 열리다, (돌이) 갈리다, (종이가 바람에) 날리다, (구멍이) 뚫리다, (소리가) 들리다
ㄹ. 먹히다, 잡히다, 밟히다, 얽히다, 닫히다, 걷히다

그 밖에 용언을 형성하는 접미사들로 다음과 같은 것들이 있다.

(35) ㄱ. 우습다(웃-읍-다), 놀랍다, 그립다
     ㄴ. 미쁘다(믿-브-다), 아프다, 고프다
     ㄷ. 달갑다, 차갑다
     ㄹ. 맞갖다
     ㅁ. 굵다랗다, 높다랗다, 곱다랗다, 가느다랗다, 깊다랗다, 좁다랗다,
         가다랗다, 넓다랗다, 널따랗다(←너르다), 잗다랗다(←잘다),
         커다랗다(←크다)
     ㅂ. 잗달다(←잘다)
     ㅅ. 커닿다('커다랗다'의 준말), 곱닿다('곱다랗다'의 준말)
     ㅇ. 엎드리다
     ㅈ. 엎디다('엎드리다'의 준말)
     ㅊ. 읊조리다
     ㅋ. 엎지르다
     ㅌ. 걸차다
     ㅍ. 놓치다, 덮치다, 뻗치다, 엎치다, 넘치다, 닫치다, 부딪치다,
         밀치다, 접치다, 물리치다, 날치다, 떨치다, 내치다

특수 어간과 결합하여 용언을 형성하는 접미사들은 다음과 같은 것들
이 있다.

(36) ㄱ. 끄덕거리다, 망설거리다, 번득거리다, 속삭거리다, 움직거리다,
         되롱거리다, 가물거리다, 덜그럭거리다, 삐걱거리다, 풍풍거리다,
         출랑거리다, 반작거리다, 까물거리다, 흔들거리다, 펄럭거리다,
         중얼거리다, 어물거리다, 얼렁거리다, 덜렁거리다, 빈정거리다,
         꿈적거리다, 차근거리다, 휘청거리다, 질퍽거리다, 허느적거리다
     ㄴ. 얄망궂다
     ㄷ. 간종그리다, 건중그리다
     ㄹ. 출렁대다, 빈정대다, 지근대다, 굽실대다, 으쓱대다, 휘청대다,
         질퍽대다, 하느작대다

ㅁ. 귀엽다
ㅂ. 헐떡이다, 끄덕이다, 반짝이다, 속삭이다, 움직이다, 출렁이다,
　　망설이다, 번득이다, 하느작이다

　용언 및 특수 어간과 결합하여 용언을 형성하는 접미사들은 다음과 같
은 것들이 있다.

　　(37) ㄱ. [용언→] 쏟뜨리다, 흩뜨리다, 밀뜨리다, 깨뜨리다
　　　　 ㄴ. [특수→] 빠뜨리다, 찌부러뜨리다, 자빠뜨리다

　　(38) ㄱ. [용언→] 간지럽다(간질-업-다), 미덥다, 어지럽다, 두렵다,
　　　　　　　　근지럽다
　　　　 ㄴ. [특수→] 무겁다(묵-업-다), 즐겁다, 무섭다

　　(39) ㄱ. [용언→] 거멓다(검-엏-다), 가맣다(가마-앟-다), 둥구렇다,
　　　　　　　　동그랗다
　　　　 ㄴ. [특수→] 뽀얗다, 허옇다, 파랗다, 빨갛다, 멀겋다

■ 관형사를 형성하는 접미사

　관형사를 형성하는 접미사로는 용언과 결합한 것과 관형사와 결합한
것이 있다.

　　(40) ㄱ. [용언→] 헌, 오른, 다른, 바른, 갖은
　　　　 ㄴ. [관형사→] 그까짓, 이까짓, 저까짓

■ 부사를 형성하는 접미사

　용언과 결합하여 부사를 형성하는 것들로 다음과 같은 것들이 있다.

(41) ㄱ. 실컷(싫-**컷**)
　　ㄴ. 말**끔**(←맑-), 희끔희끔
　　ㄷ. 기우**뚱**기우**뚱**
　　ㄹ. 골**막**골**막**, 굴먹굴먹
　　ㅁ. **골싹골싹**
　　ㅂ. 푸릇푸릇(푸르-**ㅅ**)
　　ㅅ. 몰래(모르-**애**)
　　ㅇ. 미쳐(미치-**어**)
　　ㅈ. 뜨덤뜨덤(뜬-**엄**), 띄엄띄엄
　　ㅊ. 도도록도도록(돋-**오록**), 두두룩두두룩
　　ㅋ. 거뭇거뭇(검-**웃**)
　　ㅌ. 불긋불긋(붉-**웃**), 오긋오긋
　　ㅍ. 같**이**, 굳이, 길이, 많이, 적이, 높이, 깊이, 슬피; 꼿꼿이, 뚜렷이,
　　　　반듯이
　　ㅎ. 바짝(밭-**작**)
　　ㅑ. 갉**작**갉**작**, 할짝할짝, 긁적긁적, 뜯적뜯적
　　ㅑ. 갉**족**갉**족**, 얽죽얽죽
　　ㅓ. 굵**직**굵**직**
　　ㅕ. 휘**청**휘**청**
　　ㅗ. 갖**추**, 곧추, 낮추, 얕추, 늦추
　　ㅛ. 질**퍽**질**퍽**
　　ㅜ. 밝**히**, 익히, 작히

다른 품사들과 결합하여 부사를 형성하는 것들로 다음과 같은 것들이
있다.

(42) ㄱ. [체언→] 봄**내**, 여름내, 가을내, 겨우내, 끝내
　　ㄴ. [관형사→] 이**다지**, 그다지
　　ㄷ. [부사→] 더욱**이**, 일찍이, 방긋이, 벙긋이
　　ㄹ. [부사→] 곧**장**
　　ㅁ. [부사→] 정녕**코**

　　ㅂ. [특수] 전**혀**, 행여

체언 및 특수 어간과 결합하여 부사를 형성하는 것들로 다음과 같은 것
들이 있다.

　　(43) ㄱ. [체언→] 결단**코**, 맹세코, 무심코
　　　　 ㄴ. [특수→] 기필**코**, 한사코

　　(44) ㄱ. [용언→] 너무(넘-**우**), 마주, 자주, 도로, 바로
　　　　 ㄴ. [특수→] 비로소(비롯-**오**)

■특수 어간을 형성하는 접미사

특수 어간들을 형성하는 접미사로서, '하다'와 결합하여 용언을 형성하
는 다음과 같은 것들이 있다.

　　(45) ㄱ. 시금-, 시큼-, 달**콤**-, 들큼-
　　　　 ㄴ. 누르**께**-, 노르께-, 누르**끄**레-, 노르끄레-, 누르**끄**름-, 노르끄름-,
　　　　　　 거무끄름-, 가무끄름-, 누르끄무레-, 노르끄무레-
　　　　 ㄷ. 희**끔**-
　　　　 ㄹ. 가무**대대**-, 파르대대-, 거무데데-, 누르데데-, 퍼르데데-,
　　　　　　 불그데데-
　　　　 ㅁ. 파르**댕댕**-, 가무댕댕-, 푸르뎅뎅-, 누르뎅뎅-, 거무뎅뎅-,
　　　　　　 불그뎅뎅-, 푸르딩딩-
　　　　 ㅂ. 불그레-(붉-**으레**)
　　　　 ㅅ. 늙**수그**레-
　　　　 ㅇ. 깊**숙**-
　　　　 ㅈ. 거무숙숙-(검-**우숙숙**), 푸르숙숙-; 가무속속-(감-**우속속**)
　　　　 ㅊ. 어리숭-, 아리송-
　　　　 ㅋ. 가무스름-(감-**우스름**), 누르스름-, 푸르스름-, 파르스름-,

거무스름-, 얄브스름-, 열브스름-; 거무스레-, 가무스레-

ㅌ. 골싹-

ㅍ. 말쑥-(←맑-)

ㅎ. 물렁-(물-**엉**)

ㅏ. 발가우리-(밝-**아우리**), 벌거우리-

ㅑ. 거무접접-(검-**우접접**), 가무잡잡-, 누르잡잡-

ㅓ. 가무족족-(감-**우족족**), 거무죽죽-, 푸르죽죽-, 누르죽죽-

ㅕ. 넓적-, 굵직-, 멀직-, 널찍-

ㅗ. 말짱-(맑-쩡), 멀쩡-

ㅛ. 실쭉-(싫-쭉)

ㅜ. 달착지근-, 달짝지근-, 들척지근-, 들쩍지근-

ㅠ. 가무촉촉-(감-**우촉촉**), 거무축축-

ㅡ. 가무총총-(감-**우총총**), 까무총총-, 거무충충-

ㅣ. 가무칙칙-(감-**우칙칙**), 까무칙칙-, 거무칙칙-, 누르칙칙-

ㄲ. 달콤-, 들큼-

ㄸ. 고리**타분**-, 구리터분-

ㅃ. 고리**탑탑**-, 구리텁텁-, 흐리텁텁-

ㅆ. 가무퇴퇴-(감-**우퇴퇴**), 까무퇴퇴-, 거무튀튀-, 누르튀튀-

ㅉ. 누르**퉁퉁**-

특수 어간들을 형성하는 접미사로서, '-하다, -거리다, -대다, -이다, -스럽다'와 결합하여 용언을 형성하는 다음과 같은 것들이 있다.

(46) ㄱ. 곱살-(하다, 스럽다)

ㄴ. 예쁘**장**-(하다, 스럽다), 구부정-(하다)

ㄷ. 기우**뚱**-(하다, 거리다, 대다)

ㄹ. 얄**팍**-(하다, 스럽다), 질퍽-(하다, 대다, 거리다)

ㅁ. 울**먹**-(하다, 거리다, 이다), 골막-(하다)

ㅂ. 휘**청**-(하다, 거리다, 대다)

14.3. 합성어

합성어는 **통사적 합성어**와 **비통사적 합성어**가 있다. 통사적 합성어는 직접 성분인 어간 둘 다 자립 형식인 합성어이고, 비통사적 합성어는 어느 하나의 어간이 의존 형식인 합성어를 가리킨다.

통사적 합성어는, 직접 성분의 범주로 보아, 두 종류가 있다. 하나는 어간과 어간이 합친 것(통사적 합성어(1))이고, 다른 하나는 어절과 어절이 합친 것(통사적 합성어(2))이다. 앞의 것은, '봄비'와 같은 것이고, 뒤의 것은 '작은아버지, 돌아보다'와 같은 것이다. 통사적 합성어를 논의하는 자리에서는 이 두 가지를 구별하는 것이 편리할 때가 있다.

물론 어근 자체가 하나의 어절로 쓰일 수 있는 체언과 부사 같은 경우는, 이 두 경우가 분명하게 구별되지는 않는다. 이 글에서는 체언과 용언의 경우에는 굴절 접사가 결합되지 않은 것끼리 결합하여 형성된 합성어는 통사적 합성어(1)로 처리하고, 굴절 접사가 결합한 것끼리 결합하여 형성된 합성어는 통사적 합성어(2)로 처리한다. 그리고 합성어의 성분이 부사나 관형사와 같이 그 자체로 한 어절을 이루는 것끼리 결합하여 형성된 합성어는 통사적 합성어(1)로 처리한다.

14.3.1. 통사적 합성어(1)

통사적 합성어(1)은 다음과 같은 구성들이 있다.

(47) ㄱ. 체언+체언 → 체언
     ㄴ. 관형사+체언 → 체언
     ㄷ. 체언+용언 → 용언
     ㄹ. 부사+용언 → 용언
     ㅁ. 체언+체언 → 부사

ㅂ. 관형사+체언 → 부사
ㅅ. 부사+부사 → 부사

■ 체언+체언 → 체언

체언과 체언이 결합하여 체언을 형성하는 합성어는 보통 두 체언 사이
의 관계에 따라 대등적, 종속적, 융합적 합성어로 구분한다.[7]

(48) 대등적
ㄱ. 마소, 계집자식, 밤낮, 앞뒤, 마되, 안팎, 논밭, 물불
ㄴ. 이것저것, 이리저리, 여기저기
ㄷ. 한두, 두셋(두어), 서넛(서너), 너덧(너더), 예닐곱, 일여덟, 열아홉;
   이십, 삼십, 이천만
ㄹ. 하루하루, 하나하나, 무리무리, 포기포기, 곳곳

(49) 종속적
ㄱ. 칼날, 팥알, 화살, 길가, 냇가, 손등, 집일, 땅기운, 쇠고기, 개똥,
   국물, 밭두렁, 짐짝, 콩쪽, 낯빛, 고춧가루, 밤알손아귀, 밤중
ㄴ. 좁쌀, 감나무, 장작개비, 암탉, 수캐, 암말, 수소, 암키와, 연잎,
   나뭇잎, 풀잎, 배꽃, 솔밭, 할미꽃, 막걸리술, 돛배
ㄷ. 윗니, 윗자리, 윗입술, 물오리, 시골집, 시골처녀, 촌마을, 땅벌,
   곁방, 젖꼭지, 집안, 속옷, 등불, 시루떡, 시냇물, 마파람
ㄹ. 겨울비, 봄바람, 아침밥, 보름달, 저녁달, 아침볕, 꽃철, 옛날
ㅁ. 저녁거리, 일거리, 구경거리, 고깃배, 술집
ㅂ. 옷감, 쌀밥, 보리차, 금니, 은돈, 김밥, 떡국, 미역국, 상치쌈, 돌집,
   베옷, 깨엿, 나무배, 불장난
ㅅ. 국그릇, 숯섬
ㅇ. 실바람, 이슬비, 새우잠, 살별
ㅈ. 으스름달

---

7) 허웅(1983)의 분류를 참고하였다.

ㅊ. 사랑니, 반달, 여우별, 들녘, 짝사랑, 잇몸
ㅋ. 눈보라, 물보라, 요령껏, 힘껏, 소신껏, 욕심껏

(50) 융합적
산꽃(진달래꽃), 사촌, 삼촌

■ 관형사+체언 → 체언

(51) ㄱ. 첫눈, 첫사랑, 첫인사, 첫인상, 첫겨울, 첫아들, 첫말, 첫날
ㄴ. 새집, 새댁, 새해, 새달, 새문, 새서방
ㄷ. 이것, 그이, 이분, 저승
ㄹ. 이냥, 그냥, 저냥, 이대로, 그대로, 저대로

■ 체언+용언 → 용언

(52) ㄱ. 빛나다, 맛있다, 값나가다, 맛나다, 배부르다, 입바르다, 값싸다,
한없다, 손쉽다, 색다르다
ㄴ. 힘쓰다, 뒤보다, 욕보다, 숨쉬다, 윷놀다, 욕먹다, 흉보다
ㄷ. 겉늙다

■ 부사+용언 → 용언

(53) 아니-, 못-, 잘-, 잘나다, 못나다, 한결같다

■ 체언+체언 → 부사

(54) 밤낮, 차례차례

■ 부사+부사 → 부사

(55) ㄱ. 곧잘
ㄴ. 자꾸자꾸, 부디부디, 오래오래, 자주자주, 미리미리

14.3.2. 통사적 합성어(2)

이 유형의 합성어는 상당히 다양한데, 보통은 뒤에 오는 말의 품사에 따라 합성어의 품사가 정해지지만, 합성어의 성분인 품사들과는 전혀 다른 품사가 형성되기도 한다.

(56) ㄱ. 체언의 관형사형+체언 → 체언
ㄴ, 용언의 관형사형+체언 → 체언
ㄷ. 용언의 부사형+용언 → 용언
ㄹ. 체언+용언의 활용형 → 감탄사

■ 체언의 관형사형+체언 → 체언

(57) 눈엣가시

■ 용언의 관형사형+체언 → 체언

(58) ㄱ. 읽을거리, 들것, 들그물, 쥘손, 길짐승, 밀물, 들숨
ㄴ. 늙은이, 큰집, 큰물, 작은댁, 잔소리, 잔돈, 빈말, 굳은살, 굵은베

■ 용언의 부사형+용언 → 용언

(59) ㄱ. 짊어지다, 잡아매다, 긁어모으다, 굶어죽다, 맞아죽다, 캐내다,

넘어가다, 잡아먹다, 날아들다, 걸어오다, 꿇어앉다, 늘어놓다,
늘어서다, 몰아붙이다, 살펴보다
ㄴ. 휘어지다, 엎어지다, 떨어지다, 흩어지다, 줄어지다, 터지다
ㄷ. 슬퍼하다, 부끄러워하다, 안타까워하다, 좋아하다
ㄹ. 내려다보다, 내다보다, 돌아다보다

■ 체언+용언의 활용형 → 감탄사

(60) 여보게, 여보, 여봐라

14.3.3. 비통사적 합성어

비통사적 합성어는 다음과 같은 것들이 있다.

(61) ㄱ. 용언 어간+체언 → 체언
ㄴ. 특수 어간+체언 → 체언
ㄷ. 용언 어간+용언 → 용언
ㄹ. 특수 어간+특수 어간 → 부사

■ 용언 어간+체언 → 체언

(62) 늦벼, 늦가을, 묵밭, 먹거리, 꺾쇠, 깎낫, 싫증, 고드름

■ 특수 어간+체언 → 체언

(63) 뻐꾹새, 부슬비, 얼룩말, 덜렁말, 얼룩소, 뭉게구름, 피차

■용언 어간+용언 → 용언

(64) ㄱ. 오르내리다, 지새다, 보살피다, 나들다, 오가다, 우짖다

　　ㄴ. 높푸르다, 곧바르다, 굶주리다, 넓둥글다, 굳세다, 재빠르다

　　ㄷ. 얕보다, 얕잡다, 나가다, 들오다, 내리보다, 붙잡다, 붙들다,
　　　　빌붙다, 내쫓다, 내몰다

　　ㄹ. 날뛰다, 캐내다, 엎지르다, 돌보다, 감돌다

■특수 어간+특수 어간 → 부사

(65) 주룩주룩, 미끈미끈, 펄럭펄럭, 흔들흔들, 빤질빤질, 팔랑팔랑,
　　 소곤소곤, 빙긋빙긋, 실룩실룩, 달싹달싹, 머뭇머뭇, 삐죽삐죽,
　　 굼지럭굼지럭, 고물고물, 긁적긁적, 아롱다롱, 울긋불긋, 갈팡질팡 …

보충 다시, 합성어인가, 파생어인가

다음의 말들을 직접 성분으로 분석해 보시오.

(1) 이지러지다, 부러지다, 쓰러지다, 불거지다, 볼가지다, 자빠지다, 사라지다,
　　우그러지다, 무너지다, 빠지다, 나타나다

이것들은 통사적 합성어(2)와 유사한 구조를 가진 것으로 보인다. 그런데 이것들은
통사적 합성어로 보기 어려운 점이 있다. 왜 그런가? 통사적 합성어가 아니라면 비통사
적 합성어인가? 그것도 아니라면 파생어인가? 파생어라면 어근의 형태적 범주는 무엇
인가?

1. 어근과 파생접사를 구별하시오.
2. 합성어와 파생어를 구별하시오.
3. 통사적 합성어와 비통사적 합성어를 구별하시오.

|더 생각할 문제|

1. '아가방, 옷방, 구둣방, 노래방, 놀이방' 등의 '방'은 어근인가 파생 접사인가? '알'의 경우
   와 비교하여 생각해 보시오.

2. '먹거리'는 용언 어간과 용언이 결합하여 형성된 합성어이다. 그런데 '먹거리'가 한국어 조
   어법에 맞지 않다고 한다. 왜 그런지를 생각해 보시오.

참고 문헌

강기진(1993), 「접속어미 "-므로"의 의미기능」, 국어국문학 109, 국어국문학회, 1-20.

강명순(2001), 「국어 사·피동법의 역사적 변화 방향 및 그 원인에 관한 새로운 고찰」, 한글 254, 한글학회, 119-160.

강우원(1996), 『국어 이음말의 문법』, 인제대학교 출판부.

강인환(1995), 「접속어미 '-러, -려고, -고자'에 대한 연구」, 교육논총 11, 한국외국어대학교 교육대학원, 111-151.

고광주(1999), 「대등 접속문에 대한 재검토」, 한국어학 9, 한국어학회, 49-80.

고성환(2004), 『국어 명령문에 대한 연구』, 역락.

고영근(1967), 「현대국어의 선어말어미에 대한 구조적 연구-특히 배열의 차례를 중심으로」, 어학연구 3-1, 32-50.

고영근(1989), 『국어 형태론 연구』(증보판), 서울대학교 출판부.

고영근(2004), 『한국어의 시제 서법 동작상』, 태학사

고영근·구본관(2008), 『우리말 문법론』, 집문당.

고창수(1992), 「국어의 통사적 어형성」, 국어학 22, 국어학회, 259-269.

고창수·김원경(1998), 「한국어 선어말어미의 정보 처리」, 한국어학 8-1, 한국어학회, 89-102.

고창수·시정곤(1991), 「목적어 있는 피동문」, 주시경학보 7, 주시경 연구소, 149-156.

구본관(1998), 『15세기 국어 파생법에 대한 연구』, 국어학회.

구종남(1995ㄱ), 「간접의문 어미의 통사적 특징과 의미」, 전북대 논문집 40, 전북대학교, 113-125.

구종남(1995ㄴ), 「장형 부정문에서 '-지'의 통사적 기능」, 국어국문학 115, 국어국문학회, 1-25.

구종남(1996), 「간접의문절의 통사 분석」, 한국언어문학 37, 한국언어문학회, 7-24.

구종남(1998), 「접속어미 '-어야'의 이중적 의미 기능」, 국어문학, 국어문학회, 29-51.

권경희(1990), 「연결어미로 구성된 현대 국어 접속문」, 언어와 언어교육 5, 동아대학교 어학연구소, 185-203.

권경희(1998), 「국어 종속 접속문의 문법적 특성」, 동아어문논집 8, 동남어문학회, 27-46.

권재일(1992), 『한국어 통사론』, 민음사.

권재일(1994ㄱ), 「개화기 국어의 접속문 연구」, 한국학연구 6, 고려대학교 한국학연구소, 213-247.

권재일(1994ㄴ), 『한국어 문법사』, 박이정.

권재일(1994ㄷ), 『한국어 문법의 연구』, 박이정.

권재일(2000), 「한국어 발화동사 구문 기술」, 한말연구 7, 한말연구학회, 1-27.

김광해(1983), 「계사론」, 난대 이응백 박사 회갑 기념 논총, 보진재.

김광희(1998), 「동사의 범주위계와 자질제약을 통한 국어 논항 구조 문법의 수립에 관한 연구」, 국어학 31, 205-245.

김광희(2001), 「국어 관계화의 제약기반 분석」, 한국언어문학 47, 한국언어문학회, 585-614.

김광희(2007), 「보조동사 구문의 단층위 선형 분석」, 한국언어문학 62, 한국언어문학회, 29-52.

김귀원(2002), 「시제 분석에 나타난 프루스트의 '순간'과 글쓰기」, 한국프랑스학논집 39, 한국프랑스학회, 141-160.

김기성(2006), 「현대 몽골어와 한국어의 연결어미 대조 연구-현대 몽골어의 접속연결어미를 중심으로」, 몽골학 20, 한국몽골학회, 111-145.

김기혁(1993), 「국어 선어말어미와 종결어미의 연속성-때매김 어미와 종결어미를 중심으로」, 한글 221, 한글학회, 107-156.

김기혁(2002), 「국어 문법에서 격과 의미역할」, 한국어학 17, 한국어학회, 45-70.

김기혁(2007), 「국어 형용사 서술문과 명사 서술문의 상관성」, 이중언어학 35, 이중언어학회, 27-47.

김두봉(1916), 『조선말본』, 역대한국문법대계 제1부 22책, 탑출판사(=역대 1-22).

김문오(1993), 「문말에 부정소를 가진 접속문의 중의성 고찰」, 문학과 언어 14, 문학과언어연구회, 43-66.

김미란(2001), 「한국어 대등적 연결어미 '-고'의 함축 의미와 운율」, 음성과학 8-4, 한국음성과학회, 289-305.

김미숙(1997), 「부정명령문 연구」, 새국어교육 54, 한국국어교육학회, 323-342.

김민균(2007), 「형식어 결합구성 연구-양상적인 것을 중심으로」, 부산대학교 국어국문학과 석사학위 논문.

김민수(1960), 『국어 문법론 연구』, 역대 Ⅰ98.

김민수(1975), 『국어문법론』, 일조각.

김민수(1986), 「1세기 반에 걸친 한국문법연구사」, 역대 총색인, 탑출판사.

김병권(2003), 「접속구 구조」, 영산논총 11, 영산대학교, 1-26.

김봉모(1992), 『국어 매김말의 문법』, 태학사.

김봉모(1996), 『국어 문법 연구』, 세종출판사.

김상기(2004), 「대등접속구와 일치현상」, 언어과학연구 31, 언어과학회, 19-38.

김석근(2003), 「직설법 시제체계와 언술행위」, 한국프랑스학논집 44, 한국프랑스학회, 25-48.

김선희(1999), 「부사절의 설정 문제와 범위」, 목원어문학 17, 목원대학교, 53-71.

김성화(1989), 「현재 시제의 무표항과 의미 기능」, 한글 204, 한글학회, 39-70.

김송원(1990), 「접속어미의 통어론적 특징-15세기 국어의 접속월을 중심으로」, 논문집 9, 건국대학교 부설 중원인문연구소, 27-43.

김수태(2005ㄱ), 「물음법 씨끝의 체계(1)」, 우리말연구 17, 우리말학회, 45-69.

김수태(2005ㄴ), 『마침법씨끝의 융합과 그 한계』, 박이정.

김수태(2006), 「물음법 씨끝의 체계」, 한글, 한글학회 274, 63-97.

김승곤(1991), 「이름마디의 통어적 기능고」, 겨레어문학 15, 16, 겨레어문학회, 465-474.

김언자(2001), 「서사텍스트에서의 현재시제의 용법」, 불어불문학연구 49, 한국불어불문학회, 545-566.

김영태(1990), 「의존용언의 범주와 어휘목록에 관한 시론」, 대구어문론총 8, 153-176.

김영희(1999), 「사격 표지와 후치사」, 국어학 34, 31-58.

김영희(2001), 「이른바 대립 접속문의 구조적 유형」, 한글 253, 한글학회, 195-233.

김영희(2003), 「내포 접속문」, 한글 261, 한글학회, 173-206.

김영희(2004ㄱ), 「논항의 판별 기준」, 한글 266, 한글학회, 139-167.

김영희(2004ㄴ), 「종속 접속문의 조응 현상과 구조적 이중성」, 국어학 43, 국어학회, 247-272.

김옥자(2007), 「원인을 나타내는 접속어미의 의미-구문적특성」, 중국조선어문 1, 길림성 민족사무위원회, 34-38.

김윤경(1932), 『조선말본』, 역대 ①53.

김윤경(1948), 『나라말본』, 역대 ①54.

김의수(2002), 「형식동사 '이다'의 문법」, 언어연구 38(3), 879-905.

김인택(1991ㄱ), 「이름마디와 그 유형」, 우리말연구 1, 우리말학회, 259-274.

김인택(1991ㄴ), 「이름마디의 특성에 대하여」, 국어국문학지 28, 문창어문학회, 73-97.

김인택(1992ㄱ), 「국어 이름마디 연구」, 박사학위논문, 부산대 대학원.

김인택(1992ㄴ), 「이름마디의 통어적 특질」, 한글 218, 한글학회, 169-195.

김인택(1997), 『한국어 이름마디의 문법』, 세종출판사.

김인택(2001), 「풀이마디 설정에 대하여」, 우리말연구 11, 우리말학회, 1-17.

김인택(2002ㄱ), 「한국어 내포절의 범주 설정에 대하여」, 한민족어문학 40, 한민족어문학회, 59-87.

김인택(2002ㄴ), 「한국어 풀이씨의 형태 구성과 풀이마디 표지」, 우리말연구 12, 우리말학회, 23-48.

김일웅(1988), 「시점과 풀이씨의 태」, 파전 김 무조 박사 회갑 기념 논총.

김일웅(1991), 「낱말과 월성분」, 우리말 연구 1, 우리말연구회, 215-234.

김일웅(1993), 「한국어의 서법」, 우리말연구 3, 우리말학회, 41-75.

김일웅(1997), 「씨끝의 기능」, 우리말연구 7, 우리말학회, 149-174.

김정대(1999), 「한국어 접속문에서의 시제구 구조」, 언어학 24, 한국언어학회, 75-108.

김정대(2004), 「한국어 접속문의 구조」, 국어국문학 138, 국어국문학회, 121-152.

김제열(1999), 「'하다' 구문의 형성 과정에 대한 고찰」, 한글 246, 157-191.

김종도(1999), 「영형태소의 현재 시제 표지 설정에 대하여」, 한글 245, 한글학회. 79-113.

김종록(1991ㄱ), 「~나마의 통사와 의미」, 어문학 52, 한국어문학회, 133-158.

김종록(1991ㄴ), 「접속어미 '-나, -나마, -아도'의 통사·의미적 상관성」, 문학과 언어 12-1, 문학과 언어연구회, 49-80.

김종록(1992ㄱ), 「국어 접속문 구성에서의 부정법」, 어문학 53, 한국어문학회, 157-186.

김종록(1992ㄴ), 「국어 접속문 구성에서의 주어 및 주제어 특성(I)」, 문학과 언어 13, 문학과언어학회, 75-98.

김종록(1993ㄱ), 「국어 접속문 구성에서의 '자기' 대용 현상(I)」, 문학과 언어 14, 문학과 언어연구회, 67-92.

김종록(1993ㄴ), 「국어 접속문 구성에서의 '자기'대용현상(II)」, 국어교육연구 25, 국어교육학회, 253-274.

김종록(1993ㄷ), 「국어 접속문 구성에서의 주어 및 주제어 특성(II)」, 어문학 54, 한국어문학회, 121-139.

김종록(1996), 「'-이(다)'와 접속어미 체계화에 관한 몇 문제」, 국어교육연구 28, 국어교육학회, 63-89.

김종록(1999), 「국어 접속의 다단계성과 접속소의 기능(I)」, 국어교육연구 31, 국어교육학회, 127-151.

김종록(2000), 「국어 접속의 다단계성과 접속소의 기능(II)」, 국어교육연구 32, 국어교육학회, 115-142.

김종록(2001), 「종결어미와 통합된 접속어미의 사전적 처리」, 문학과 언어 23-1, 문학과 언어연구회, 89-102.

김종록(2002), 「종결어미 통합형 접속어미의 사전 표제어 분석」, 어문학 75, 한국어문학회, 1-19.

김종록(2004), 「선어말어미 통합형 접속어미의 사전표제어 분석」, 어문학 84, 한국어문학회6, 39-73.

김종록(2007ㄱ), 「선어말어미 '-는-, -느-' 통합형 접속어미의 사전 표제어 분석」, 어문학 95, 한국어문학회, 23-54.

김종록(2007ㄴ), 「선어말어미 '-리-' 통합형 접속어미의 사전 표제어 분석」, 어문학 98, 한국어문학회, 67-93.

김종복(2004), 『한국어 구구조문법』, 한국문화사.

김중섭(2002), 「한국어 학습자의 연결 어미 오류 양상에 관한 연구-언어권별 오류 양상을 중심으로」, 한국어 교육 13-2, 국제한국어교육학회, 87-109.

김지홍(1998), 「접속 구문의 형식화 연구」, 배달말 23, 배달말학회, 1-78.

김진아(2003), 「韓·中 통역번역에 있어서의 복합문 운용에 대한 오류분석-한국어의 이어진 문장과 중국어의 복합문의 비교를 중심으로」, 중국어문학논집 23, 중국어문학연구회, 293-316.

김차균(1980ㄱ), 「국어의 수동과 사역의 의미」, 한글 168, 한글학회, 5-49.

김차균(1980ㄴ), 「국어 시제 형태소의 의미-회상 형태소[더]를 중심으로」, 한글 169, 한글학회, 299-334.

김차균(1985), 「{았}과 {었}의 의미와 상」, 한글 188, 한글학회, 3-63.

김창섭(1987), 「국어 관형절의 과거 시제」, 어학 14, 전북대학교 어학연구소, 95-117.

김창섭(1996ㄱ), 「광복 이후 국어 형태론의 성과와 전망」, 광복 50주년 국학의 성과, 한국정신문화연구원.

김창섭(1996ㄴ), 『국어의 단어 형성과 단어 구조 연구』, 태학사.

김창섭(2001), 「'X하다'와 'X를 하다'의 관계에 대하여」, 어학연구 27-1, 서울대 어학연구소, 63-85.

김태상(1990), 「접속어미 {-어}와 {-어(서)}」, 문학과 언어 11-1, 문학과 언어연구회, 85-109.

김태엽(1994), 「문법 서법의 체계와 간접 인용문의 해석」, 大邱語文論叢 12, 대구어문론총, 81-100

김태엽(2000), 「국어 종결어미화의 문법화 양상」, 어문연구 33, 충남대학교 문리과대학 어문연구회, 47-68.

김혜령(2009), 『통합합성어의 형성에 관한 고찰-2000-2005 신어를 중심으로』, 형태론 11-2, 357-376.

김희상(1911), 『조선문법』, 역대 ①19.

나찬연(2007), 『국어 문법의 이해』, 제이엔씨.

남경완(2007), 「굳은 관형사형의 유형별 처리 방안 연구」, 한국어 의미학 22, 한국어의미학회, 25-45.

남궁억(1913?), 「조선문법」(필사본), 역대 ①24.

남기심·고영근(1987), 『표준 국어문법론』, 탑출판사.

목정수(1998), 「한국어 격조사와 특수조사의 지위와 그 의미-유형론적 접근」, 언어학 23, 47-78.

목정수(2000), 「선어말어미의 문법적 지위 정립을 위한 형태·통사적 고찰-{었}, {겠}, {더}를 중심으로」, 언어학 26, 한국언어학회, 137-165.

목정수·유현조(2007), 「구어 한국어 접속문의 문장 패턴 연구-접속 어미의 통사적 제약 현상을 중심으로」, 한국어학 35, 한국어학회, 275-303.

문성원(2004), 「미래 시제와 상, 그리고 문맥」, 노어노문학 16-2, 한국노어노문학회, 25-52.

문숙영(2003), 「대과거 시제와 '-었었-'」, 어문연구 120, 한국어문교육연구회, 59-83.

문숙영(2008), 「시제 어미 및 시제 상당 표현의 사용과 관련한 몇 문제」, 한국어의미학 27, 한국어의미학회, 45-73.

박덕유(1996), 「현대국어의 시간표현에서의 시제와 상에 대하여」, 어문연구 91, 한국어문교육연구회, 15-34.

박동열(2003), 「한국어 시제와 법체계에 대한 연구」, 프랑스어문교육 16, 한국프랑스어문교육학회, 197-222.

박동열(2005), 「시제교육과 정신역학이론의 시제체계」, 프랑스어문교육 20, 한국프랑스어문교육학회, 37-59.

박만규(1993), 「이른바 보문자 -고의 통사적 지위 재분석」, 관대논문집 21, 관동대학교, 323-349.

박석준(2002), 「현대국어 선어말 어미 '-시-'에 대한 연구 : 의미·기능, 관련 구문의 구조를 중심으로」, 연세대학교 국어국문학과 박사학위 논문.

박소영(2000), 「양태의 연결어미 '-고'에 대한 연구」, 언어학 26, 한국언어학회, 167-197.

박소영(2002), 「한국어 부사절과 접속문 체계 다시 보기」, 언어학 34, 한국언어학회, 49-73.

박승빈(1935), 『조선어학』, 역대 ①50.

박승혁(1997), 『최소주의 문법론』, 한국문화사.

박영순(2001), 『한국어 문장의미론』, 박이정.

박영준(1999), 「호격조사 '-이여'와 감탄문 종결어미」, 어문논집 39, 안암어문학회, 279-290.

박용한(2000), 「국어 접속어미 '-고'의 의미 구조」, 연세어문학 32, 연세대학교 국어국문학과, 27-44.

박재연(2003), 「과거 시제를 나타내는 '-었더-'에 대하여」, 어문연구 120, 한국어문교육연구회, 85-109.

박재연(2008), 「'-던가', '-더라' 의문문의 특성에 대한 연구」, 국어학 53, 국어학회, 199-227.

박정규(1994), 「통합형 접속어미 '-으나'의 의미 해석과 관련된 몇 문제」, 국제어문 14,

국제어문학회, 51-65.

박정운(2004), 「형태와 의미의 불일치」, 담화와인지11, 담화인지언어학회, 65-81

박종갑(1997), 「접속문 어미 '-고'의 의미 기능 연구(1)-통사적 분류의 의미적 의존성을 중심으로」, 한민족어문학 31, 한민족어문학회, 1-12.

박종갑(2000), 「접속문 어미 '-고'의 의미 기능 연구(3)-문장의 선형 구조와 관련된 도상성을 중심으로」, 국어학 35, 국어학회, 93-111.

박태윤(1948), 『중등 국어문법』(초급용), 역대 Ⅰ73.

박한기(1998), 「종속접속 어미 '-고'의 통사 의미 자질」, 논문집 12, 여수대학교, 1-23.

박한기(2001), 「주격 교체 구문의 의미」, 한글 251, 한글학회, 233-260.

박현선(2002), 「독일어의 시제체계와 쓰임에 관하여」, 독어학 16, 한국독어학회, 1-21.

박현선(2006), 「텍스트 유형에 따른 독일어 시제 사용 연구-텍스트 유형 "신문뉴스"를 중심으로」, 독어교육 36, 한국독어독문학교육학회, 187-211.

박효명(1998), 『핵어문법론Ⅰ』, 한국문화사.

방성원(1999), 「내포문의 격 교체현상에 대하여」, 어문연구 27-4, 한국어문교육연구회, 45-57.

배진영(2001), 「국어 관형절 시제에 대하여」, 이중언어학 18, 이중언어학회, 141-164.

배희임(1988), 『국어 피동 연구』, 고려대학교 민족문화연구소

백낙천(1994ㄱ), 「보조사의 결합으로 이루어진 통합형 접속 어미에 대하여」, 동악어문논집 29, 동악어문학회, 355-388.

백낙천(1994ㄴ), 「접속 어미 '-도록'과 '-을수록'에 대하여」, 동국어문학 6, 동국대학교 국어교육과, 317-328.

백낙천(1996), 「'(-)다가'에 대하여」, 동국어문학 8, 동국대학교 국어교육과, 213-230.

백낙천(1999ㄱ), 「문법화와 통합형 접속어미」, 동국어문학 10-11, 동국대학교 국어교육과, 259-282.

백낙천(1999ㄴ), 「접속어미 목록 설정과 관련한 몇 문제」, 동악어문논집 34, 동악어문학회, 143-164.

백낙천(2000ㄱ), 「접속어미의 시제 해석과 형태론」, 어문연구 28-1, 한국어문교육연구회, 170-190.

백낙천(2000ㄴ), 「통합형 접속어미의 형태 분석과 의미 기술」, 동악어문논집 36, 동악어문학회, 165-182.

백낙천(2001ㄱ), 「동사구 구성 통합형 접속어미의 형태론적 해석-'-고서', '-어서', '-으면서', '-고자'를 중심으로」, 한국어학 13, 한국어학회, 151-170.

백낙천(2001ㄴ), 「통합형 접속어미를 구성하는 형태소와 의미 연구-'-으나', '-으니', '-으며', '-으러', '-으려고'를 中心으로」, 어문연구 29-3, 한국어문교육연구회, 28-54.

백낙천(2003), 「국어 접속어미의 형태론과 사전 기술에 대한 연구」, 어문연구 40, 어문
연구학회, 1-28.

백낙천(2004), 「언간에 나타난 통합형 접속어미의 형태와 의미」, 국어국문학 138, 국어
국문학회, 153-181.

백낙천(2008), 「국어 접속문의 시제 해석과 관련된 몇 가지 문제」, 새국어교육 79, 한국
국어교육학회, 499-521.

서민정(2003), 「동사의 어휘 규칙과 동사토의 기능」, 우리말연구 13, 우리말학회, 31-51.

서민정(2005), 「명사토의 제약과 기능」, 우리말연구 16, 우리말학회, 51-71.

서민정(2006ㄱ), 「이름법토 '-음', '-기'의 제약에 기초한 자질 분석」, 한글 271, 한글학
회, 27-49.

서민정(2006ㄴ), 「통어적 기능을 고려한 명사토의 형태론적 구조 분석과 분류」, 우리말
글 38, 우리말글학회, 21-42.

서민정(2007ㄱ), 「명사토의 특수한 현상에 대한 일반론적 해석」, 우리말글 40, 우리말글
학회, 77-96.

서민정(2007ㄴ), 「토의 통어적 기능을 위한 문법체계」, 언어과학 14-3, 한국언어과학회,
43-62.

서민정(2009), 『토에 기초한 한국어 문법』, 제이엔씨.

서성교(1998), 「한국어 접속어미 '-니까'의 인지·화용론적 연구 시론」, 언어학 6-2, 대
한언어학회, 183-201.

서은아(1996), 「부사절 어미 '-게'에 대한 연구」, 대학원 학술논문집 43, 건국대학교,
49-58.

서정목(1987), 『국어 의문문 연구』, 탑출판사.

서정수(1971), 『국어 구조론 : 한국어의 형태·통사구조론 연구』, 연세대 출판부.

서정수(1975), 『동사 '하-'의 문법』, 형설출판사.

서정수(1996), 『국어문법』(수정 증보판), 한양대학교 출판원.

서태길(1997), 「어휘정보에 기초한 국어 문법기능에 대한 연구」, 고려대 국어국문학과
박사학위논문.

서태룡(2003), 「조사 '-아'와 어미 '-아'」, 동악어문논집 41, 한국어문학연구학회, 5-35.

서홍원·이은경(2005), 「등위접속구문내의 격과 일치에 관한 연구」, 언어학 13-4, 대한
언어학회, 31-48.

서희선·이승환(1999), 「2-5세 정상아동의 연결어미 발달」, 언어청각장애연구 4, 한국
언어청각임상학회, 167-185.

서희정(2008), 「어미 반복형태의 문법 구성화 연구-한국어교육의 관점에서」, 새국어교
육 79, 한국국어교육학회, 129-152.

선미라(2002), 「제 3 행위자 le tiers actant 과 주관적 시제 le temps subjective」, 한국프랑

스학논집 39, 한국프랑스학회, 65-80.

성광수(1978), 「국어 간접 피동에 대하여 : 피동 조동사 '지다'를 중심으로」, 문법 연구 3, 탑출판사, 159-182.

성광수(1999), 『한국어 문장표현의 양상』, 월인.

성환갑·엄홍준(2006), 「동사성 명사구문에 관한 연구」, 어문연구 34-1(한국어문교육연구회, 7-29.

손세모돌(1997), 「연결어미 "-고자"와 "-려고"에 대하여」, 한말연구 3, 한말연구학회, 91-110.

손인호(1995), 「국어 조사 '을/를'의 실현 조건」, 한글 228, 한글학회, 159-179.

송엽휘(2008ㄱ), 「한국어 접속어미 "-면" 구문과 중국어의 해당 구문 대조 연구」, 이중언어학 36, 이중언어학회, 275-298.

송엽휘(2008ㄴ), 「한·중 인과관계 접속문 대조 연구」, 한국학연구 18, 인하대학교 한국학연구소, 139-167.

송재목(2011), 「'-더니'와 '-었더니'」, 국어학 60, 국어학회, 33-67.

송재영·한승규(2008), 연결 어미 '-더니' 연구, 국어학 53, 국어학회, 177-198.

송창선(1998), 「접속어미 '-면서'의 통사적 기능」, 어문학 65, 한국어문학회, 67-86.

송창선(2001), 「-었었-의 형태와 의미」, 문학과언어 23, 문학과언어학회, 103-120.

송창선(2002), 「미래 상황에서 쓰이는 -었-의 기능」, 문학과 언어 24, 문학과언어학회, 37-56.

송창선(2003), 「접속어미 '-다가, -거든, -(으)면'에 통합되는 '-었-'의 기능」, 문학과 언어 25, 문학과언어연구회, 47-66.

송창선(2005), 「현대 국어 -아/어 지다의 기능과 의미」, 문학과언어 27, 학과언어학회, 1-24.

송창선(2006), 「현대국어 선어말어미 '-더-'의 기능 연구」, 언어과학연구 39, 언어과학회, 55-93.

송철의(1992), 『국어의 파생어 형성 연구』, 태학사.

송철의(2006), 「국어형태론 연구의 문제점」, 배달말 39, 배달말학회, 117-142.

송해정(2002), 「문학 서사 속 동사형의 상, 시제의미-묘사 상황을 중심으로」, 슬라브학보 17-2, 한국슬라브학회, 51-78.

시정곤(1992ㄱ), 「통사론의 형태정보와 핵 이동」, 국어학 22, 국어학회, 299-324.

시정곤(1992ㄴ), 「국어 논항구조의 성격에 대하여」, 한국어문교육 6, 고려대학교 한국어문교육연구소, 77-100.

시정곤(1994ㄱ), 「'X하다'와 'X를 하다'의 상관성」, 국어학 24, 국어학회, 231-258.

시정곤(1994ㄴ), 『국어의 단어형성 원리』, 국학자료원.

시정곤(1996), 「형태·통사론의 최근 동향」, 한국어학 3, 한국어학회, 277-297.

시정곤(1998), 「선어말어미의 형태·통사론」, 한국어학 8, 한국어학회, 5-38 .

시정곤(2006ㄱ), 「우리말 접사의 통사론적 고찰」, 우리말연구 19, 우리말학회, 113-141.

시정곤(2006ㄴ), 『현태 국어 통사론의 탐구』, 월인.

신수송·류수란(1995), 『어휘기능문법』, 서울대학교 출판부.

신언호(2006), 「한국어 현재 시제의 다의적 현상에 대한 고찰」, 한국어의미학 2, 한국어
　　　　　 의미학회, 165-181.

신지연(2004), 「대립과 양보 접속어미의 범주화」, 어문학 84, 한국어문학회, 75-98.

신효필(1994), 「한국어 관계구문의 통사와 의미구조-통합문법적 접근」, 서울대 언어학
　　　　　 과 박사학위논문.

안명철(1995), 「'이'의 문법적 성격 재고찰」, 국어학 25, 국어학회, 29-49.

안병희(1968), 「중세국어의 속격어미 「-ㅅ」에 대하여」, 이숭녕 박사 송수기념논총, 을유
　　　　　 문화사, 337-345.

안상철(1998), 『형태론』, 민음사.

안예리(2008), 「현대국어 초기 명사절의 사용 양상」, 한글 281, 한굴학회, 255-288.

안주호(1999ㄱ), 「'-기'형 연결어미 '-기에, -길내, -기로'의 특성과 문법화 과정」, 언어
　　　　　 학 24, 한국언어학회, 187-211.

안주호(1999ㄴ), 「연결어미 '-기에/-길래'의 특성과 형성 과정」, 담화와 인지 6-1, 담화
　　　　　 인지언어학회, 101-120.

안주호(2002ㄱ), 「[원인]을 나타내는 연결어미에 대한 통시적 고찰」, 언어학 34, 한국언
　　　　　 어학회, 133-158.

안주호(2002ㄴ), 「한국어 교육에서의 [원인] 연결어미에 대하여」, 한국어 교육 13-2, 국
　　　　　 제한국어교육학회, 159-180.

안주호(2003), 「인용문과 인용표지의 문법화에 관한 연구」, 담화와인지 10, 담화인지언
　　　　　 어학회, 145-166.

안주호(2006ㄱ), 「인용 동사의 문법적 고찰」, 우리말글 37, 우리말글학회, 143-169.

안주호(2006ㄴ), 「현대국어 '싶다' 구문의 문법적 특징과 형성과정」, 한국어 의미학 10,
　　　　　 한국어의미학회, 371-391.

안주호(2006ㄷ), 「현대국어 연결어미 {-니까}의 문법적 특성과 형성과정」, 언어과학연
　　　　　 구 38, 언어과학회, 71-91.

안주호(2006ㄹ), 「현대국어 연결어미 '-면서'에 관한 고찰」, 현대문법연구 45, 현대문법
　　　　　 학회, 181-200.

안주호(2006ㅁ), 「현대국어의 의존명사 목록에 대하여」, 어문학 93, 위덕대학교, 57-79.

안주호(2007), 「연결어미 {-느라고}의 형성과정에 대한 연구」, 한국언어문학 62, 한국
　　　　　 언어문학회, 97-121.

안주호(2007ㄱ), 「현대국어 연결어미 {-느라(고)}의 특성」, 어문연구 53, 어문연구학회,

415-433.

안희제(2007ㄴ), 「본용언 형용사 '하다'의 선행성분에 대하여」, 국어학 48, 국어학회, 145-174.

양동휘(1989), 『지배-결속 이론의 기초』, 신아사.

양정석(1996), 「'-이다-' 구문과 재구조화」, 한글 232, 한글학회, 99-122.

양정석(2001), 「'이다'의 문법범주와 의미」, 국어학 37, 국어학회, 337-390.

양정석(2007), 「국어 연결어미절의 통사론-핵계층 이론저 분석과 프롤로그 구변」, 배달 말 40, 배달말학회, 33-97.

엄정호(1989), 「소위 지정사 구문의 통사구조」, 국어학 18, 국어학회, 110-130.

엄정호(2003), 「'-고 싶다' 구문의 격 교체」, 국어학 41, 국어학회, 169-195.

연재훈(1996), 「문법 관계 교체 구문의 연구-장소 보어 교체 구문과 소유주 인상 구문 을 중심으로」, 한글 232, 한글학회, 147-181.

오규환·김민국·정한데로(2014), 「한국어 형태론의 보편성과 특수성을 찾아서-최형용 (2013)을 중심으로」, 형태론 16-2, 박이정, 241-281.

오충연(2006), 「'-었-'에 對하여」, 어문연구 133, 한국어문교육연구회, 115-137.

우순조(1995), 「내포문과 평가구문」, 국어학 26, 국어학회, 59-98.

우순조(2006), 「한국어 조사 기술과 관련된 쟁점과 대안-표지 이론적 관점에서」, 우리 말연구 18, 우리말학회, 177-213.

우인혜(1991), 「우리말 시제/상 표현과 시간 부사」, 한양어문 9, 한국언어문화학회 (구 한양어문학회), 161-200.

우인혜(1997), 『우리말 피동 연구』, 한국문화사.

우형식(1994), 「동사의 결합가 기술에 대한 방법론적 접근」, 한글 225, 한글학회, 83-108.

유동석(1995), 『국어의 매개변인 문법』, 신구문화사.

유동석(1998), 「국어의 격 중출 구성에 대하여」, 국어학 31, 국어학회, 307-337.

유승섭(2001), 「의존용언의 통사적 지위」, 한국언어문학 47, 전북대학교, 635-660.

유승섭(2002), 「국어 내포 구문의 논항 구조」, 한글 256, 한글학회, 163-190.

유승섭(2004), 「국어 겹목적어 구문의 격 점검 현상」, 한글 263, 한글학회, 63-93.

유창돈(1963), 「선행어미 "-가/거-, -아/어-, -나-" 고찰」, 한글 132, 한글학회, 1-33.

유현경(2001), 「어미 '-다고'의 의미와 용법」, 국어학 49, 국어학회, 137-158.

유현경(2002), 「부사형 어미와 접속어미」, 한국어학 16, 한국어학회, 333-352.

유현경(2003), 「연결어미의 종결어미적 쓰임에 대하여」, 한글 261, 한글학회, 123-148.

유현경(2006), 「형용사에 결합된 어미 '-게' 연구」, 한글 273, 한글학회, 99-123.

유현경(2008), 「-고 접속문에서 선어말어미 "-겠-"의 작용역과 결합 양상-"-었-", "-시-"와의 비교를 중심으로」, 어문론총 49, 한국문화언어학회, 153-178.

유현미(1999), 「국어 의문문의 연구」, 충남대학교 국어국문학과 박사학위 논문.

윤준태·송만석(1997), 「한국어의 대등접속구문 분석」, 정보과학회논문지(B) 24-3, 한국
    정보과학회, 326-336.

윤평현(1992), 「국어의 시간관계 접속어미에 대한 연구」, 언어 17-1, 한국언어학회,
    163-202.

윤평현(1994), 「국어의 나열관계 접속어미에 대한 연구」, 한국언어문학 33, 한국언어문
    학회, 1-25.

윤평현(1997ㄱ), 「국어 접속어미에 의한 가정표현 고찰」, 국어국문학연구 19, 원광대학
    교 인문과학대학 국어국문학과, 93-114.

윤평현(1997ㄴ), 「국어의 선택관계 접속어미에 대한 연구」, 한국언어문학 38, 한국언어
    문학회, 83-105.

윤평현(1999), 「국어의 상황관계 접속어미에 대한 연구」, 한국언어문학 43, 한국언어문
    학회, 603-625.

윤평현(2001), 「국어의 부가 관계 접속어미에 대한 연구」, 한글 253, 한글학회, 169-194.

윤평현(2002), 「한국어 접속어미의 의미-가정의 의미특성을 가진 접속어미를 중심으로」,
    한국어학 17, 한국어학회, 111-134.

윤평현(2005ㄱ), 「국어의 전환관계 접속어미에 대한 연구」, 한국언어문학 55, 한국언어
    문학회, 73-102.

윤평현(2005ㄴ), 『국어의 접속어미 연구』, 박이정.

이관규(1994), 「학교 문법에서의 내포문과 내포 연결소」, 수련어문논집 21, 부산여자대
    학교 국어교육학과 수련어문학회, 25-43.

이관규(1999), 「대등문, 종속문, 부사절 구문의 변별 특성」, 선청어문 27-1, 서울대학교
    국어교육과, 753-780.

이관규(2001), 「국어 부사절의 유형과 통사 구조」, 수련어문논집 26, 부산여자대학교 국
    어교육학과 수련어문학회, 1-26.

이관규(2005), 『개정판 학교문법론』, 도서출판 월인.

이관규(2007), 「관형사 어미 '다는'에 대한 고찰」, 새국어교육 77, 한국국어교육학회,
    489-504.

이규희(1992), 「가정적 연결 어미 분류」, 말 17, 연세대학교 한국어학당, 69-76.

이금영(2000), 「연결어미 '-거늘, -거든'의 형성 과정 연구」, 목원국어국문학 6, 목원대
    학교, 229-244.

이금희(2006), 「인용문 형식의 문법화」, 국어학 48, 국어학회, 233-258.

이기갑(1990), 「한국어의 어절 구조」, 언어연구 2, 서울대학교 언어연구회, 1-10.

이기동(1978), 「조동사 '지다'의 의미 연구」, 한글 161, 한글학회, 29-61.

이남석(1996), 「서사공간과 때매김체계」, 독일문학 59, 한국독어독문학회, 265-284.

이남순(1987), 「국어의 부정격과 격표시」, 홍대논총 19, 홍익대학교, 145-166.

이남순(1998), 「격표시의 비실현과 생략」, 국어학 31, 국어학회, 339-360.

이남순(1999), 「국어 연구에서의 형태론의 위치」, 국어학 35, 국어학회, 223-249.

이동혁(2008), 「'X-으면 Y-을수록' 구문에 대하여」, 국어학 51, 국어학회, 29-56.

이병기(2006), 「'-겠-'과 '-었-'의 통합에 대하여」, 국어학 47, 국어학회, 179-206.

이삼형·이필영·임유종(2004), 「어말어미의 습득 과정에 관한 연구-36개월 이전의 영·유아를 중심으로」, 국어교육학연구 18, 국어교육학회, 320-346.

이상조·김승호·박수연(1990), 「하위범주화를 이용한 한국어 내포문의 해석과 사전의 표현」, 논문집 49, 경북대학교, 89-97.

이상춘(1925), 『조선어문법』, 역대 ①36.

이석린(1969), 「"이다"에 대한 딴 주장을 검토한다」, 한글 143, 한글학회, 193-208.

이숭녕(1933), 「어간과 어근에 대하야」, 조선어문 6, 조선어학회, 37-39.

이숭녕(1956), 『고등국어문법』, 역대 ①90.

이숭녕(1959), 「나의 문법연구의 태도-특히 격과 지정사에 대하여」, 한글 125, 한글학회, 44-53.

이승욱(1957), 「국어의 Postposition」, 이승욱(1973), 『국어문법체계의 사적 연구』, 일조각, 101-116.

이승욱(1966), 「후치사의 통사론적 고찰」, 동아문화 6, 서울대학교 동아문화연구소, 222-223.

이승재(1992), 「융합형의 형태 분석과 형태의 화석」, 주시경학보 10, 주시경연구소, 59-80.

이승재(1994), 「'-이-'의 삭제와 생략」, 주시경학보 13, 주시경연구소, 14-28.

이승희(2008), 「후기 근대국어의 시제 체계 변화에 따른 종결어미의 재편」, 국어국문학 150, 국어국문학회, 29-51.

이양혜(2006), 「우리말 접사의 형태론적 고찰」, 우리말 연구 19, 우리말학회, 85-111.

이영민(1995), 「내포문 의문 어미 '-ㄴ지'에 대한 고찰」, 서강어문 11, 서강어문학회, 61-84.

이영민(1998), 『국어 의문문의 통사론』, 보고사.

이영헌(2003), 「한국어 중격구조와 논항」, 언어학 11-1, 대한언어학회, 89-110.

이 용(2001), 「연결어미 '매'의 형성과 문법사적 의미」, 전농어문연구 13, 서울시립대학교 문리과대학 국어국문학과, 59-83.

이용훈·김미영·이종혁(2003), 「대등접속구문과 미지격 명사구의 문법기능 결정」, 학술발표논문집 30-1(B), 한국정보과학회, 543-545.

이유기(2001), 「국어 의문 종결 형식의 구조」, 동악어문논집 37, 동악어문학회, 23-67.

이유기(2002), 「(-가)계 의문 종결 형식의 구조」, 국어국문학 131, 국어국문학회,

191-217.

이유기(2005), 「현대국어 문장종결형식의 구조-청유문 종결형식의 형성과정을 중심으로」, 한국사상과 문화 46, 한국사상문화학회, 61-90.

이은경(1996), 「접속문의 독립성과 의존성에 대하여」, 인문논총 36, 서울대학교 인문학연구소, 1-19.

이은희·이현주(2006), 「한국어의 서술절 설정 연구; 학교 문법을 중심으로」, 한성어문학 25, 한성대학교 한성어문학회, 35-54.

이익섭(1975), 「국어 조어론의 몇 문제」, 동양학 5, 단국대학교 동양학연구소, 155-165.

이익섭(1975/1993), 「국어 조어론의 몇 문제」, 형태, 태학사, 25-43.

이익섭·임홍빈(1983), 『국어문법론』, 학연사.

이익환(1984), 『현대의미론』, 민음사.

이익환(1985), 『의미론 개론』, 한신문화사.

이정택(1992), 「용언 '되다'와 피동법」, 한글 218, 한글학회, 139-166.

이정택(1995), 「접속어미 '-자, -자마자, -았자'의 의미와 문법」, 애산학보 17, 애산학회, 71-97.

이정택(2001ㄱ), 「피동성 표현에 관한 연구 : '되다, 받다, 당하다'를 대상으로」, 한글 251, 한글학회, 143-166.

이정택(2001ㄴ), 「국어 피동에 관한 역사적 연구-접미사 피동과 'ᄃᆞ외다(되다) 피동을 대상으로」, 한글 254, 한글학회, 93-118.

이정택(2003), 「능동주 표지의 본질과 피동의 범주화」, 한글 262, 한글학회, 149-169.

이정훈(2008), 「한국어 접속문의 구조」, 생성문법연구 18, 한국생성문법학회, 115-135.

이종열(2000), 「정신공간을 통한 시제의 의미 분석」, 한국어의미학 6, 한국어의미학회, 211-232.

이종철(1995), 「조건 접속어미 '-거든'의 화용론적 의미」, 호서어문연구, 호서대학교 국어국문학과, 3-26.

이종철(1997), 「조건 접속어미 '-어야'의 화용론적 연구」, 국어교육 94, 한국국어교육연구회, 215-233.

이종철(1998), 「접속어미 '-거든'에 관한 화용론적 연구」, 국어교육 97, 한국국어교육연구회, 185-203.

이준희(2001), 「명령문의 간접 화행」, 한국어 의미학 8, 한국어 의미학회, 279-290.

이지영(2008), 「'-은지'와 '-을지'의 통시적 변화」, 국어학 53, 국어학회, 113-140.

이찬규(2004), 「문장에 나타나는 意圖와 意志의 意味 範疇와 상호 작용」, 어문연구 121, 한국어문교육연구회, 7-34.

이 철(1985), 「불어 텍스트의 시제 및 서술시점 분석」, 용봉논집 15, 전남대학교 인문과학연구소, 1-19.

이필영(2004), 「서술부 양태 표현의 부정 양상」, 국어학 48, 국어학회, 175-201.

이홍배(1970), *A Study of Korean Syntax : Performatives, Comple- mentation, Negation, and Causation*(Pan Korea Book Cor- poration.

이홍식(1998), 「동명사 설정의 문제에 대하여」, 국어학 31, 국어학회, 247-270.

이홍식(1999), 「명사구 보문」, 국어학 33, 국어학회, 367-398.

이효정(2001), 「한국어 학습자 담화에 나타난 연결어미 연구」, 한국어 교육 12-1, 국제한국어교육학회, 233-252.

이희승(1949), 『초급 국어 문법』, 역대 ①85.

이희승(1955), 『국어학 개설』, 민중서관.

이희자·이종희(1999), 『(사전식) 텍스트분석적 국어 어미의 연구』, 한국문화사.

임동훈(2004), 「한국어 조사의 하위 부류와 결합 유형」, 국어학 43, 국어학회, 119-154.

임지룡 외(2005), 『학교문법과 문법 교육』, 도서출판 박이정.

임채훈(2006), 「인과관계의 형성과정과 국어의 연결어미」, 2006년도 담화·인지언어학회 겨울학술대회, 담화·인지언어학회, 151-164 .

임칠성(1991), 「시제어미 {느}에 대하여」, 한국언어문학 29. 한국언어문학회, 469-486.

임칠성(1992), 「현대국어 관형형 어미의 시제 연구」, 용봉논총 21, 전남대학교 인문과학연구소, 233-249.

임홍빈(1979), 「용언의 어근분리 현상에 대하여」, 언어 4-2, 한국언어학회, 55-76.

임홍빈(1987), 『국어의 재귀사 연구』, 신구문화사.

임홍빈(1989), 「통사적 파생에 대하여」, 어학연구 25-1, 서울대학교 어학연구소, 167-196.

임홍빈(1999), 「21세기 세종계획 국어 기초자료 구축」, 문화관광부, 305-472.

장경희(1995), 「국어 접속 어미의 의미 구조」, 한글 227, 한글학회, 151-174.

장광군(1999), 「주어의 구문적특성과 접속토의 사용」, 중국조선어문 1999-1, 길림성민족사무위원회, 7-10.

장석진(1995), 『정보기반 한국어 문법』, 한신문화사.

장요한(2007), 「"문장의 확장"에 대한 소고」, 시학과 언어학 14, 시학과 언어학회, 191-220.

장요한(2007), 「중세국어 접속문에서의 부정 범위에 대하여」, 국어국문학 146, 국어국문학회, 385-410.

장요한(2009), 「중세 국어 접속 구성에서의 사실성」, 어문연구 141, 한국어문교육연구회, 161-181.

장하일(1949), 『표준말본』(중학교 3학년), 역대 ①76.

정대식(2016), 「한국어 경동사 논의에 대한 검토-'하다'를 중심으로」, 『언어학』 76, 한국언어학회, 87-116.

정대호(1996), 「의문 형태소와 의문사의 표시와 인가에 대하여」, UMI (University of Southern California) 박사학위 논문.

정대호(2000), 「의문사 없는 의문문의 구조와 해석에 대해서」, 언어학 27, 한국언어학회, 281-302.

정렬모(1947), 『신편 고등국어문법』, 역대 ①61.

정언학(2005), 「평서형어미 '-ㄴ다-난다'의 성립에 대한 통시적 고찰」, 어문연구 33-4, 한국어문교육연구회, 81-107.

정인승(1956), 『표준 고등 말본』, 역대 ①83.

정희자(1988), 「영어에서 시제선택의 화용상 조건」, 영어영문학 34-4, 한국영어영문학회, 745-765.

정희자(2000), 「영어 단순 시제의 의미와 담화 기능」, 영어교육연구 12-2, 팬코리아영어교육학회, 129-152.

정희정(1990), 「연결어미 '-고', '-아서'에 대하여」, 연세어문학 22, 연세대학교 국어국문학과, 101-124.

조규태(2002), 「현대 국어의 안맺음씨끝 '-니-'에 대하여」, 한글 258, 한글학회, 83-104.

조미령(2005), 「러시아어 텍스트에 표현된 동사 시제·상과 의사소통유형과의 상관성 연구」, 슬라브어 연구 10, 한국슬라브어학회, 359-376.

조일영(1996), 「국어선어말어미의 배열에 관한 고찰」, 한국어학 3, 한국어학회, 459-480.

조형일(2007), 「한국어 내포문 용어 체계 재고」, 새국어교육 78, 한국국어교육학회, 343-362.

주시경(1910), 『국어문법』, 역대 ①11.

주시경(1914), 『말의 소리』, 역대 ①13.

최규수(1983), 「담화에서의 마침법의 때매김 문제」, 국어국문학 21, 부산대 국어국문학과, 201-224.

최규수(1991), 「입음월의 기능과 구조」, 우리말연구 1, 우리말 연구회, 235-258.

최규수(2000), 「자리토씨의 형태론과 통어론에 대하여」, 우리말연구 10, 우리말학회, 83-103.

최규수(2001ㄱ), 「형태론과 통어론의 관계에 대하여-한국어 토를 중심으로」, 언어과학 8-1, 한국언어과학회, 179-197.

최규수(2001ㄴ), 「형식 품사의 형태 통어론적 지위에 관한 연구-접어로 분석하다」, 한글 252, 한글학회, 79-108.

최규수(2003), 「한국어의 통어적 가지에 대한 몇 가지 문제」, 한국 민족문화 21, 부산대학교 한국민족문화연구소, 177-213.

최규수(2005), 「'되다'와 '지다'의 피동성에 관하여」, 한글 269, 한글학회, 101-133.

최규수(2006), 「형태론의 체계와 문법 용어 사용의 문제」, 우리말 연구 18, 우리말연구회, 143-176.

최규수(2007ㄱ), 「학교문법의 문장의 성분과 짜임에 대한 비판적 검토」, 한글 275, 한글
학회, 165-192.

최규수(2007ㄴ), 「복합어의 어기와 조어법 체계에 대하여」, 한글 277, 한글학회,
133-158.

최규수(2009ㄱ), 「용언의 논항 구조와 관련된 몇 가지 문제」, 우리말연구 24, 우리말학
회, 87-114.

최규수(2009ㄴ), 「전제와 함축에 기초한 보조조사의 의미 분석(1)」, 한글 284, 한글학회,
133-164.

최규수(2010ㄱ), 「담화의 시간상황과의 대응 관계에 기초한 한국어의 시제 해석」, 우리
말연구 26, 우리말학회, 109-140.

최규수(2010ㄴ), 「어근과 어간의 개념에 대한 국어학사적 검토」, 한글 290, 한글학회,
173-201.

최규수(2011ㄱ), 「전제와 함축에 기초한 보조조사의 의미 분석(2)」, 우리말연구 28, 우리
말학회, 175-203.

최규수(2011ㄴ), 「'X하다'와 'X를 하다'의 형태론과 통사론의 문제들」, 한글 292, 한글
학회, 29-54.

최규수(2012), 「한국어 용언 종결형의 문법 정보 표시 방법」, 한글 295, 한글학회, 5-34.

최규수(2014ㄱ), 「한국어 용언 관형사형과 명사형의 문법 정보 표시 방법」, 한글 304,
한글학회, 61-87.

최규수(2014ㄴ), 「한국어 용언 접속형의 문법 정보 표시 방법」, 우리말연구 38, 우리말
학회, 45-71.

최규수(2015), 「융합 형식을 포함한 용언형의 분석(2)-'니X, 리X, 디X'를 중심으로」, 우
리말연구 42, 우리말학회, 35-60.

최규수(2016), 「보조조사의 '는'의 의미 분석」, 우리말연구 44, 우리말학회, 27-55.

최규수·서민정(2003), 「동사 형판과 동사토」, 한민족어문학 43, 한민족어문학회,
23-47.

최규수·서민정(2008), 「조어법과 통사론의 관계에 대하여」, 한글 279, 한글학회, 61-87.

최규수·이민희(2016), 「파생법과 합성법이 겹친 복합어의 성분 구조」, 우리말연구 46,
우리말학회, 55-82.

최동주(1994), 「국어 접속문에서의 시제현상」, 국어학 24, 국어학회, 45-86.

최상진·임채훈(2008), 「인과관계 형성의 인지과정과 연결어미의 상관성」, 국어학 52,
국어학회, 127-152.

최웅환(2002), 「국어 접속문의 통사적 표상에 대한 연구」, 언어과학연구 23, 언어과학회,
225-248.

최재희(1996), 「국어 의존동사 구문의 통사론-'싶다, 보다, 하다'를 중심으로」, 한글 232, 한글학회, 183-210.

최재희(1997), 「국어 종속 접속의 통사적 지위」, 한글 238, 한글학회, 119-144.

최재희(1999), 「국어의 격 표지 비실현 양상과 의미 해석」, 한글 245, 한글학회, 49-78.

최현배(1930), 『조선어의 품사 분류론』, 역대 한국문법 대계 ①44, 탑출판사.

최현배(1937⁷=1978)), 『우리말본』, 정음사.

최형강(2008ㄱ), 「파생용언에서의 어근 분리와 부정소 삽입」, 국어학 39, 국어학회, 365-395.

최형강(2008ㄴ), 「합성용언에서의 어근 분리와 부정소 삽입」, 한국문화 42, 서울대학교 규장각 한국학연구원, 127-147.

최형강(2009), 「'형성소'와 '어근' 개념의 재고를 통한 '어근 분리 현상'의 해석」, 국어학 56, 국어학회, 33-60.

최형용(1999), 「국어의 단어 구조에 대하여」, 형태론 1-2, 박이정, 245-260.

최형용(2002), 「어근과 어기에 대하여」, 형태론 4-2, 박이정, 301-318.

최호철(1996), 「국어의 의미격 설정에 대하여」, 한글 232, 한글학회, 123-145.

하치근(1986), 『국어 파생형태론』, 남명문화사.

하치근(1995), 「국어 조어론 연구의 어제와 오늘」, 한힌샘 주시경 연구 7·8, 한글학회, 165-208.

하치근(1996), 「국어 통사적 접사의 수용 범위에 관한 연구」, 한글 231, 한글학회, 43-104.

하치근(2004), 『현대 우리 말본』, 박이정.

하치근(2006), 「국어 조어론 연구의 어제·오늘」, 우리말 연구 19, 우리말학회, 3-47.

한 길(2000), 「'이른바 겹입자말' 월에서의 주체높임법에 관한 연구」, 강원인문논집 8, 강원대학교 인문과학연구소, 51-79.

한동완(1996), 『국어의 시제 연구』, 태학사.

한정한(1993), 「'하-'의 조응적 특성과 통사정보」, 국어학 23, 국어학회, 215-238.

허남원(2001), 「다단계 언어학적 접근을 이용한 연결어미 애매성 해소」, 계명연구논총 19-1, 계명전문대학 산업개발연구소, 235-247.

허 웅(1975), 『우리 옛말본』, 샘문화사.

허 웅(1981), 『언어학』, 샘문화사.

허 웅(1983), 『국어학』, 샘문화사.

허 웅(1985), 『국어음운학』, 샘문화사.

허 웅(1995), 『20세기 우리말의 통어론』, 샘문화사.

허 웅(2000), 『20세기 우리말의 형태론』, 샘문화사.

허원욱(1995ㄱ), 「현대 국어의 매김마디 연구」, 한말연구 1, 한말연구학회, 243-259.

허원욱(1995ㄴ), 「현대 국어의 인용마디 연구」, 겨레어문학 19・20, 겨레어문학회, 755-770.

허원욱(2003), 「16세기 어찌마디의 통어론적 연구」, 한말연구 12, 한말연구학회, 181-203.

허철구(1998), 「국어의 합성동사 형성과 어기 분리」, 서강대학교 박사학위 논문.

허철구(2000), 「'하-'의 형태론적 성격에 대한 토론」, 형태론 2-2, 박이정, 323-332.

허철구(2001), 「국어의 어기분리 현상과 경계 인식」, 배달말 28, 배달말학회, 57-91.

허철구(2005ㄱ), 「국어 어미의 형태통사론적 특성과 기능범주의 투사」, 우리말연구 16, 우리말학회, 71-98.

허철구(2005ㄴ), 「대등접속문의 통사 구조」, 배달말 36, 배달말학회, 55-88.

허철구(2006), 「접속과 부가」, 시학과 언어학 12, 시학과 언어학회, 191-221.

허철구(2007), 「어미의 굴절 층위와 기능범주의 형성」, 우리말연구 21, 우리말학회, 323-350.

허철구(2010), 「국어의 '-고' 접속문의 구조와 해석」, 한국어학 47, 한국어학회, 261-293.

호광수(1995), 「보조용언 구성의 논항구조 연구」, 인문과학연구 17, 조선대학교 인문과학연구소, 215-235.

홍기문(1947), 『조선문법연구』, 역대 ①39.

홍성룡(1998), 「성분 접속구문과 비성분 접속구문에 관한 연구」, 언어학 6-2, 대한언어학회, 119-140.

홍성룡(1999), 「어휘적 접근방법에 의한 접속-축약구문에 관한 연구」, 언어연구 17, 경희대학교 언어연구소, 67-87.

홍성룡(2001), 「접속구문에 관한 연구」, 언어학 9-3, 대한언어학회, 51-70.

홍윤표(1975), 「주격어미 '-가」에 대하여」, 국어학 3, 국어학회, 65-117.

홍종선・고광주(1999), 「'-을' 논항의 의미역 체계 연구」, 한글 243, 한글학회, 141-176.

황미향(2001), 「접속 어미의 기능과 접속문 지도 내용 설정 연구」, 국어교육연구 33, 국어교육학회, 235-250.

황병순(2001), 「부정 접속 복문과 한정 접속 복문」, 배달말 28, 배달말학회, 251-271.

황병순(2002), 「국어 인식시 체계와 상황시 체계」, 어문학 76, 한국어문학회, 177-198.

황병순(2003ㄱ), 「국어 시제 해석에 관한 연구」, 어문학 79, 한국어문학회, 309-346.

황병순(2003ㄴ), 「한정 관형절과 비한정(부정) 관형절」, 배달말 33, 배달말학회, 197-211.

황병순(2005), 「상대 시제의 문제점과 시제 실현 원리」, 어문학 89, 한국어문학회, 77-106.

황병순(2006), 「'-었-' 삭제와 생략에 대한 연구」, 어문학 94, 한국어문학회, 147-174.

황화상(2008), 「'-어서, -니까'의 의미 기능과 후행절 유형」, 국어학 51, 국어학회, 57-88.

Bernardo, R(1980), 「Subject and Consciousness」 in W. L. Chafe (ed.), *The Pear Stories*, Ablex Publishing Corporation.

Bloomfield, L. 1933. *Language*. Holt, Linehart and Winston.

Chung Chan & Kim Jong-Bok(2002), 「Korean Copula Constructions」, 언어 27.2, 한국언어학회, 171-193.

Chung Chan(1996), *A Lexical Approach to Word Order Variation in Korean*, Thaehaksa, 언어학 총서 30.

Chung Chan, Kim Jong-Bok, Byung-Soo Park, and Peter Sells(2001), 'Mixed Categories and Multiple Inheritance Hierarchies in English and Korean Gerundive Phrase,' *Language Research* 37.4, 763-797.

Dik, S. C.(1978), *Functional Grammar*, North-Holland.

Fillmore,C.(1968), "The Case for Case" in Bach,E. & Harms,R.T.(eds.)(1968), Universals in Linguistic Theory. Holt, Rienhart and Winston, New York. (남용우 외 옮김 (1987), ≪격문법이란 무엇인가?≫, 을유문화사.)

Givon, T.(1979), *On Understanding Grammar*, Academic Press.

Givon, T.(1984), *Syntax vol 1*, John Benjamins publishing Company.

Halliday,M.A.K.(1985), *An Introduction to Functional Grammar*, Eward Arnord.

Ivan A. Sag & Thomas Wasow(1999), *Syntatic Theory*, CSLI.

Kim, Jong-Bok.(1998), "Interface between Morphology and Syntax : A Constraint-Based and Lexicalist Approach," 언어와 정보 2. 언어와정보학회, 177-233.

Kuno, S.(1972), "Functional Sentence Persepective : A Case Studies from Japanese and English", in *Linguistic Inquiery* Ⅲ-3.

Nida, E. A. 19782=1946. *Morphology : The Descriptive Analysis of Words*, The University of Michigan Press.

Pollard, Carl & Ivan A. Sag (1987), *Information-Based Syntax and Semantics*, Volume 1 : Fundamentals,

Pollard, Carl & Ivan A. Sag (1994), *Head-Driven Phrase Structure Grammar*, Stamford : CSLI Publications.

Sadock, Jerrold M.(1991), *Autolexical Syntax*, Stanford : Chicago : University of Chicago Press.

Sag, Ivan A. & Thomas Wasow (1999), *Syntactic Theory : A Formal Introduction*, Stanford : CSLI Publications.

Spencer, Andrew(1991), *Morphological Theory : An Introduction to Word Structure in Generative Grammar*, Cambridge University Press. (전상범 · 김영석 · 김진형 공역(1991)), 『형태론』, 한신문화사.

찾아보기